海南自由贸易港新论

赵晋平 著

海南出版社

·海口·

图书在版编目（ＣＩＰ）数据

　　海南自由贸易港新论 / 赵晋平著. -- 海口 : 海南
出版社, 2023.2
　　ISBN 978-7-5730-1057-5

　　Ⅰ. ①海… Ⅱ. ①赵… Ⅲ. ①自由贸易区—经济建设
—研究—海南 Ⅳ. ①F752.866

　　中国国家版本馆CIP数据核字(2023)第024901号

海南自由贸易港新论
HAINAN ZIYOU MAOYIGANG XINLUN

作　　　者：赵晋平
出 品 人：王景霞
总 策 划：谭丽琳
责任编辑：陈文惠
执行编辑：蒙水连
封面设计：黎花莉
印刷装订：海口永发印刷股份有限公司
海南出版社　出版发行
地　　　址：海口市金盘开发区建设三横路2号
邮　　　编：570216
电　　　话：0898-68567076
开　　　本：787 mm×1 092 mm　1/16
字　　　数：286千字
印　　　张：19.25
版　　　次：2023年2月第1版
印　　　次：2023年2月第1次印刷
书　　　号：ISBN 978-7-5730-1057-5
定　　　价：60.00元

前　言

　　2022年6月24日，中央政治局常委、国务院副总理、推进海南全面深化改革开放领导小组组长韩正在推进海南全面深化改革开放领导小组专题会议上明确指出，海南自由贸易港建设是篇大文章，要聚焦重点难点，讲究方式方法，坚持目标导向和问题导向相结合，有力有序推进各项工作；要深入细致开展全岛封关运作前压力测试，给足测试压力，主动发现风险隐患，实施精准调控。这是中央对海南自由贸易港开展压力测试工作提出的明确要求。

　　《海南自由贸易港建设总体方案》（简称《总体方案》）发布以来，海南自由贸易港的政策和制度体系建设不断取得新进展，改革开放成效逐步显现。随着全岛封关运作准备工作的全面展开，如何做好压力测试，为实现更高水平开放型经济建设目标和防控各类风险积累有效经验成为亟待深入研究的课题。围绕相关问题，作者在实地调研基础上开展了系列研究，初步形成以下几个方面的认识和体会。

一、全面理解海南自由贸易港开展高水平开放压力测试的基本内涵

　　海南自由贸易港开展高水平开放压力测试的基本内涵，就是在自由贸易港制度和政策环境尚未完全形成之前，在局部领域创造与封关运作后相近的场景条件，先行实行部分自由贸易港政策，测试具体政策的实际效果和风险压力，为完善制度建设实施方案、建立安全高效风险防控体系积累经验。

　　根据《总体方案》，海南自由贸易港要在2025年前适时启动全岛封关，"'一线'放开、'二线'管住、岛内自由"的海关监管特殊区域将正式运行，以贸易投资自由化便利化为重点，贸易、投资、跨境资金流动、

人员进出、运输来往自由便利和数据安全有序流动的自由贸易港政策和制度体系初步形成，制度型开放水平将提升到前所未有的高度。确保自由贸易港政策和制度体系平稳运行并取得实际成效，增强高水平开放条件下的风险识别和应对能力是关键。这进一步凸显了提前做好压力测试的重要性和必要性。目前海南自由贸易港已经进入全岛封关运作准备工作的关键时期，逐步推进压力测试是其中一项既紧迫又十分艰巨的任务。

开展压力测试需要明确测试的内容。《总体方案》发布以来，海南自由贸易港在货物贸易领域实行的"一负三正"零关税商品清单，洋浦保税港区实行"一线"放开、"二线"管住的货物进出境管理制度，原产地产品零关税政策，自由贸易港版外商投资准入和服务贸易负面清单政策，鼓励类产业企业所得税和高端紧缺人才个人所得税优惠政策，离岛免税购物新政策和国际教育创新园区建设，国际成熟药械引进，实行多功能自由贸易账户，航权开放和国际邮轮乘客免签，重点园区国际互联网直通等试点工作，这些都是早期安排阶段压力测试的重要组成部分，涉及贸易、投资、跨境资金流动、人员进出、运输来往自由便利和数据安全有序流动等各项制度建设。这些试点工作成果颇丰：一是丰富了早期安排阶段的自由贸易港制度建设实践内容，二是测试了政府职能和监管体制改革的承压能力，三是积累了不断完善具体实施方案的有益经验，四是提升了市场主体对海南优化自由贸易港营商环境的信心，五是让企业和岛内外居民尽早分享自由贸易港政策的红利。

客观来看，目前的压力测试、落实《总体方案》任务和积累先行先试经验的需要相比，还存在一些差距。一是部分试点政策尚未落地实施，如日用消费品零关税正面清单截至目前还没有发布。二是政策发布后难以取得实际适用案例，如服务贸易负面清单关于允许境外报关服务提供商以跨境交付模式提供报关服务的规定。三是试点政策实施区域空间受限，缺乏满足条件的市场主体，如在洋浦保税港区开展取消食糖、成品油关税配额和许可证管理试点等。四是试点实施的场景环境与全岛封关运作后的港产城融合型区域相比存在较大差距，试点工作不足以形成具有支撑作用的有效经验，如在洋浦保税港区 2.3 平方千米范围内试行加工增值超过 30%（含）商品免征关税，照章征收进口环节增值税、消费税等政策。这些问题的产生和试点政策设计对于压力测试新要求以及科学标准认识不足有着直接关系。

二、深刻认识我国更高水平开放举措对压力测试的新要求

海南既要打造具有强大国际竞争力的自由贸易港，也要主动承担为我国更高水平开放型经济体制建设积累经验、为加入高标准自贸协定开展压力测试的重要任务。在新形势下，海南自由贸易港要深刻认识我国更高水平开放举措对开展高质量压力测试的新要求。

2021 年 9 月，我国正式提出加入《全面与进步跨太平洋伙伴关系协定》（CPTPP）的申请。这是继《区域全面经济伙伴关系协定》（RCEP）正式签署之后，我国在制度型开放领域推出的又一个重大举措，对于构建更高水平开放型经济新体制具有十分重要的战略意义。鉴于我国在参与 CPTPP 谈判上还面临着现有成员国要价高、作出全面承诺的准备不足、缺乏高标准贸易自由化实践经验支撑等突出问题，在具备条件的局部地区开展压力测试，积累经验，对中方做好预案、把握谈判主动权和实现预期目标至关重要。毫无疑问，国内现有自贸试验区进行高水平开放的先行先试可以取得一些必要经验。但由于自贸试验区空间面积较小，没有全域物理围网条件，并不符合高水平货物贸易自由化所需要的场景要求，难以形成满足参加全球最高水平自贸协定谈判需要的实践经验和决策依据。海南自由贸易港是我国最大的对外开放综合平台和特殊经济功能区。在全岛封关运作之前，海南自由贸易港尚不具备全面实行自由化便利化的制度环境。在这一阶段，对标 CPTPP 各项要素跨境流动的自由化措施和规则，逐步推进高水平开放政策实践，既可为海南自由贸易港制度建设提供具体实施标准和依据，还可服务于我国参与 CPTPP 谈判开展压力测试的战略需要。随着政策和制度体系逐步建成，海南自由贸易港将成为各类生产要素跨境自由流动和数据安全有序流动的全球最大自由贸易港。海南自由贸

易港作为我国主动和单边开放的特殊平台，各项要素流动的自由化便利化水平不应低于我国参与的所有双边、多边和区域贸易协定。全岛封关后形成的海关监管特殊区域，将为实行高水平贸易投资自由化政策奠定坚实基础。达到甚至超出 CPTPP 自由化标准是海南自由贸易港制度建设的必然要求，也是海南自由贸易港开展更高水平开放压力测试最为有利的条件。

长期来看，海南自由贸易港将在我国开放型经济新体制建设不断取得新进展的基础上持续提升贸易投资自由化标准，成为我国参与更高水平区域经济一体化的试验场和催化剂。

三、准确把握"放得开"与"管得好"的辩证关系

压力测试是处理好"放"与"管"二者辩证关系的主要抓手。要实现高水平开放，必须建立与其相适应的风险防控体系，这就是自由贸易港建设始终必须坚持"管得住才能放得开"基本原则的重要体现。在工作实践中，我们还需要重视问题的另外一个方面：如果压力测试无法做到"放得开"，与未来的实际场景差距太大，同样无法真正做到"管得好"。压力测试的作用就是在总体风险可控的条件下，在局部范围和局部领域先行先试，探索"放得开"的实践路径、积累"管得好"的风险防范经验，为更大力度、更宽领域和更高层次开放做好"管得住"的准备。因此，在压力测试中，既要坚持"管得住才能放得开"的原则，也要重视"放得开才能管得好"的科学理念。

海南自由贸易港建设实践中一些制度创新难以形成更多实际案例，无法直接为下一步的开放提供经验和方法支撑，很大程度上与压力测试做不到"放得开"有着直接关系。这也是海南自由贸易港今后的压力测试需要重点解决的问题。

由于海南自由贸易港制度和政策实施的"事权"还有相当部分集中在中央职能部门，现行法律法规尚不具备全面调整到位的条件，中央职能部门向海南授权存在滞后现象。因此，央地需要加强协调合作，共同

做好压力测试功能设计和配套环境建设，确保压力测试有力有效。涉及
CPTPP谈判的压力测试，需要在对CPTPP文本进行全面梳理的基础上结
合现有成员磋商阶段的关切和谈判阶段的要价情况，制定预案和海南自
由贸易港先行测试的内容清单，在具备条件的领域打造CPTPP的"微缩
版"和"样板间"。

四、科学谋划压力测试的路线图和时间表

首先，针对我国参与货物贸易谈判可能面临的关税减让实际水平与
CPTPP全面零关税要求存在较大差距、我国需要做出取消大量贸易限制
措施和非关税壁垒的承诺、原产地规则和管理制度需要按照RCEP和
CPTPP规定大幅度调整的压力，建议着重做好以下几个方面的压力测试。
一是对标CPTPP货物贸易自由化措施，细化全岛封关后货物贸易自由便
利政策和制度体系设计，对绝大多数商品实行零关税政策，商品品类和贸
易额计算都要达到或接近100%的零关税覆盖率。二是在全岛封关之前分
阶段扩大"一负三正"零关税商品清单中商品范围，在条件成熟时逐步将
其中三份正面清单转化为负面清单，并不断缩减负面清单长度。三是在认
真总结洋浦保税港区有关取消食糖、成品油关税配额和许可证管理试点工
作经验基础上，对取消或放宽其他7类关税配额以及涉及进出口许可证、
国营贸易管理等限制性措施开展试点工作。试点地区可由洋浦保税港区、
海口综合保税区逐步扩大到所有具备海关监管条件的区域，在取得经验的
基础上扩大到全岛。四是全面落实CPTPP原产地规则和管理制度建设要
求，在海南加工增值超过30%（含）商品免关税政策相关的原产地管理领
域试行核定企业自主声明原产地管理制度，并在全岛封关后全面实行包括
生产商和营销商在内的企业自主声明制度。

其次，根据CPTPP第9章（投资）、第10章（跨境服务贸易）和第11
章（金融服务）等关于不符措施条款规定，CPTPP成员国都应制定一张
统一的负面清单。海南自由贸易港已经发布了外商投资准入负面清单和国

内首张服务贸易负面清单，其中的特别管理措施（不符措施）数量与日本、越南等CPTPP成员国少量不符措施承诺存在较大差距。为适应谈判需要，服务贸易压力测试，建议海南自由贸易港通过"两步走"路径分别提升投资和服务贸易自由化压力测试水平，并完成清单归并。第一步，用一年左右时间做好以下两个方面的压力测试：一是将服务贸易自由化特别管理措施数量压缩到与RCEP成员国使用的负面清单相近甚至更少；二是将海南自由贸易港现有外商投资准入负面清单长度压缩至与CPTPP发展中成员国相近甚至更短。第二步，用两到三年时间分别做好以下三个方面的压力测试：一是将服务贸易负面清单长度压缩至与日本、澳大利亚等CPTPP成员国相近甚至更短；二是将外商投资准入负面清单长度压缩至与CPTPP发达成员国相近甚至更短；三是将投资和服务贸易特别管理措施归并，形成统一版特别管理措施清单，减少服务贸易项下仅允许以商业存在方式开展服务贸易的限制内容，形成包括服务贸易四种业态特别管理措施、涵盖投资、金融服务等特别管理措施的统一版负面清单。

上述关于压力测试的内容在本书的多个章节中都有所涉及，也是其中较新的部分成果，例如第二章关于全岛封关运作的相关论述、第三章的货物贸易自由化压力测试、第四章的服务贸易自由化压力测试等。除此之外，本书还包括了作者两年来的其他研究成果。其中多数章节都会结合外部环境和经济形势最新变化，围绕海南自由贸易港建设最受关注的重点问题开展针对性分析和研究，提出政策思路和建议。其中包括全岛封关运作、投资自由便利制度、服务贸易创新发展、法治化市场化营商环境建设、外部风险挑战和经济安全对策、碳达峰的实现路径和目标、RCEP的影响与海南面临的机遇、数字贸易竞争新优势等。另外，本书附录部分收录了《总体方案》解读、金融开放创新、全岛封关运作的压力测试等相关内容，供读者参阅。

目录 CONTENTS

第一章 海南自由贸易港建设进展与成效

2020年6月,《海南自由贸易港建设总体方案》(以下简称《总体方案》)正式发布以来,海南自由贸易港制度建设顺利开局,改革创新实践探索蓬勃展开,开放政策落地实施取得积极进展,经济和社会发展成效初步显现。

一、海南自由贸易港制度建设的主要内容和特点

作为中国特色自由贸易港建设的指导性文件和战略规划,中共中央、国务院印发的《总体方案》对海南自由贸易港顶层设计的落地实施作出了全面部署,为打造新时代改革开放新高地提供了科学依据和方法。

(一)制度设计的主要内容和阶段性目标

《总体方案》包括海南自由贸易港建设的总体要求、制度设计、重点任务、保障措施等重要内容,对海南自由贸易港建设的内涵作出了全面阐述。概括起来,海南就是要以贸易投资自由化便利化为重点,以各类生产要素跨境自由有序安全便捷流动和现代产业体系为支撑,以特殊的税收制度安排、高效的社会治理体系和完备的法治体系为保障,以持续优化法治化、国际化、便利化的营商环境和公平统一高效的市场环境为重要措施,建设具有较强国际竞争力和影响力的自由贸易港。《总体方案》关于自由贸易港制度的顶层设计,涉及贸易自由便利、投资自由便利、跨境资金流动自由便利、人员进出自由便利、运输来往自由便利、数据安全有序流动、现代产业体系、税收制度、社会治理、法治制度、风险防控体系等十一大类。

《总体方案》将海南自由贸易港建设分为三个阶段,并提出了明确的阶段性目标要求。

第一阶段：到 2025 年，自由贸易港制度初步建立，营商环境达到国内一流水平。为了实现这一阶段性目标，这一时期的工作主要集中在落实《总体方案》的制度建设任务、扩大和拓展自由贸易港政策早期安排实施的范围和力度、开展全域型海关监管特殊区域基础性建设、完成海南自由贸易港法立法和地方性法规的颁布实施、建立多元化的商事纠纷解决机制等。

第二阶段：到 2035 年，自由贸易港的制度体系和运作模式更加成熟，开放型经济达到全国领先水平。在这一时期要推进海南全岛封关后的全面运行，依据《中华人民共和国海南自由贸易港法》（以下简称《海南自由贸易港法》），以海南全域型海关监管特殊区域为依托，全面实行以贸易投资自由化便利化为重点，贸易、投资、跨境资金流动、人员进出、运输来往自由便利和数据安全有序流动的自由贸易港政策和制度体系。

第三阶段：到本世纪中叶，建成具有较强国际影响力的高水平自由贸易港。

（二）海南自由贸易港制度设计的五大亮点

和国内的自贸试验区、综合保税区以及各类新区等特殊经济功能区相比，海南自由贸易港建设具有以下五个方面的突出特点。一是设立覆盖海南全岛的海关监管特殊区域，实行"一线"放开、"二线"管住的海关监管制度；2025 年之前，适时启动海南全岛封关运作，建成全球最大的自由贸易港。二是逐步建立并实行以贸易投资自由化便利化为贸易、投资、跨境资金流动、人员进出、运输来往自由便利和数据安全有序流动的自由贸易港政策和制度体系。三是实行零关税、低税率、简税制特殊财税制度，除对进口商品实行零关税政策之外，鼓励类产业企业所得税和个人所得税（最高税率）按 15% 征收，简并税种。四是国家设立海南自由贸易港建设领导机制；全国人大颁布并实施《海南自由贸易港法》，授权海南省人大及其常委会制定并实施海南自由贸易港法规；海南自由贸易港将实行以海南自由贸易港法为基础，以地方性法规和多元化商事纠纷解决机制为重要组成的法治体系。五是对海南自由贸易港建设初期的安排作出明确部署，即全岛封关运作之前的自由贸易港政策和制度体系尚未完全形成阶段，在部分重点领域和重点园区先行实施部分自由贸易港政策，为探索推进自由贸易港制度建设路径和加强风险防控工作积累经验，让企业和岛内外居民尽早共享自由贸易港建设的成果。

（三）海南自由贸易港和国际知名自由贸易港的比较

和中国香港、新加坡两大国际知名自由贸易港相比，海南具有两大突出优势：一是始终保持和全球最大市场、最具成长性的中国内地之间的紧密经济联系，经济腹地十分广阔，受中国经济发展辐射带动和发挥开放门户的作用长期存在；二是海南自由贸易港实施范围为海南岛全岛，其面积约3.39万平方千米，是中国香港、新加坡的30倍以上，产业布局预留空间大，规模优势显著。当然，海南的经济发展水平、开放度、产业竞争力、创新能力、金融产业实力等方面和中国香港、新加坡相比还存在很大差距。为此，海南一要学习借鉴中国香港、新加坡自由贸易港建设的成功经验；二要加强和中国香港、新加坡之间的紧密合作；三要充分吸收中国香港、新加坡的资本、人才等进入海南，为其企业和居民来海南投资兴业提供良好环境；四要充分发挥独特地缘优势和产业布局规模优势，打造一流营商环境，吸引全球要素聚集。

表1-1　海南和国际知名自由贸易港的比较

自由贸易港	常住人口（万人）	国土面积（平方千米）	GDP（亿美元）	人均GDP（美元）
海南	1008	33900	758	8072
中国香港	748	1107	3629	48517
新加坡	564	724	3611	64030
迪拜	310	4114	1200	38710

注：海南常住人口数来自第七次人口普查数据；其他数据为2019年数据；中国香港、新加坡、迪拜数据为2018年数据。

二、海南自由贸易港制度建设的阶段性要求

(一)海南自由贸易港海关监管制度的主要特点

设立覆盖全岛的海关监管特殊区域,实施高水平贸易自由化便利化政策和制度体系,这是海南自由贸易港最为重要的特征之一。在实现有效监管的前提下,建设全岛封关运作的海关监管特殊区域。对货物贸易,实行以零关税为基本特征的自由化便利化制度安排。

一是"一线"放开。在海南自由贸易港与中华人民共和国关境外其他国家和地区之间设立"一线"。"一线"进(出)境环节强化安全准入(出)监管,加强口岸公共卫生安全、国门生物安全、食品安全、产品质量安全管控。在确保履行我国缔结或参加的国际条约所规定义务的前提下,制定海南自由贸易港禁止、限制进出口的货物、物品清单,清单外货物、物品自由进出,海关依法进行监管。

二是"二线"管住。在海南自由贸易港与中华人民共和国关境内的其他地区(简称内地)之间设立"二线"。货物从海南自由贸易港进入内地,原则上按进口规定办理相关手续,照章征收关税和进口环节税。对鼓励类产业企业生产的不含进口料件或者含进口料件在海南自由贸易港加工增值超过30%(含)的货物,经"二线"进入内地免征进口关税,照章征收进口环节增值税、消费税。行邮物品由海南自由贸易港进入内地,海关按规定进行监管,照章征税。关于国内货物进入海南自由贸易港的管理方式,2020年6月发布的《总体方案》规定:货物、物品及运输工具由内地进入海南自由贸易港,按国内流通规定管理。但是对于国内流通管理的内容,其并没有作明确说明。

2021年6月正式颁布实施的《海南自由贸易港法》对此作出了明确规定,即货物进入海南自由贸易港,退还已缴纳增值税和消费税。综合来看,对货物来往于内地和海南自由贸易港之间实行特殊管理和征退税政策,和国内现行海关监管区既有相同之处,也有所区别。内地货物进入海南自由贸易港退还已缴纳增值税的政策与内地海关监管区货物入区视同出

口退税的政策一致。而货物由海南自由贸易港进入内地，按照类似于FTA原产地规则，加工增值超30%（含）产品免征关税。这一政策与内地海关监管区政策相比，存在很大区别。

三是岛内自由。海关对海南自由贸易港内企业及机构实施低干预、高效能的精准监管，实现自由贸易港内企业自由生产经营。

（二）全岛封关运作准备工作的主要任务

一是做好封关运作准备工作。制定出台海南自由贸易港进口征税商品目录、限制进口货物物品清单、禁止进口货物物品清单、限制出口货物物品清单、禁止出口货物物品清单、运输工具管理办法，以及与内地海关通关单证格式规范、与内地海关通关操作规程、出口通关操作规程等，增加对外开放口岸，建设全岛封关运作的配套设施。

二是适时启动全岛封关运作。2025年前，适时全面开展全岛封关运作准备工作情况评估，查堵安全漏洞。待条件成熟后再实施全岛封关运作，不再保留洋浦保税港区、海口综合保税区等海关特殊监管区域。相关监管实施方案由有关部门另行制订。

三是推进自由贸易港政策试点工作。对海南自由贸易港政策和制度体系开展压力测试是全岛封关运作之前的一项重要工作任务，主要目的是对《总体方案》制度设计的落地实施探索具体途径、积累有效经验，建立健全开放条件下安全高效的风险识别和防控体系。

试点工作涉及贸易、投资、金融、运输、出入境管理、数据安全有序流动等许多领域。其中，开展"一线"放开、"二线"管住海关监管制度试点工作事关如期实现全岛封关运作目标等重大问题，成为试点工作中的重点内容。2020年6月，海关总署发布《中华人民共和国海关对洋浦保税港区监管办法》（以下简称《洋浦监管办法》），在这一特殊区域内实行"一线"放开、"二线"管住以及原产地管理政策。但是由于洋浦保税港区面积较小、企业布局空间受限、现有企业实际业务范围与政策适用条件存在差异等，洋浦保税港区在长达一年多的时间里未能取得实际案例，难以形成相应的试点经验。2021年，试点范围向海口综合保税区和海口空港综合保税区拓展；原产地规则试点向洋浦开发区拓展，试点工作逐步取得实际进展。

（三）贸易投资自由化便利化政策实施的阶段性目标

全岛封关运作前实施的自由化便利化政策，作为早期安排阶段自由贸易港建设的重要内容，既有利于为全面实行更高水平的自由贸易港政策和制度体系进行先行先试，积累必要经验，也有利于让市场主体和人民群众尽早共享贸易投资自由化便利化的成果，增强市场主体和人民群众对于自由贸易港建设的决心和信心。

一是货物贸易自由化政策。鉴于全岛封关运作之前，尚不具备在全岛范围内实施零关税政策的条件，《总体方案》提出了通过"一负三正"零关税商品清单管理方式对部分商品先行实施零关税政策的具体方案。其中包括鼓励类产业的企业自用生产设备进口零关税负面清单、企业原辅料进口零关税正面清单、交通运输工具进口零关税正面清单和日用消费品进口零关税正面清单等四类。截至2021年底，企业自用设备负面清单和原辅料、交通运输工具零关税正面清单先后发布，并已经分别取得适用政策优惠的实际案例，但是关于日用消费品进口零关税正面清单尚未正式发布。除此之外，从2020年7月起，国家在已实行多年的海南离岛免税购物政策基础上进一步扩大了免税购物政策的执行力度；2021年5月，在海南举办的首届消博会期间允许部分进口展品零关税销售；2020年以来陆续在洋浦保税港区实行内外贸同船加注保税油政策、美兰国际机场飞机加注保税航空煤油政策、海南自由贸易港国际运输船舶增值税退税政策等，为货物贸易零关税及其他自由化政策的先行先试积累了实际经验。

二是服务贸易自由化政策。2021年国家正式发布《海南自由贸易港跨境服务贸易特别管理措施（负面清单）（2021年版）》，明确了跨境交付、境外消费、自然人流动等三种模式的跨境服务贸易。这也是我国迄今为止在跨境服务领域公布的第一张服务贸易负面清单，对促进海南自由贸易港服务贸易开放发展产生了积极影响。2020年海南出台有关发展离岸贸易的政策措施，离岸贸易经营企业被列入鼓励类产业享受优惠企业所得税政策，取消外汇管理部门真实性审核要求，商业金融机构可直接在核实真实性基础上向企业提供结售汇服务。此外，博鳌乐城国际医疗旅游先行区实行国外成熟药械区内直接进口和用于医疗服务；允许国外理工农医类大学在海南自由贸易港开设高等教育机构等服务业开放政策先行实施，并取得显著成效。

三是投资自由化便利化政策。国家制定并发布实施《海南自由贸易港外商投资准入特别管理措施（负面清单）》，投资准入限制领域比全国版和自贸试验区版负面清单进一步压缩，海南自由贸易港投资准入开放水平明显提升。除此之外，国家发展改革委发布了扩大海南自由贸易港市场准入开放的相关措施，为完善内外资一致的准入管理制度，防止外商投资管理中的"准入不准营"现象打下坚实基础。

四是资金、运输工具、人员、数据等生产要素跨境流动自由便利政策。2020年以来，海南自由贸易港全面复制上海自贸试验区已实施的自贸区账户管理政策，扩大跨境投融资服务，率先实现海口美兰国际机场第五航权开放，对59国实行入境免签政策，对乘坐国际邮轮到岸停靠入境游客实行落地签政策，在博鳌乐城国际医疗旅游先行区、海南自由贸易港生态软件园等9个重点园区先行开通国际互联网互联互通通道等一系列开放举措，为促进各类生产要素跨境流动自由便利政策先行先试积累丰富实践成果。

根据《总体方案》要求，全岛封关运作后，海南自由贸易港政策和制度体系初步形成。一是货物贸易自由便利。实行以零关税为基本特征的自由化便利化制度安排。除极少数国家限制或禁止进口货物之外，在海南岛全域范围内实行货物进口零关税政策。二是服务贸易自由便利。实行以"既准入又准营"为基本特征的自由化便利化政策举措。三是投资自由便利。大幅放宽海南自由贸易港投资准入，实施市场准入承诺即入制。四是跨境资金流动自由便利。分阶段开放资本项目，有序推进海南自由贸易港与境外资金自由便利流动；构建多功能自由贸易账户体系。另外，还有运输来往、人员进出、跨境资金流动自由便利和数据安全有序流动制度等。

随着自由贸易港政策和制度体系逐步成熟，海南将进一步优化和完善开放政策和相关制度安排，全面实现要素跨境流动自由化便利化和数据安全有序流动，推进建设高水平自由贸易港。

三、海南自由贸易港税制改革的方向

未来的海南自由贸易港税收制度建设必须基于满足海南基础设施投资和公共服务事业投入的财力需求、具有一定的国际竞争优势、营商环境达到一流水平等三个方面的要求，按照零关税、低税率、简税制的方向逐步推进。

（一）税制改革的基本框架

零关税、低税率和简税制构成海南自由贸易港税收制度的基本原则。首先，零关税是自由贸易港的本质特征，在全岛封关运作后具备海关监管条件的情况下，全岛实行零关税制度，除了极少数禁止和限制类商品之外，岛内进口的绝大多数商品将免征关税和进口环节税。其次，企业所得税和个人所得税税率均低于国内现有税率水平。其中，企业所得税按照15%的税率征收，除了低于国内现行25%的税率之外，也略低于中国香港的16.5%和新加坡的17%。个人所得税最高档税率为15%，既明显低于国内现行最高档45%的税率，也低于全球21%的平均水平，更低于中国香港和新加坡。其他税率也将达到与其他自由贸易港相近的水平。最后，简税制指将现行税种进行归并，减少税种，取消增值税、消费税，实行销售税。销售税区别于国内现行增值税，仅在商品零售环节征收，也可大大降低征税和退税计算的复杂程度。另外，中国香港没有销售税和消费税税种，新加坡的销售税税率仅为7%，迪拜仅有5%的海湾国家统一关税，预计海南自由贸易港的销售税率不会太高。

表1-2　海南与全球知名自由贸易港的税率比较

税种	海南	中国香港	新加坡	迪拜
企业所得税	15%	16.5%	17%	免征
个人所得税（最高档）	15%	17%	22%	免征
增值税	封关运作后不再征收	0	7%	5%

数据来源：海南的数据来自《总体方案》，其他数据来自日本贸易振兴机构（JETRO）官网。

（二）特殊税收制度的阶段性安排

《海南自由贸易港法》第二十七条第二款规定：全岛封关运作时，将增值税、消费税、车辆购置税、城市维护建设税及教育费附加等税费进行简并，在货物和服务零售环节征收销售税；全岛封关运作后，进一步简化税制。第二十八条第二款规定：全岛封关运作、简并税制前，对部分进口商品，免征进口关税、进口环节增值税和消费税。

首先，2025年全岛封关运作之前，根据"一负三正"零关税商品清单管理方式对海南岛内部分进口商品实行零关税政策，其中包括企业进口自用生产设备、营运用交通工具及游艇、原辅料、岛内居民消费的进境商品等；对部分鼓励类产业企业实行15%的企业所得税优惠政策，2020年鼓励类产业目录已发布并实施；对高端紧缺人才实行个人所得税最高按15%税率征收（国内现有法定最高个人所得税税率为45%，超出部分返还），海南高层次人才需求目录已经发布并实施。

其次，2025年全岛封关运作之后，简并税制。除了在全岛范围内实行进口商品零关税政策之外，对在海南自由贸易港进行实质经营的企业，实行企业所得税优惠税率。对符合条件的个人，实行个人所得税优惠税率。对税制进行归并改革，取消增值税和消费税，征收销售税。全面实行《总体方案》要求的自由贸易港税收制度。

（三）需要进一步研究的问题

根据《总体方案》和《海南自由贸易港法》的要求，全岛封关运作后要实行自由贸易港特殊税收制度。这对于做好"二线"货物往来税收制度对接方案十分重要。建议国家尽早研究制定海南自由贸易港税收制度的具体实施方案，并适时开展相关试点工作，积累必要的经验。

此外，从国际经验来看，自由贸易港具有资金自由便利流动管理、低税率等独特优势，由此成为全球跨国公司设立区域性总部的理想目的地，对扩大服务贸易规模发挥着十分重要的作用。以迪拜、中国香港和新加坡等三大自由贸易港为例，除了均实现资本项目可兑换制度之外，资本利得税率和企业所得税率或者为零，或者明显低于其他国家水平，这显著提升跨国公司的盈利水平，便捷投资利润、利息、知识产权收益以较低成本在更大范围内跨境流转和进行资金要素配置，带动金融、保险、信息传输、科技研发等服务贸易需求快速增长。因此，在新税制方案中，建议考虑海南自由贸易港发展总部经济的必要性和重要性，参考和借鉴新加坡、中国香港的经验，对资金往来税收制度做相应的改革。

四、海南自由贸易港发展离岸贸易的有利条件

离岸贸易指本国或本地区的商业贸易服务商在海外组织货源，寻找海外生产地，并使该货物直接由海外生产，销往海外客户而不经过该商业贸易服务商所在国家或地区的一种新型贸易方式。离岸贸易模式具有订单流、货物流、资金流"三流分离"的突出特点。

（一）自由贸易港离岸中心建设的有益经验

中国香港是全球著名的自由贸易港之一。香港的国际贸易发展大致可划分为四个阶段：1951年之前主要开展转口贸易，20世纪50—80年代为以香港产品出口为主的世界贸易中心发展阶段，1988—2006年再次进入以转口贸易为主的发展阶段，2006年以后进入了离岸贸易发展阶段。其中，香港对外贸易模式向离岸贸易转型的主要背景是：中国2001年加入世界

贸易组织（WTO）后，内地外贸企业可以直接对接国际市场，经香港的转口贸易额大幅萎缩。香港港口运营成本高昂，航运竞争力下降。与此同时，内地港口基础设施不断完善，中低端物流和贸易业务已经越来越多地通过离岸贸易形式逐步转移到珠三角其他地区。香港从转口贸易向离岸贸易转型，促进了香港服务业的转型升级，加强了香港的亚太贸易中心地位，同时促进了香港人民币离岸结算中心发展。

香港由港产贸易向转口贸易、离岸贸易转变，既适应了相对比较优势变化的需要，也为包括离岸金融在内的现代服务业创造了巨大发展空间，巩固和提升了香港作为国际金融、航运、贸易、信息中心的枢纽地位。

为了防止自由贸易港演变成为单纯的"避税天堂"，在鼓励发展离岸经济的同时，还须运用法治化手段引导注册企业在当地开展实质性经营活动。开曼群岛的经验具有典型意义。开曼群岛是国际著名离岸金融中心，与英属维尔京群岛、百慕大群岛并称为三大离岸金融中心。1978年，英国皇家法令规定，免除开曼群岛的缴税义务。开曼群岛成了许多企业的"避税天堂"，在此进行实质性业务经营的公司少之又少。2019年1月1日生效的开曼经济实质法规定，在开曼群岛注册的公司必须满足从事与其业务相关的实质性经济活动的条件，否则将面临罚款处罚，甚至被注销。至此，企业选择在开曼群岛注册公司不再是以避税为目的，而主要是出于资产保障、财富规划、跨境交易或直接投资、股权持有及转让等目的，进而开曼群岛也就演变成了金融产品相对多元化的离岸金融中心。

（二）海南自由贸易港发展离岸贸易的有利条件

2021年4月19日，商务部等20部门联合发布了《关于推进海南自由贸易港贸易自由化便利化若干措施的通知》，明确提出：支持海南自由贸易港内企业开展新型离岸国际贸易，支持建立和发展全球和区域贸易网络，打造全球性或区域性新型离岸国际贸易中心。这项政策举措的落地实施，将为海南自由贸易港有效利用贸易投资自由化便利化制度优势，充分整合全球要素资源，推进在岸和离岸相融合的贸易中心建设提供有力支撑。2021年6月颁布实施的《海南自由贸易港法》第五十二条也明确规定：海南自由贸易港内经批准的金融机构可以通过指定账户或者在特定区域经营离岸金融业务。这一方面为企业开展离岸业务打下了法治化基础，另一方面为企业提升面向离岸贸易市场主体的金融服务能力创造了有利条件。

2020年以来，海南省提出打造区域性新型离岸国际贸易中心，并出台业态发展"一揽子"支持政策，包括：将离岸贸易纳入自由贸易港鼓励类产业目录、内外资企业可享受15%的企业所得税优惠税率等；在洋浦打造新型离岸国际贸易先行区，支持创新外汇结算便利措施、加大财政奖励力度、完善金融配套服务；赋予银行更多单据审核自主权，简化单证审核程序，缩短外汇结算用时等。海南洋浦经济开发区"新型离岸国际贸易先行示范区"挂牌成立，并对外发布"全球贸易商计划"，提出对标新加坡，鼓励和吸引国际贸易企业以洋浦为基地开展全球贸易。

（三）发展成效与实际案例

海南自由贸易港的系列举措促进了海南新型离岸国际贸易的迅猛发展。2020年，海南新型离岸国际贸易额超18亿美元，同比增长约11倍，其中9—12月达16亿美元，同比增长41倍。2021年，海南新型离岸国际贸易继续保持迅猛发展态势，全年离岸贸易总额同比增长近5倍。

大型央企成为海南离岸贸易的主力军。中石化集团在洋浦新设了离岸贸易平台公司，并已实质性开展业务。多年来该集团的离岸贸易主要由设在新加坡的平台完成，但随着海南自由贸易港的不断发展，未来有望将业务重心逐步向洋浦转移。中石化（香港）海南石油有限公司、中化石油（海南）有限公司、国投国际贸易（海南）有限公司、兖矿（海南）智慧物流科技有限公司等10多家企业均已在海南开展新型离岸国际贸易业务，初步形成了企业集聚效应，业务涉及比利时、新加坡、巴西、澳大利亚等国家和中国香港等地区。

五、海南离岛免税购物政策的作用

（一）中国香港和新加坡的经验

离境购物免税（或间接税退税）是各国为促进旅游业发展普遍实行的政策，但是对于中国香港、新加坡等全球著名国际旅游消费中心而言，该政策尤其具有十分特殊的意义。在新加坡，大多数国家的人员可享受入境免签政策，国内实行7%的消费税制度；机场设有免税店，在市内购物需要缴纳消费税，离境前可在机场退税。新加坡零售商品绝大多数不含关税。这是由于新加坡关税税率很低，且接近100%的商品进口按照新加坡与其他国家签署的自贸协定可免关税。在中国香港，对100多个国家提供入境免签政策，没有消费税或关税，且市内购物不含税，因此离境时无须退税，这对促进香港国际旅游消费发挥了重要作用。迪拜是中东地区最大的物流枢纽和商品集散地，除了按照海湾合作委员会关税同盟规定，对巴林、沙特阿拉伯、科威特、卡塔尔、阿曼等五国以外进口货物征收5%统一关税之外，全境没有任何其他消费税。

（二）海南自由贸易港的离岛免税购物政策

海南从2011年开始实行的离岛免税购物政策主要面向内地居民，和国际上普遍实行的外国游客离境免（退）税制度存在很大区别。这项政策自实施以来做过多次调整，但无论是免税购物限额、商品类别，还是经营主体、购物网点等均存在较多限制，对游客的吸引力和促进消费的作用十分有限。《总体方案》发布之后，国家对离岛免税购物政策进行了大幅度改革调整。2021年6月发布的《海南自由贸易港法》第二十九条专门对海南离岛免税购物政策作出了规定："全岛封关运作、简并税制前，对离岛旅客购买免税物品并提货离岛的，按照有关规定免征进口关税、进口环节增值税和消费税。全岛封关运作、简并税制后，物品在海南自由贸易港和内地之间进出的税收管理办法，由国务院有关部门会同海南省制定。"由此可见，离岛免税购物政策已经成为海南自由贸易港政策体系的重要组成部分。

2020年7月，新的离岛免税购物政策开始实施，政策受益者范围由内地居民扩大到包括岛内居民；年度限额大幅提高并取消单件商品限额；商品品类扩大到45种，除了传统的化妆品之外，手机、电脑和酒类也被纳入其中；经营主体和营业网点有所增加，提货方式也更趋便利和多样化。据统计，新政策实施以来，海南自由贸易港离岛免税购物额连续两年实现大幅度增长。2021年海南10家离岛免税店销售额601.73亿元，同比增长84%。其中，免税销售额504.9亿元，同比增长83%；免税购物人数967.7万人次，同比增长73%；免税购买件数5349.3万件，同比增长71%。

（三）关于全岛封关运作后免税购物政策的讨论

全岛封关运作后，海南自由贸易港实行以零关税为基本特征的自由化便利化制度安排；同时对税种进行归并，取消增值税和消费税，在自由贸易港内实行销售税制度。在这一条件下，自由贸易港内企业进口国外设备、交通运输工具、生产用原辅料，除了少数征税目录内商品之外，免交关税和销售税；企业和居民购买海南自由贸易港原产地商品和内地产商品（进入海南自由贸易港时已退增值税、消费税），用于企业员工和居民生活消费的商品需缴纳销售税。在新的税制安排下，在岛内商业机构购买的大多数进口商品都不含关税，是否还需要保留离岛免税购物政策，《海南自由贸易港法》未作出明确规定，国家相关部门也没有公布具体方案。对此，目前存在两种不同的观点。一种观点认为没有必要保留离岛免税购物政策，理由是包括进口商品在内的岛内流通商品均不含关税和增值税，居民通过零售商业机构购买商品并在限额以内带入内地，已经可以享受到免税购物的好处。另一种观点认为，由于零售环节购买商品需要缴纳销售税，客观来看，参照国际通常做法，离（岛）境时应允许免税或申请退税，另外，保留相对固定购物场所和提货通道的方式，有助于减轻对大量携带零关税商品进入内地的监管压力。

离岛免税购物政策如何调整？建议对于境内居民携带物品，由海南自由贸易港进入内地实行"双限额"管理政策。一是在指定场所购买、指定地点提货的不含关税、销售税的免税商品在限额之内仍按照现行方法进行管理；二是对在岛内购买含销售税的商品可在限额之内申请离岛退税，对限额以上部分征收关税、增值税和消费税。

关于销售税的税率、征缴方式，目前尚未公布实施方案，但是在一些具体问题上已经形成一些共识。一是税率不宜过高，以充分体现低税率、简税制的基本精神。建议参照新加坡的经验限定在5%—8%的范围内。二是仅限于在流通环节征收，即在企业法人之间的交易环节不征收，仅限于在商品零售环节征收。三是企业生产的产品，如直接出口或销往内地，不征销售税。四是个人携带物品前往境外国家或地区可准予申请退税；个人携带物品进入内地在限额以内可免于缴纳关税、增值税和消费税，准予申请销售税退税。

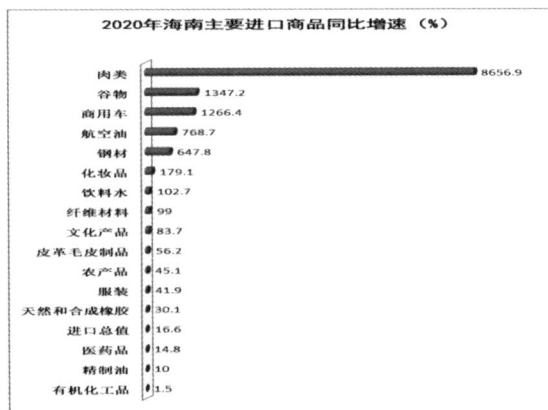

图1-1　2020年海南主要进口商品同比增速

数据来源：海关统计。

六、海南自由贸易港建设的初步成效

2020年6月以来,《海南自由贸易港法》以及由授权地方制定的15项海南自由贸易港法规等重要法律法规颁布实施,包括放宽市场准入特别措施、贸易自由化便利化若干措施、金融支持海南全面深化改革开放意见等在内的150多项自由贸易港政策相继出台,封关运作各项准备工作全面启动。外商投资准入、完全市场准入和跨境服务贸易特别管理措施(负面清单)的扩大开放政策、"一负三正"零关税商品清单、鼓励类产业企业所得税和高端紧缺人才个人所得税优惠等政策的积极效应逐步显现。

表1-3 2020—2021年海南和全国经济指标比较

	2020年		2021年	
	全国	海南	全国	海南
GDP增长率/%	2.3	3.5	8.1	11.2
居民人均可支配收入增长率/%	4.7	4.6	9.1	9.1
第三产业增加值增长率/%	2.1	5.7	8.2	15.3
第三产业增加值比重/%	54.5	60.4	53.3	61.5
CPI上涨率/%	2.5	2.3	0.9	0.3
固定资产投资(不含农产)增长率/%	2.7	8	4.9	10.2
社会消费品零售额增长率/%	−3.9	1.2	12.5	26.5
货物出口增长率/%	4.0	−19.6	21.2	20.1
货物进口增长率/%	−0.7	16.8	21.5	73.6
服务进出口增长率/%	−15.7	−15.8	16.1	57.7

续表

	2020 年		2021 年	
	全国	海南	全国	海南
外资新设立企业数增长率/%	−5.7	197.3	23.5	92.6
实际使用外资投资金额增长率/%	6.2	100.7	14.9	16.2
国内旅游人数增长率/%	−52.1	−22.3	12.8	25.5
旅游总收入增长率/%	−61.1	−17.5	31	58.6

数据来源：2020—2021 年中国和海南省国民经济和社会发展统计公报。

制度建设取得积极进展，对优化海南营商环境发挥了重要作用，显著提升了国内外市场主体对海南自由贸易港的良好预期。近年来，海南持续加大优化营商环境的力度，陆续发布了《海南省优化营商环境行动计划》（含 2018—2019 年、2019—2020 年两版）、《2021 年海南省提升营商环境重要量化指标便利度实施方案》、《海南自由贸易港优化营商环境条例》等政策、法规文件。在此基础上，2021 年，海南省进一步制定了"让市场主体说了算"、横向可比且纵向动态可监测的评价指标体系，开通了"海南自由贸易港请您来投诉"平台，优化营商环境工作取得明显成效，对吸引国内外市场主体到海南投资、参与自由贸易港建设发挥了积极作用。这也是近两年海南新增市场主体和利用外资数量持续较快增长的一个重要原因。

得益于自由贸易港政策和制度体系建设的带动，两年来海南的经济社会发展取得了积极成效。海南省政府工作报告显示，2021 年海南省的许多经济指标增速高于全国平均水平。其中，海南省地区生产总值增速全国第二，两年平均增速全国第一；地方一般公共预算收入增速全国第七；固定资产投资增速全国第七，两年平均增速全国第六；社会消费品零售总额增速全国第一，两年平均增速全国第一；居民消费价格指数涨幅由低到高排列位居全国第三。

第二章 全岛封关运作需要解决的问题与建议

　　建立安全高效的海关监管制度是海南自由贸易港制度建设的重要组成部分，也是海南自由贸易港政策和制度体系全面运行的重要前提和保障。根据《总体方案》，海南自由贸易港将在 2025 年前适时启动全岛封关运作，目前已经进入了准备工作的关键阶段。预计 2023 年底之前，海南将完成海关监管的硬件设施建设；2024 年底之前，全面完成软件设施建设和总体评估工作，并在 2025 年起全面运行覆盖全岛的海关监管特殊区域。

一、全岛封关运作后货物进出监管制度建设的主要内容①

　　当前，《总体方案》部署的制度建设工作已经起步，为确保 2025 年前海南全岛封关运作的既定目标如期实现，抓紧研究制定封关后货物进出监管制度建设方案至关重要。本文围绕海南自由贸易港货物进出监管制度建设方案中的若干问题进行探讨，提出了几点初步思考和建议，供相关部门研究参考。

（一）货物进出监管法规体系建设的主要思路

　　根据《总体方案》关于贸易自由便利制度设计要求，海南自由贸易港将建成全岛封关运作的海关监管特殊区域。从国家层面来看，海南自由贸易港整体将成为具有"境内关外"属性的特殊区域，实行"一线"放开、"二线"管住的海关监管制度。作为我国特殊经济功能区制度创新的重大

①这一部分内容来自笔者 2020 年 10 月向海南自贸港专家咨询委员会提交的研究报告，做适当修改。

成果，海南自由贸易港在监管体制与模式上，既存在和现行海关监管区相同的特点，也存在较多区别。如何为封关运作后的货物进出监管提供法律依据和保障，首先成为制定海关监管体制建设方案必须深入研究的问题。

《中华人民共和国海关法》（以下简称《海关法》）第三章第三十四条规定，经国务院批准在中华人民共和国境内设立的保税区等海关特殊监管区域，由海关按照国家有关规定实施监管。这意味着《海关法》作为海关监管制度的主要法律依据，对海关特殊监管区域的监管方式提出了原则性要求，具体办法需要国家另行规定。因此，在以往海关监管区域的海关监管实践中，主要由海关总署专门制定相应监管办法。但是，海南全岛封关形成的海关监管特殊区域，从政府职能、区域功能、社会管理、覆盖面积、人口规模，尤其是与国内其他地区之间的相互关系等方面来看，和上述规定中的海关特殊监管区域相比情况更为复杂，以往的办法无法适应自由贸易港货物、物品、运输工具进出监管的需要。

为确保海南自由贸易港货物进出监管的有效性，防控各类偷逃税和走私风险，根据《总体方案》第二部分第三十四条的要求和《海关法》的规定，国家建立实行联合缉私、统一处理、综合治理的缉私体制。海南省需要配合国家参与相关体制机制建设并承担相应责任，其中最为重要的职责之一，就是负责全省反走私综合治理工作，对下级政府反走私综合治理工作进行考评。此外，还有参与建立海南省和广东省、广西壮族自治区的反走私联防联控机制等工作。为此，海南省须制定并颁布实施"海南自由贸易港反走私法（或条例）"等法律法规，为海南省开展反走私相关工作提供法律依据和法律保障。

（二）制定货物进出监管办法的相关建议

第一，设立直接隶属于中华人民共和国海关总署的海南自由贸易港海关（以下简称海南海关）。海南海关依照国务院制定的监管办法，对进出海南自由贸易港的运输工具、货物、物品以及海南自由贸易港内的企业进行监管。

第二，依法在海南自由贸易港与中华人民共和国关境内的其他地区之间设置符合海关监管要求的卡口、围网、视频监控系统以及海关监管所需的其他设施。

第三，海南海关对于经"二线"进入内地其他地区的货物，按照内地进口管理规定代行办理进口报关手续并按货物实际状态代行征税，货物进入内地后按内贸货物管理。对注册在海南自由贸易港内企业生产的不含进口料件或含进口料件在海南自由贸易港加工增值超过30%（含）的货物，离开自由贸易港进入境内其他地区销售时免征关税，代行征收进口环节增值税、消费税。

第四，海南海关对于内地其他地区进入海南自由贸易港的货物，按照内贸货物管理，由海南海关负责按照存放场所、标识等要求予以监管。

第五，海南海关对于境内其他地区进入海南自由贸易港的人员携带物品和交通运输工具，按照境内统一规定予以放行；对于由海南自由贸易港前往境内其他地区人员和非营运交通工具携带物品，按照海关总署和财政部关于离岛免税购物管理办法进行管理和办理必要报关手续，对超出限额以上部分按照内地进口管理规定办理报关手续并且代行征税。

第六，海南自由贸易港应建立公共信息服务平台，实现区域内管理机构、海关等监管部门间数据交换和信息共享；建立并完善重大事件信息主动公示制度。

第七，海南海关禁止国家规定的禁止进出境货物、物品进出海南自由贸易港，对涉及国家进出境限制性管理、口岸公共卫生安全、生物安全、食品安全、商品质量安全、知识产权等的安全准入实施风险管理。海南海关依法对进出境货物及物品、进出口货物及物品和国际中转货物实施监管和检查。

（三）内地货物进出管理的必要举措

海南自由贸易港海关监管特殊区域的监管比"一线"放开、"二线"管住的监管更为复杂和困难。要做到在确保海南自由贸易港和境内其他地区之间货物、人员、物品和运输工具往来顺畅便利的同时，有效防控各类偷逃税和走私行为风险，除了要建立和完善法治化机制化监管制度之外，还必须在监管理念、模式、手段等方面进行大胆创新。为此，有必要对以下两个方面的问题进行深入研究。

第一，境内其他地区货物、物品和运输工具进入海南按照内贸管理问题。

根据《总体方案》第二部分第二条的规定，货物、物品及运输工具由内地进入海南自由贸易港，按国内流通规定管理。这意味着海南全岛封关后内地货物进入自由贸易港，除了中转出境部分之外其他货物将无法按照内地视同出口的管理方式退税，与我国海关监管区，特别是洋浦保税港区现行管理规定不一致。由此可能产生三个方面的不利影响：一是不利于促进内地企业扩大面向海南市场的商品生产和销售，也不利于充分满足海南当地对内地产品消费持续增长的需要；二是规定中并没有明确进入海南内地商品的实际用途及其相应管理办法，可能增大非内地产品未经报关进入内地的风险，增加监管难度和成本；三是如果相关货物用作海南当地销售或加工原辅料，商品价格将包含增值税、消费税，会导致竞争力下降，不利于提升内地产品在海南市场的占有率。

消除上述影响，需要对这一管理模式作相应调整。首先，建议积极探索实行和海关监管区（如洋浦保税港区）相同的境内区外货物入区海关管理方式的可能性，即对境内其他地区运入海南自由贸易港的货物，视同内地出口予以退税，但在未经海南运出境外的条件下不计入内地出口统计。其次，在无法对境内其他地区进入海南自由贸易港的货物全部按照海关监管区现行政策管理的情况下，建议对经境内其他地区的海关监管区中转运入海南自由贸易港的货物，在境内原产地（或启运地）按照现行管理办法视同出口予以退税，但不计入境内出口统计，海南海关对其视同海南原产地产品，允许在自由贸易港内自由流通或直接运出境外，运出境外部分可计入海南出口统计。而对于由内地非海关监管区进入海南自由贸易港的货物、境内其他地区人员携带物品、交通工具，按照内贸流通管理。这样有利于提升内地海关监管区中转功能，为企业提供更多根据实际需要选择进入方式的机会。

第二，货物自海南运往境内其他地区按照内地进口管理问题。

根据《总体方案》关于"二线"管住的相关要求，货物从海南自由贸易港运往内地，原则上按内地进口规定由海南海关代行办理相关手续和征税，对鼓励类产业企业生产的不含进口料件或者含进口料件在海南自由贸易港加工增值超过30%（含）的货物免征关税，征收增值税和消费税。

这一管理方式和国内现行海关监管区出区货物管理方式相比，在按照进口管理和照章纳税等相关规定上是一致的，也符合国际上关于中国自由贸易区（FTZ）进出货物管理的通常做法。但是海南自由贸易港的管理模式具有的一大特殊优势就是对自由贸易港货物进入境内其他地区实行原产地管理政策，在满足原产地认定标准的条件下免征关税。这是自贸园区（FTZ）通常规则和国际上自贸协定（FTA）原产地管理方式相融合的一项重大制度创新，对于促进海南自由贸易港先进加工制造业高质量发展、有效发挥海南自由贸易港在我国开放型经济新体制建设中的引领作用具有十分重要的影响。《洋浦监管办法》中关于区内货物进入境内区外的海关管理模式与《总体方案》的制度设计基本一致，目前已经在洋浦保税港区范围内进行先行先试，将为海南全岛封关后货物进入内地的原产地管理政策实施和风险防范积累有益经验。

为了进一步提升政策实施效果和海关监管效率，建议对原产地管理政策作进一步优化调整。一是取消关于"鼓励类产业企业生产"的附加限制性条件。理由是海南自由贸易港实行的"准入前国民待遇+负面清单"投资管理制度和"承诺即入"的市场准入管理制度已经具备了结构优化的政策导向功能，没有必要叠加正面清单管理模式增加管理成本。二是建议采取由企业自行报告原产地并对报告真实性作出承诺的管理办法。RCEP原产地证书管理已经引入这一管理方式，有助于降低海关管理成本，提升原产地政策利用效率。三是建议对使用内地原辅料进行加工并由海南自由贸易港进入境内其他地区的货物，实行内地增值税抵扣管理办法；对使用境内其他海关监管区原辅料加工后再进入境内海关监管区的货物，免征关税和进口环节税。

二、"二线"口岸设置的思路和建议①

"二线"安全高效管住是海南自由贸易港货物、物品和运输工具进出监管的内在要求，也是确保"一线"高水平放开和岛内自由的前提与保证。做好"二线"口岸设置和监管方案制定工作事关如期实现全岛封关的自由贸易港建设大局，对于国内最大海关监管特殊区域的成功运行具有重要意义。目前，关于"二线"口岸设在何处、如何监管等问题是监管方案制定的难点，而且各方对此存在不同意见，亟待在深入研讨基础上统一认识，提出切实可行的方案。笔者现将个人的几点思考和建议汇报如下，供相关部门决策参考。

（一）"二线"口岸延伸至内地设置可能会增加封关运作的制度性成本，损害货物、人员和运输工具往来便利性

有一种观点建议将海南自由贸易港与内地的"二线"口岸向内地出发地/目的地延伸设置。按照这一模式，货物、物品和运输工具由海南岛前往内地，在出岛口岸进行必要管理并放行后，在落地港口、机场和铁路、道路入口处设立"二线"口岸，由属地海关等口岸管理机构依照内地相关法规进行监管和放行。反之，货物、物品、运输工具由内地进入海南岛，经由启运地口岸依法通关和放行后，在海南入岛口岸依法监管和放行。

这样的口岸设置实际上是将海南视同单独关税区，往来两地货物按照跨境贸易管理，和内地与香港之间口岸监管模式基本一致。这样做具有以下几个方面的好处：一是内地主要城市跨境贸易口岸管理的经验较为丰富，口岸设施和运作体制较为完善，监管标准易于规范和统一；二是内地口岸监管意识较强，便于管控风险；三是避免出入岛口岸监管压力过度集中，利于提升海南口岸环节的通关效率。

客观来看，这一模式存在一些不利影响。一是"二线"过长且重复设

---

①这一部分内容来自笔者 2021 年 1 月向国务院参事室自贸试验区建设研究中心提交的研究报告，做适当修改。

置。实际上单向移动需要两次"二线"通关，制度和运作成本上升，总体通关效率将会降低。二是给货物、人员往来带来不便。货物需要在出发地/目的地口岸另行申请通关，与《总体方案》要求的按内贸管理原则不尽一致；针对人员往来实施特殊证件管理制度，也不符合《总体方案》中关于使用居民身份证通行和岛内居留的管理要求。三是货物、物品和运输工具的口岸通道既不能与内贸货物、运输工具使用同一通道，监管标准与现行进出口管理标准也不同，不宜直接使用国际口岸通道，可能需要设置单独通道，明显增加内地出发地/目的地的通关制度性成本，也会因条件所限降低内地出发地/目的地的可覆盖率。

（二）将"二线"集中设置在海南岛内出入岛口岸的设计方案具有较强可行性，有利于提升海南自由贸易港和内地之间的往来便利

与上述方案相比，将"二线"口岸集中设置在海南岛内出入通道具有较强可行性并有利于提升海南自由贸易港和内地之间的往来便利。货物、物品、人员和运输工具经由海南岛内口岸前往内地，"二线"口岸管理机构代行内地监管、通关管理职能，对货物按照进口管理，代缴关税、增值税和消费税；对个人携带的免税购物商品按照有关限额规定给予核验和放行；对于申请销售税退税的岛内购买商品按照限额规定准予退税，超过限额部分代缴关税、增值税和消费税；对运输工具依法监管。货物、物品、运输工具经由海南岛内"二线"口岸进入海南自由贸易港，口岸机构查验核实后按照国务院有关规定办理增值税、消费税退税并准予放行。

这样的管理办法除了与对海南原产地产品进入内地按照超过30%（含）增值部分免关税的管理政策有所区别之外，其他通关管理要求与国内现行有关海关监管区域货物、物品、运输工具进出管理办法基本一致。和方案一比较，该方案还具有以下几个方面的好处：一是通关减少至一次，压缩了整体通关环节和程序，有利于提升整体通关效率；二是"二线"集中布局，减少国内各地"二线"口岸设置和监管需求；三是为人员往来创造了便利条件，无须实施特殊通行证制度，有利于促进海南国际旅游消费中心建设。这样做的困难主要在于，通关管理和监管压力主要集中于设在海南省内的出入岛口岸，在过往货物和客流大量集中的情况下如何确保通关便利和快捷存在一定难度，需要通过增设通道设施、增加人员配置和提升数字化技术水平等措施应对可能出现的拥堵风险。

设置在海南岛内"二线"口岸设施的监管职能主要包括两个方面：一是作为属地口岸管理部门对进出海南自由贸易港的货物、运输工具和人员，依照法律和相关规定进行管理、查验并代退销售税；二是作为内地口岸管理部门派驻机构，承担内地货物、运输工具和人员进入海南岛和海南岛内货物、运输工具、人员进入内地的通关、税务管理等职能。这相当于将内地口岸前移至海南，和目前国内海关监管区域口岸管理机构的双重功能相近，只是管理内容和流量远比一般的海关监管区更为复杂。国际上也有一些可供借鉴的案例。如巴拿马和美国之间人员往来十分频繁，美国将海关等口岸机构前移至巴拿马机场，往返于美国本土和巴拿马之间的航班按照美国国内航班管理，显著提升了人员往来的便利性。

综合来看，"二线"口岸海关集中设置在海南岛内，既有利于显著提升内地与海南岛之间的往来便利性，增强两地经济联系，还有利于降低通关监管成本，提高监管效率，确保"一线"放开、"二线"管住和岛内自由的自由贸易港制度落地实施。建议海南按照这一模式设置"二线"口岸管理体制。

（三）"二线"口岸体制建设的相关配套措施与建议

第一，国务院制定并颁布实施有关海南自由贸易港货物、交通工具和人员进出监管办法，为"一线"和"二线"口岸设置提供法规依据。根据《海关法》第三章第三十四条规定，设立海关特殊监管区域应由海关总署制定并颁布实施相应的监管办法。海南全岛封关形成的海关监管特殊区域，从政府职能、区域功能、社会管理、覆盖面积、人口规模，尤其是与国内其他地区之间的相互关系等方面来看，和上述规定中的海关特殊监管区域相比情况更为复杂，以往的办法无法适应自由贸易港货物、物品、运输工具进出监管的需要。建议参照《海关法》第九章第一百零一条关于"经济特区等特定地区同境内其他地区之间往来的运输工具、货物、物品的监管办法，由国务院另行规定"的说明，由国务院为海南自由贸易港专门制定《中华人民共和国海南自由贸易港货物、物品、运输工具进出监管办法》（以下简称《办法》）等行政法规，对"一线""二线"口岸的设置和管理，对海关、公安、海南省各级政府及其他相关省份的货物进出监管和反走私责任与办法作出明确规定。根据《总体方案》2025年前全岛封关运作的要求，《办法》应在2024年之前适时颁布，并于封关运作之日起正式实施。

第二，设立直接隶属于海关总署的海南海关，并赋予其高于一般口岸城市海关的行政、监管和协调组织权限。"二线"口岸管理和以往口岸管理模式相比具有特殊性，监管主体具有属地监管机构和代行内地监管责任的双重属性，监管的理念、原则、标准、功能和资源配置都有很高的特殊性。设立海关总署直接管辖的海南海关并赋予其高于一般口岸城市海关的管理权限，有利于提升口岸监管机构的权威性和管控能力，增强海南海关对岛内外监管机构的统筹协调、组织动员能力。

第三，设立海南自由贸易港建设领导机制，牵头组建海关、海事、公安和海南省与沿海各省份共同参加的反走私联防联控体制，并进行常态化指导和统筹协调。根据《总体方案》第二部分第三十四条的要求和《海关法》的规定，国家建立实行联合缉私、统一处理、综合治理的缉私体制。海南省需要配合国家参与相关体制机制建设并承担对口岸通道以外沿海岸线地区监管，加强包括地方反走私立法在内的全省反走私综合治理，对下级政府反走私综合治理工作进行考评考核工作，参与反走私联防联控等工作。由于联防联控机制涉及多个国家主管部门以及海南省、广东省、广西壮族自治区等多个相关沿海省份，建议由国家依法设立的海南自由贸易港建设领导机制设立专班，牵头组织、统筹协调和指导反走私联防联控机制的各项工作。

第四，货物进出海南自由贸易港按照境外、内地海关监管区域和内地其他区域等三种类型实施分类管理办法。货物进出海南自由贸易港口岸，建议根据三种不同来源实施不同的管理方法。海南自由贸易港和境外国家

（地区）之间的货物往来归入"一线"口岸通道并按照相应管理原则进行监管和放行，记入海南进出口统计。海南自由贸易港和内地海关监管区域之间往来货物归入"一线"口岸通道，但不计入进出口统计。海南自由贸易港和内地海关监管区之间货物往来归入"二线"口岸通道，根据相应货物通关规定征税、代征税和退税并放行。

第五，旅客个人携带物品由海南自由贸易港进入内地实施"双限额"免税政策。海南全岛封关运作后的离岛免税购物政策受到百姓高度关注，而且对口岸通道设置、监管模式和标准制定都会产生直接影响，需要在深入研究的基础上做好政策设计和实施方案。鉴于离岛免税购物对国内居民分享自由贸易港建设红利、吸引海外消费回流、促进国际旅游消费中心建设具有重要作用和标志性意义，建议封关后继续实施有限额的离岛免税购物政策，除了进一步扩大免税商品项目范围、提高限额之外，仍然采取在指定场所购买（不含关税和销售税）、指定地点提货的管理方式。这既符合国际惯例，也便于监管，有利于保持总量可控。对于个人在普通商业设施购买不含关税但含有销售税的物品并携带离岛，可允许其在限额之内申请销售税退税并免征关税、增值税和消费税，对超过限额部分将销售税和内地增值税、消费税进行抵扣，多退少补。限额可分别设立，也可合并执行。

三、原产地管理政策试点存在的问题和建议①

2020年11月以来，笔者先后三次赴海南对《总体方案》实施工作进展情况开展实地调研，在深刻感受到可喜变化的同时，也发现了一些存在的问题和不足，原产地管理政策试点难以落地就是其中之一。笔者现将关

——————————
①这一部分来自笔者2021年1月向海南自贸港专家咨询委员会提交的研究报告，做适当修改。

于这一问题的初步结论和建议报告如下，供中央和海南省相关部门决策参考。

（一）在海南自由贸易港实行原产地产品进入内地免关税政策是我国海关特殊监管区域建设的一项重大制度创新，在早期安排阶段开展试点工作有利于探索原产地管理制度建设新途径，积累风险防范的有益经验

根据《总体方案》要求，在 2025 年前海南全岛封关后，对原产于海南的产品或使用进口原辅料并在海南加工增值超过 30%（含）的产品经过"二线"进入内地实行免关税的原产地管理政策。按照我国现行海关制度，凡是在海关监管区域内的保税进口或保税加工产品如果通过"二线"进入国内市场，必须缴纳关税和进口环节税。对海南自由贸易港零关税进口原辅料的加工产品在增值超过 30%（含）的条件下经过"二线"进入国内市场免交关税，这是我国特殊经济区域海关监管制度改革的一项重大创新举措，对满足内地特定商品市场需求，促进海南自由贸易港现代产业体系建设，打造更加紧密和稳定的跨岛分工协作产业链、供应链具有重要作用。

为了确保 2025 年前全岛封关运作的阶段性建设目标如期实现，在早期安排阶段必须做好全岛封关所需要的基础性工作，其中包括建立安全有效的海南原产地管理制度和配套政策体系。《总体方案》要求，在早期安排阶段要在具备条件的场所推进原产地管理政策先行先试，目的是为这项重大制度创新探索有效途径和方法、积累运作经验，尤其是风险防控的有益经验。目前，海关总署已发布关于在洋浦保税港区试行"境内关外"和原产地管理政策的政策文件，相关工作已经启动。这也是海南自由贸易港建设顺利开局的重要标志之一。

（二）试点场景不尽相同、试点平台空间承载能力不足是原产地管理政策先行先试面临的突出问题

调研表明，在洋浦保税港区开展的原产地管理试点存在以下几个方面的不足和问题。一是试点场景与未来全岛封关后港城融合型自由贸易港场景不尽相同，按照我国海关监管区域的规定，在保税港区范围内并不具备居民社区甚至城市等场景条件，在此基础上的试点经验是否适应封关后的

政策实施和风险防控需要存在较大不确定性。二是洋浦保税港区面积仅有
2.3平方千米，其中大部分土地已有一些项目布局，所剩空间并不足以形
成增值超过30%（含）对加工、服务配套条件的承载能力。三是大型制造
加工项目投资周期长，短期内难以形成产品流，对于投资者而言，这些政
策红利较为有限，缺乏足够吸引力。四是在早期安排阶段由于自由贸易港
政策和制度体系还没有形成，法治和政策保障环境尚不完善，推进制度创
新工作难度较大。

　　面对困难和条件限制，一些部门和干部认为全岛封关之后有关问题自
然会消除，目前不必急于试点，从而存在畏难和等待情绪。我们必须认识
到，在早期安排阶段是否能够在试点"境内关外"和原产地管理政策上取
得实质性经验，对2025年之前能否形成全岛封关运作的基础条件至关重
要。如果在试点领域无法形成对封关运作具有足够示范推广价值的实践成
果，不能排除拖延海南自由贸易港制度设计落地实施进程的可能性。

**（三）建议通过"三个拓展"，为尽早落实试点工作措施创造有利
条件**

　　针对原产地管理政策试点工作中面临的问题，笔者建议通过三个方面
的拓展逐步解决。一是将原产地管理政策试点实施范围向洋浦经济开发区
全域拓展。洋浦经济开发区成立较早，形成了较完善的基础设施和产业布
局配套条件，目前保留着较大的新建项目承载空间，能在实行有效海关监
管手段的基础上有条件地开展原产地管理政策试验。二是将试点平台向海
南境内其他海关监管区域拓展。海口综合保税区等海南现有海关监管区
域，已经形成了一定的产业聚集效果，相互之间的物流也可做到海关有效
监管，对跨区保税加工增值进行累积计算，具备达到加工增值超过30%
（含）原产地标准的必要条件。三是试点行业向农产品加工项目拓展。海
南所具有的独特气候和生态环境适合发展满足本地和内地需求的特色农产
品种植，新品种科学研究，国际优质种质资源引进、中转和培育，且海南
具备一定的农产品加工能力、相关项目投资周期较短等，可以在较短时间
内为试点提供案例支撑。

笔者认为，农产品加工试点原产地管理政策有利于通过国际大宗农产品和高附加值特色农产品加工生产，更好地满足内地对多样化、高品质加工食品的消费需要，保障农产品深加工食品的产业链、供应链安全稳定；有利于通过试点积累经验，提升海南农产品加工行业的集约化、规模化、国际化发展能力，服务于国际旅游消费中心建设对高品质、低成本、特色鲜明食品的供给需求；有利于以农产品加工为龙头带动一二三产业融合发展，为美丽乡村建设和农民创业创新提供更多机遇。域内有农业、农村和农民是海南自由贸易港区别于国际上其他自由贸易港的一大特色，"三农"建设是海南自由贸易港建设的重要组成部分。早期安排阶段的农产品加工原产地管理政策试点工作，为促进"三农"高质量和协调发展发挥积极作用，实属一项利国利岛利民之举。

（四）做好早期安排阶段原产地管理政策试点工作需要央地协同推进，强化配套和保障措施

原产地管理相关政策涉及中央部门事权，事关海南地方《总体方案》落实工作成效，亟待央地协调推进，共同完善和加强配套与保障措施。

第一，努力消除认识误区和体制机制障碍。包括原产地管理政策试点在内的早期安排举措之所以难以顺利推进，和许多方面的认识误区及体制机制障碍存在很大关系，必须采取措施予以消除。一是增强对自由贸易港建设重大创新意义的认知能力。自由贸易港建设是一项前所未有的重大改革和制度创新，在授权上没有现成的经验和惯例可循，相关部门不能动辄以"不能开先例"或"其他地方会攀比"等作为不愿授权的理由。对实际工作中出现的此类案例应加强督导和纠偏，并通过集中授权、为创新提供法律保障等措施消除不利影响。二是准确把握自由贸易港建设作为我国主动开放举措的政策内涵，防止一些专业部门将《总体方案》要求的准入开放（如航权开放）作为与外方对等开放的谈判筹码。三是处理好开放与风险管控的辩证关系，防止"管得住才能放得开"的过度偏好，树立"放得开才能管得住"的科学理念和信心。四是海南自身需要克服畏难情绪和政策"等靠要"思想，主动增强对制度创新的认识和行动能力。

第二，加快推进海南海关监管区域建设和转型升级。一是尽早完善三亚国际种质资源引进中转基地保税设施建设，为引进培育和加工特色国际农业种质资源并零关税输往内地创造条件。二是对以保税加工、展示和中转贸易为主要功能的岛内现有海关监管区域进行功能升级，允许开展原产地管理政策试验，符合超过30%（含）增值标准区域内加工产品零关税进入内地市场。三是将海南岛内海关监管区跨区保税加工增值率累积计算结果作为原产地产品认定标准，并需加强跨区保税物流监管措施。四是在洋浦经济开发区全域实行电子围网保税监管设施，充分利用数字化和互联网、大数据等现代技术手段，提升智慧海关建设水平。五是中央部门应当做好方案设计、监管方式转型安排和风险防控预案，地方则应当加强基础设施和配套条件建设力度。

第三，大力提升农产品贸易和农业产业政策的适配性。一是根据高水平贸易自由化便利化制度建设需要，对涉及大宗农产品贸易的进出口许可、配额管理等制度进行必要调整，允许海南自由贸易港内企业根据内外市场需要开展大宗农产品交易、储存、加工和中转贸易。二是放宽高附加值农产品种质资源引进许可范围，授权海南自由贸易港在早期安排阶段开展国际农产品、种质资源引进和保税加工，在具备海关监管条件的区域内试行农产品加工原产地管理政策。三是在试点区域内先行放开农产品种植、加工、贸易流通领域外资准入，鼓励中外企业开展一二三产业融合型或全产业链型农业投资和运营，增强海南农业产业化和国际化水平。四是加强和农产品进出口有关的生物安全风险防控能力建设，建立有利于农产品产业链、供应链安全稳定的管理体制和机制，培育海南自由贸易港现代农业国际竞争新优势。

第三章 货物贸易自由化压力测试的内涵与着力点

习近平总书记"4·13"重要讲话发表四年来，海南的改革开放新高地建设不断取得辉煌成就，目前进入了自由贸易港制度建设的重要阶段。2022年是海南自由贸易港全岛封关运作准备工作的关键之年，自由贸易港制度设计的压力测试是其中一项重要内容。随着我国申请加入CPTPP等高标准区域贸易协定等重大开放举措不断推出，海南自由贸易港在国内将逐步实行更高标准贸易投资自由化制度，具备为我国参与谈判探索新路径、积累新经验的有利条件。这是当前形势下海南自由贸易港压力测试功能的又一个新内涵。

一、海南自由贸易港制度设计压力测试的主要进展

自2020年6月《总体方案》发布以来，海南自由贸易港政策和制度体系建设取得积极进展，高水平开放成效逐步显现。

一是海南自由贸易港相关政策陆续发布实施，《总体方案》设计要求的自由贸易港政策和制度体系建设顺利开局。近年来，中央和地方发布实施的海南自由贸易港相关制度创新方案和政策文件有上百件，为逐步搭建自由贸易港政策和制度体系、不断提升国内外市场主体的良好预期提供有力支撑、打下坚实基础。

二是海南自由贸易港相关法律法规逐步颁布，法治化营商环境建设初见成效。2021年6月《海南自由贸易港法》正式发布实施，这是我国首次以国家立法方式为特定的特殊经济功能区的制度创新提供具有上位法属性的法律依据和保障。

三是全岛封关运作准备工作全面开启，海关监管制度试点的成功案例

不断增加。海南自由贸易港提出了2023年完成海关监管硬件设施建设，2024年完成软件设施建设，2025年前适时启动全岛封关运作的时间表、路线图和责任部门任务清单，各项工作已经全面铺开。

四是海南自由贸易港税制改革的实施路径日趋清晰，零关税、低税率、简税制的竞争优势初见端倪。海南省在早期安排阶段就启动了零关税商品清单管理，对鼓励类产业企业实行15%所得税税率和对高端紧缺人才实行个人所得税最高税率按15%征收的优惠政策。

五是现代产业体系建设目标已经确定，服务业和高新技术产业成为引领海南产业高质量发展的新领域。海南省提出了"3+1+1"（旅游业、现代服务业、高新技术产业、热带特色高效农业和制造业）的建设目标。为此，海南自由贸易港陆续推出配套产业政策、重点产业园区制度创新举措。总的来看，海南自由贸易港的政策和制度体系建设正在分阶段分步骤推进，并取得积极成效，对促进海南地方经济高质量发展发挥了重要作用。近年，海南GDP、利用外资和对外贸易增长速度持续位居全国前列就是很好的例证。

我们必须看到，海南自由贸易港目前还处在政策和制度体系建设的初期，现有贸易投资自由化便利化水平与打造高水平对外开放新高地的目标相比还有较大差距。当前来看，海南还面临着2025年前高质量完成全岛封关运作准备工作的艰巨任务，做好高水平贸易投资自由化制度和政策实施的压力测试是其中一项重要内容。

在对外开放方面，海南自由贸易港实行最高标准的贸易投资自由化便利化制度，要对标新加坡和迪拜等全球公认的自由贸易港的成功经验，打造具有较强国际竞争力的特殊经济功能区。全岛封关运作后，贸易、投资、跨境资金流动、人员进出、运输往来自由便利和数据安全有序流动的水平将提升到前所未有的高度，自由贸易港政策和制度体系如何运作以适应高水平开放的需要？如何识别其中可能出现的安全风险和外部冲击并建立行之有效的防控体系？在全岛封关之前，应针对上述问题进行压力测试，积累必要的经验。就此类压力测试而言，相关工作正在蓬勃开展。比如"一负三正"零关税商品清单，跨境服务贸易负面清单管理制度，"一线"放开、"二线"管住的进出口管理制度，多功能自由贸易账户体系试行等，都属于开放水平高于国内现有一般区域、未来在海南自由贸易港将全面落地实施政策的先行先试。在压力测试过程中，试点环境要尽可能与自由贸易港未来场景接近，如具备海关特殊监管条件的洋浦保税港区承担了"一线"放开、"二线"管住自由贸易港监管制度的试点任务，也被称为未来海南自由贸易港的"样板间"。另外，试点还会涉及一些现行政策法规调整，在推进过程中也存在一定难度。总的来看，已开展的压力测试取得的实践案例，为逐步完善海南自由贸易港制度建设实施方案、积累风险识别和防范经验、顺利推进全岛封关运作准备工作发挥了十分重要的作用。

二、我国更高水平开放举措的压力测试新要求

在全岛封关运作之前，海南自由贸易港既要对《总体方案》顶层设计要求的贸易投资自由化便利化制度，尤其是海关监管制度进行压力测试，也要主动承担为我国加入更高水平自贸协定开展先行先试的重要任务。从货物贸易自由化来看，我国加入 CPTPP 谈判，首先会面对是否承诺全面实行零关税和取消非关税壁垒两大难题，实施协定要求的原产地规则和管理制度也存在较大难度。在这里将聚焦这三个方面的问题，对海南自由贸易港开展压力测试的条件和必要举措进行分析研判。

（一）我国现有关税实际减让水平与CPTPP存在较大差距

削减关税是货物贸易自由化的关键和标志性措施。从CPTPP来看，各成员方最终取消关税的承诺虽然略有差异，但总体上达到了全面零关税水平。文莱、马来西亚、越南、新加坡、智利、澳大利亚、新西兰等7国承诺最终全面取消关税，不论是按照商品品类还是按照贸易额计算，零关税覆盖率均达到100%；加拿大、秘鲁的零关税覆盖面从实际贸易额来看达到100%，但是对1%的商品品类仍然保留征收一定关税的权利；墨西哥和日本承诺的零关税覆盖率分别为99%和95%，其中1%和5%的关税保留

是缔约方考虑到经济大国的贸易规模和经济结构复杂性等因素，经过谈判达成的特殊安排，并没有对 CPTPP 整体很高的贸易自由化水平造成实质性影响。

根据 RCEP"关税地削减与取消"条款的规定，中国最终取消关税覆盖面要达到 90% 的承诺。根据 CPTPP，中国需要面对的新谈判对手仅有加拿大、墨西哥，与 RCEP 相比，结构性差异较小。因此，中国在 RCEP 中作出的 90% 零关税承诺，基本上可以全面用作 CPTPP 谈判的出价清单。但是这一水平与 CPTPP 要求作出的全面零关税承诺相比还有较大差距，其中大多数属于我国的敏感性商品，谈判难度很大。此外，从中国以往实践来看，中韩自贸协定第一阶段谈判中规定了双方货物贸易自由化比例均超过"税目 90%，贸易额 85%"，自由化水平相对较高，也未达到现有 CPTPP 成员的可能要价水平。即便作为初始出价可以启动谈判，后续也同样会面对承诺全面取消关税的巨大压力。

表3-1　CPTPP各成员国货物贸易承诺实行零关税比例

成员	按商品品类数计算	按贸易额计算
日本	95%	95%
加拿大	99%	100%
澳大利亚	100%	100%
新西兰	100%	100%
新加坡	100%	100%
墨西哥	99%	99%
智利	100%	100%
秘鲁	99%	100%
马来西亚	100%	100%
越南	100%	100%
文莱	100%	100%

注：新西兰、新加坡、文莱承诺取消所有商品的进口关税。

数据来源：CPTPP 文本。

（二）我国需要作出取消大量非关税壁垒的承诺

取消贸易管理和非关税壁垒是货物贸易自由化的重要内容。CPTPP 要求缔约方必须承诺全面取消贸易限制和非关税壁垒。中国参与谈判主要存在以下几个方面的困难。

一是 CPTPP 对允许保留关税配额缔约方的配额管理提出了明确限制。CPTPP 现有成员除了日本、加拿大、墨西哥和秘鲁等四个国家保留了少量关税配额商品之外，其他缔约方承诺全面取消关税配额。我国现有关税配额产品有八类，包括小麦、玉米、稻谷和大米、糖、羊毛、毛条、棉花、化肥。这些商品在 CPTPP 谈判中将成为讨价还价的焦点之一。中方作为发展中经济大国具备经过谈判保留若干关税配额商品的条件，但是全部保留的可能性很小。

表3-2 越南和日本之间自贸协定签署、生效时间

协定名称	签署时间	生效时间
日本—东盟EPA	2008年4月1日	2008年12月1日
日本—越南EPA	2008年12月25日	2009年10月1日
CPTPP	2018年3月8日	2018年12月30日
RCEP	2020年11月15日	2022年1月1日

二是 CPTPP 原则上禁止进出口数量限制。从进口来看，目前我国只有进口关税配额，没有进口数量配额，但实行自动进口许可管理的商品还有37种，仍有13种旧机电商品实行限制进口的许可证管理。从出口方面来看，实行出口配额管理的商品有17种。另外，我国包括原油和成品油在内的13种产品被纳入国有贸易管理。这些措施与 CPTPP 禁止数量限制原则不符。

三是 CPTPP 规定，如一缔约方采取或维持措施禁止或限制旧货的进

口，则该缔约方不得将这些措施适用于再制造货物。各缔约方对于在一个或多个缔约方领土内产生的回收材料，如其用于再制造货物的生产并构成其一部分，则应被视为原产货物。我国目前没有专门针对再制造的原产地规定，对旧货进口实行限制管理，与协定要求存在差距。

四是CPTPP和RCEP规定了技术性贸易壁垒（TBT）与实施卫生和植物卫生措施（SPS）的透明度原则。其中CPTPP对符合国际标准的法规等也要求必须向理事会通报，高于我国现行做法和WTO标准。

五是CPTPP在海关管理制度、通关时限要求、预裁定管理等方面也都设置了较高要求，有别于我国现行标准，中方将面临作出逐项调整承诺的压力。

（三）我国原产地规则管理制度面临大幅度调整压力

RCEP规定的原产地管理方式有三类：第三方机构开具原产地证明、经过认证的企业自主提供原产地声明、企业自主申报原产地等。在协定生效后10年内，各成员方可采取第三方机构开具原产地证明或经过认证的企业自主提供原产地声明。过渡期结束后，各缔约方必须实行企业自主申报原产地管理方法，其中柬埔寨、老挝的过渡期可延长至20年。另外，按照协定规定，过渡期结束后，出口商、生产商均可自主申报并提供原产地声明，但是进口商是否可自主申报需要在协定生效后经过谈判另行规定。CPTPP的原产地管理制度比RCEP的具有更强的便利性和开放性，要求协定生效后实行原产地自主申报制度，规定出口商、生产商、进口商都可以自主提供原产地声明；原有第三方机构仅允许在生效后10年过渡期内继续开具原产地证明。协定还在引入进口商自主申报并开具原产地声明的制度方面，对越南、马来西亚、文莱、墨西哥、秘鲁等5国给予5年的过渡期安排。

按照协定要求，我国在RCEP生效后的10年内实行第三方机构开具原产地证明和核定企业原产地自主声明并行的原产地管理制度，现行管理办法在过渡期内尚可持续，但是对于在此期间实行的核定企业原产地自主声明和过渡期结束后将要全面实行的自主申报制度，尤其是涉及CPTPP

的原产地管理制度，中国尚未开展管理实践，缺乏有效监管体系和经验支撑。开展协定实行的全面累积原产地产品认定方法，也是中国面临的新问题。中国需要全面重构原产地规则认定标准体系和管理制度，在明显提升原产地申报便利性的同时，加大企业行为规范和市场风险防控力度。

表3-3　原产地管理制度比较

原产地管理制度	定义	自贸协定	
		RCEP	CPTPP
第三方机构开具原产地证明	商品的生产商、出口商在向第三方机构（政府机构或政府指定机构）提交满足商品原产地标准的资料基础上，经过第三方机构评估认可后开具原产地证明的管理制度	协定生效后10年过渡期内实行；过渡期结束后取消	协定生效后10年内保留；10年后取消
核定企业原产地自主声明	由政府机构核定的出口商可提供原产地自主声明的制度；非核定企业仍需向第三方机构申请开具原产地证明	生效后10年过渡期内与第三方机构原产地证明制度并行；过渡期结束后不再要求核定条件	无须核定
企业原产地自主声明	商品的生产商、出口商、进口商自主声明原产地管理制度	协定生效10年后，生产商、出口商可自主声明原产地；但进口商可否自主声明，须在生效后1年内通过后续谈判确定	生效后生产商、出口商、进口商均可立即通过自主声明方式提供原产地证明

三、海南自由贸易港开展CPTPP贸易自由化压力测试的有利条件

鉴于我国在参与CPTPP谈判上还面临着现有成员要价高、作出全面承诺的准备不足、缺乏高标准贸易自由化实践经验支撑等突出问题，通过在具备条件的局部地区开展压力测试积累经验，对于我方做好预案、把握谈判主动权和实现预期目标具有重要意义。一般来说在国内现有自贸试验区等自贸园区进行先行先试可以取得一些效果，但自贸试验区空间面积较小，没有全域物理围网条件，并不符合高水平货物贸易自由化所需要的场景要求，难以形成满足参加全球最高水平自贸协定谈判需要的实践经验和决策依据。

海南自由贸易港是我国最大的对外开放综合平台和特殊经济功能区。随着自由贸易港政策和制度体系逐步建成，海南自由贸易港将成为以贸易投资自由化便利化为重点，贸易、投资、跨境资金流动、人员进出、运输往来自由便利和数据安全有序流动的全球最大自由贸易港。海南自由贸易港作为我国主动开放和单边开放的特殊平台，货物贸易自由化便利化水平不应低于我国参与的所有双边、多边和区域贸易协定。全岛封关后形成的海关监管特殊区域，将为实行高水平货物贸易自由化制度奠定坚实基础。2025年以后，达到甚至超出CPTPP贸易自由化水平是海南自由贸易港制度建设的必然要求，也是打造全球最高水平开放形态的关键举措。毫无疑问，海南自由贸易港将成为我国未来参与更高水平自贸协定谈判的试验田和推进器。

全岛封关运作之前，海南自由贸易港尚不具备全面实行零关税等货物贸易措施的制度环境。但是以全球最高水平自由贸易港作为目标导向的制度建设已经全面启动，对标CPTPP等国际先进经贸规则的政策实践正在深入推进，贸易投资自由化措施的先行先试不断取得阶段性成果。这也是当前环境下在海南自由贸易港开展CPTPP压力测试最为有利的条件。

基于以往经验，我国今后加入CPTPP的进程中可能存在三种情形，压力测试的条件和内容也会因此有所不同。

一是我国已经在2021年9月向CPTPP理事会正式提交加入申请，但是正式启动谈判的时间可能由于多方面的因素而被延迟，甚至晚于2025年。首先，跨区域诸边谈判本身较为复杂和艰难，RCEP谈判曾花费8年之久就是一个例证。其次，我国与墨西哥、加拿大属于首次开展FTA谈判，墨西哥、加拿大又会受到美墨加自贸协定特别是美国的牵制，磋商和谈判难度较大。最后，日本、澳大利亚等国也可能出于地缘政治因素加以阻挠。在这样的情况下，海南自由贸易港按照预定目标推进全岛封关，完全具备通过全面实行零关税及其他贸易自由化政策的条件，可以为后续谈判进行全面的压力测试。

二是我国在较短时间内得到各成员国认可，正式启动谈判，但是谈判本身仍然较为艰难，费时较长。这一情况发生的可能性较大，海南自由贸易港可在确保各项条件成熟情况下，提前启动全岛封关进程，以服务推动谈判的需要。但是对于提前封关的条件，必须做好全面评估，开展包括全面实行零关税在内的压力测试仍然存在较大不确定性。

三是在谈判启动并持续推进阶段，海南自由贸易港虽然尚未全岛封关，无法进行全面的零关税压力测试，但是可以通过扩大海南自由贸易港现有的"一负三正"零关税商品清单的覆盖范围，在全岛或部分区域实行取消关税配额、许可证管理以及非关税壁垒等货物贸易限制性措施，对谈判中可能面对的问题进行压力测试。

四、压力测试在积累安全风险防控经验中的重要作用

实行更高水平开放是海南自由贸易港建设的根本要求和关键举措。面对错综复杂的国际环境和外部风险冲击等严峻挑战，切实推进压力测试，对逐步积累高水平开放条件下安全风险防控的有效经验具有十分重要的作用。

（一）经济安全问题受到世界许多国家的高度重视

近年来，受美国激进贸易保护主义政策和新冠肺炎疫情冲击等的影

响，全球经济遭受重创，国际经济环境日趋复杂、多变和严峻。许多国家为了稳定国内经济、增强产业抗风险能力，更加重视国家安全，将经济安全列为确保产业链、供应链稳定的重要标准。截至2020年底，已经有34个国家引进了外国投资安全审查制度，涉及的跨境直接投资占全球跨境直接投资存量的67%。在这一背景下，美国、欧盟、日本等发达经济体加快推进有关重要战略领域的产业链、供应链布局调整，试图形成发达国家相互联手主导的全球生产网络。尤其是美国借机把所谓人权、价值观等政治标准嵌入经济安全政策体系，刻意推动所谓经济和科技"脱钩"以达到打压中国的目的，成为市场力量作用下全球产业链、供应链调整中的一股汹涌逆流，为中国等主要发展中国家带来了经济安全风险。

（二）我国的经济安全战略体系基本形成

2015年，《中华人民共和国国家安全法》正式颁布实施，其中包括关于外国投资安全审查的内容，明确规定建立国家安全审查和监管的制度和机制，对影响或者可能影响国家安全的外商投资、特定物项和关键技术、网络信息技术产品和服务、涉及国家安全事项的建设项目以及其他重大事项和活动进行国家安全审查，有效预防和化解国家安全风险。

2021年起正式实施的"十四五"规划纲要提出了统筹发展和安全的重要方针，对"十四五"时期和至2035年的中长期经济安全战略作出了全面部署，强调要实施国家安全战略，防范和化解影响我国现代化进程的各种风险，筑牢国家安全屏障。为确保经济安全作出明确规定，提出强化经济安全风险预警、防控机制和能力建设，实现重要产业、基础设施、战略资源、重大科技等关键领域安全可控，着力提升粮食、能源、金融等领域安全发展能力等政策要求。针对美国在科技领域设置障碍等"卡脖子"问题，还特别强调了要在事关国家安全和发展全局的基础核心领域，制定实施战略性科学计划和科学工程。重点方向是瞄准人工智能、量子信息、集成电路、生命健康、脑科学、生物育种、空天科技、深地深海等前沿领域，实施一批具有前瞻性、战略性的国家重大科技项目。从国家急迫需要和长远需求出发，集中优势资源攻关新发突发传染病和生物安全风险防控、医药和医疗设备、关键元器件零部件和基础材料、油气勘探开发等领域关键核心技术。

（三）经济安全风险压力测试应关注的问题

一是统筹高水平开放和国家安全。为形成具有国际竞争优势的特殊经济功能区，海南自由贸易港要逐步建立对标全球最高水平的贸易投资自由化便利化制度，全面实行外商投资准入前国民待遇加负面清单管理制度，促进国内外各种生产要素资源在海南聚集。在此基础上，必须根据国家安全战略要求，实行外国投资安全审查制度，防范一切投资可能引发的经济安全风险。海南要根据国家安全战略基本要求，兼顾海南经济体量较小、"二线"设置有利于实现安全风险"防火墙"作用等特点，制定并实施涉及领域较少的安全审查正面清单。目前我国自贸试验区已经在外国投资安全审查制度建设中积累了经验，海南可在借鉴我国现行办法和经验基础上，先行建立以"市场准入承诺即入+事中事后监管"为主要原则的安全监管制度，不再将除了涉及国防、领土领海保护、重大基础设施等重要领域以外的项目列入事前安全审查对象，通过压力测试为高水平投资自由化的风险防控积累经验。

二是增强产业发展环境保障能力。海南自由贸易港要通过加强对跨境资金流动常态化监管和风险预警机制建设、强化对外资产负债监测、建立健全全口径外债监管体系，完善境外投资分类分级监管体系等措施，为开展国际化业务活动的企业提供安全稳定的投融资环境。由于自由贸易港建设的特殊性，对海南保持国际收支基本平衡的监测要求应当取消。

三是增强产业链、供应链的坚韧度。维护产业链、供应链安全稳定的关键是增强"双链"自身的坚韧度。海南自由贸易港构建现代产业体系首先需要把强化产业链、供应链的坚韧度作为重要目标，为此，要充分发挥政府的引导作用。建议海南对现有主要产业的上下游关系进行全面梳理，针对产业链中境外依存度较大的薄弱环节，在鼓励企业加大研发创新力度自主提升的同时，吸引岛外特别是境外相关领域企业到海南投资"补链"。海南自由贸易港应当建立产业链信息服务综合平台，为境内外企业对接提供支持；要鼓励供应链整合型综合服务业发展，支持金融机构开展供应链金融服务。鼓励具有一定实力的企业"走出去"，面向主要原料来源地和产品销售目的地扩大直接投资，形成中资公司主导的跨境产业分工体系，通过中方实际控制的方式增强跨境产业链、供应链的坚韧度。

五、增强压力测试功能的重要举措与建议

（一）把握好"放得开"与"管得住"的辩证关系

做好压力测试有利于积累自由贸易港制度运行和风险防范经验。同时，压力测试也是处理好"放"与"管"二者辩证关系的主要抓手。要实现高水平开放，必须建立与其相适应的风险防控体系，这就是自由贸易港建设必须坚持的"管得住才能放得开"基本原则的重要体现。压力测试的作用就是首先在总体可控的条件下，在局部范围和局部领域先行先试，探索"放得开"的实践路径，积累"管得住"的风险防范经验，为更大力度、更广范围和更高层次开放做好"管得住"的准备。在工作实践中，我们还需要重视问题的另外一个方面：如果压力测试无法做到"放得开"，与未来的实际场景差距太大，则无法为"管得住"打好基础。因此，在压力测试过程中，既要坚持"只有管得住，才能放得开"的原则，也要重视"放得开才能管得住"的科学理念。在海南自由贸易港建设实践中一些制度创新试点难以形成更多实际案例，为下一步的开放提供经验和方法支撑，很大程度上与压力测试做不到"放得开"有着直接的关系。这也是海南自由贸易港今后的压力测试需要重点解决的问题。

由于自由贸易港制度和政策实施的"事权"还有相当部分集中在中央职能部门，现行法律法规尚不具备调整到位的条件，职能部门向海南授权存在滞后现象。因此，为了确保压力测试有力有效，中央职能部门和海南需要加强协调合作，共同做好压力测试功能设计和配套环境建设。涉及CPTPP谈判的压力测试，需要在对CPTPP文本进行全面梳理的基础上，结合与现有成员国磋商阶段的关切和谈判阶段的要价情况，制定预案和海南自由贸易港先行测试的内容清单，在具备条件的领域打造CPTPP的

"微缩版"和"样板间"。协定谈判主管部门应充分总结海南自由贸易港高水平自由化制度建设的实际成效,为压力测试提供成功案例和实证支撑。

(二)加快研究制定货物贸易自由化压力测试实施方案

要对标CPTPP的货物贸易自由化措施,进一步细化海南全岛封关后货物贸易自由便利制度和政策设计。对绝大多数商品实行零关税政策,除了涉及国家安全因素限制的和禁止商品通过安全监管正面清单方式管理之外的,原则上不再保留征税商品,不论是按照商品品类和贸易额计算都要达到或接近100%的零关税覆盖率。另外,在全岛封关之前,要研究制定现行条件下货物贸易自由化压力测试时间表和路线图,分阶段扩大"一负两正"清单中零关税商品的范围,并在条件成熟时逐步将其中的两份正面清单转化为负面清单,并不断缩减负面清单长度。目前日用消费品零关税正面清单尚未发布,无法对零售环节零关税商品市场运行和反走私监管进行压力测试,应当尽快制定并发布这一清单,也可以通过允许部分离岛免税购物商品卖场提货的方式,先行开展压力测试。另外,根据CPTPP关于"货物经修理和改造后再入境"免关税条款,可在海南自由贸易港封关运作前,对现有零关税清单中的自用设备和运输工具等商品的出境维修实行零关税再进口。

(三)逐步扩大压力测试的实施范围和覆盖领域

一方面,海南在认真总结洋浦保税港区有关取消食糖、成品油关税配额和许可证管理试点工作经验基础上,对取消或放宽其他7类关税配额以及涉及进出口许可证、国有贸易管理等限制性措施开展的试点工作,试点地区可由洋浦保税港区、海口综合保税区逐步扩大到所有具备海关监管条件的区域,在取得经验的基础上扩大到全岛。

另一方面,海南自由贸易港需要在全面落实RCEP原产地规则和管理制度建设要求上开展先行先试。在海南加工增值超过30%(含)的商品进入内地免关税政策相关的原产地管理领域实行核定企业自主申报原产地管理制度,并在全岛封关后全面实行包括生产商和营销商(输往内地)在内的企业自主申报制度。

（四）不断增强压力测试的风险管控能力

一是应当建立核心关键技术安全清单管理制度。基于海南自由贸易港高新技术产业发展现状和未来结构调整预期目标，制定海南自由贸易港核心关键技术安全管理清单，对涉及航天、深海科技、热带农业种质资源等领域的外国投资、现有实体对外投资和货物及服务出口进行必要的监管和限制。

二是加强重要资源和产品全球供应链风险预警体系建设。海南自由贸易港应当在全面分析主要产业对各类资源的境外依存度，明确需要重点关注的资源、来源地和运输通道等重要信息的基础上，建立重点风险预警机制，并通过加强国际供应链保障合作，构建海外利益保护和风险预警防范体系。依托国家驻外外交领事机构，加强领事保护能力，维护海外公民、机构安全和正当权益，为跨境产业分工形成的产业链、供应链安全稳定提供有力支撑。

三是健全经济安全保障体系。完善与海南自由贸易港贸易投资自由化便利化制度相匹配的产业安全监管和风险防控体系。健全产业损害预警体系，丰富贸易救济等政策工具，妥善应对特定商品进口激增导致的产业冲击，建立健全反垄断审查和反不正当竞争行为监管体制。

四是建立健全零关税救济制度。CPTPP 和 RCEP 中均设置了贸易救济条款，为实施零关税政策可能带来的市场冲击制定应对措施并提供法律依据和保障。海南自由贸易港的零关税安排还没有建立过渡性保障措施的配套政策，根据 CPTPP 和 RCEP 的规定，建立健全海南自由贸易港零关税过渡性保障措施十分重要。

第四章 服务贸易自由化压力测试新要求

服务贸易自由便利制度是海南自由贸易港制度体系的重要组成部分，也是支撑海南旅游业和现代服务业等主导产业高质量发展的重要基础。当前，海南自由贸易港建设进入全岛封关运作准备工作关键时期，对标成员国服务贸易自由化承诺水平开展服务贸易自由便利政策压力测试，不仅对不断完善全岛封关后服务贸易制度运行和风险防控方案具有重要作用，还可通过服务贸易高水平开放实践，为我国加入CPTPP谈判积累有效经验。

一、CPTPP服务贸易自由化基本规则

CPTPP中和服务贸易有关的内容主要包括第9章（投资）、第10章（跨境服务贸易）、第11章（金融服务）、第12章（商务人员临时入境）、第13章（电信）、第14章（电子商务）以及各国关于投资、跨境服务贸易、金融服务、商务人员临时入境等不符措施承诺的附件。本章将主要针对第10章的内容进行分析和比较。

（一）关于跨境服务贸易内涵的规定

CPTPP第10章首先对以跨境交付、境外消费、自然人流动等方式提供的跨境服务作出了规定。另外，由于在跨境服务贸易章节以外设立了其他具体章节用于规范金融服务、商务人员临时入境、电信服务、电子商务等，第10章中跨境服务贸易的适用范围并不包括金融服务、政府采购、政府根据权限提供的服务、国家交付的补助金或赠与（包括官方提供的贷款、保证金和保险等）、航空服务（包括国内及国际航空运输服务和所有定期和不定期航空运输服务）以及与航空服务配套的其他服务等。

（二）关于服务贸易自由化基本规则的规定

作为服务贸易自由化的基本规则，第10章规定了国民待遇、最惠国

待遇、市场准入、当地存在等缔约方义务。国民待遇方面的义务指缔约国对其他缔约国的服务及服务提供者给予的待遇不得低于同样情况下给予本国服务和服务提供者的待遇。最惠国待遇方面的义务指缔约国对其他缔约国的服务及服务提供者给予的待遇，在同样情况下不得低于给予其他任何缔约国或非缔约国的服务及服务提供者的待遇。市场准入方面的义务指任何缔约国对服务提供者不得提出数量限制要求，不得对服务提供者在提供服务时提出有关法人或合资企业形态等限制性措施。当地存在方面的义务指任何缔约国不得要求其他缔约国的服务提供者在本国内设立常驻代表处以及其他某种形式的企业，并以此作为在本国提供服务的条件。

（三）关于不符措施及其承诺清单的规定

从上述规定和义务来看，CPTPP的服务贸易基本规则以WTO的多边规则为基础，和RCEP的服务贸易并无区别。CPTPP的高标准主要表现为各缔约方在履行这些规则上所达到的自由化水平。通常情况下，在满足一定自由化标准的基础上，协定可通过谈判为各方保留适当的例外措施，与基本规则要求不一致的不符措施越少，越能展现出更高的自由化水平。基于这一考虑，第10章第7条对不符措施作出了规定，要求缔约方将本国与国民待遇、最惠国待遇、市场准入和当地存在等规则不一致的例外措施作为附件明确列出。这些附件也被称为不符措施承诺清单，由清单一和清单二两部分组成。清单一包括了缔约方目前采取的不符措施且今后不得将与基本规则的不一致性再度扩大（不可加严）的承诺；清单二包括了现行且今后可能继续采取的不符措施，以及缔约方保留修改调整的权利（可加严）。

CPTPP附件分别列出了各方在投资、服务贸易、自然人移动等项下的自由化不符措施清单（负面清单），成为评估各方自由化水平的主要依据。首先，各方均采取负面清单方式列出各自的不符措施清单，与WTO框架下《服务贸易总协定》（GATS）使用的正面清单承诺方式相比，具有透明性、开放性和可预见性等优点；与RCEP在生效后的6年过渡期内包括中国在内的8个成员国仍然使用正面清单方式作出承诺相比，开放程度上同样具有明显领先优势。其次，各方在承诺表中所列出的不符措施数量较少，展现了各缔约方的高标准自由化政策取向。以日本的负面清单为例，包括金融服务、电信服务、自然人移动等项目的跨境服务贸易项下不符措施仅有56项，比日本在RCEP服务贸易不符措施有进一步压缩，如果将投资项下不符措施计算在内，则达到73项，同样具有较高的自由化水平。

（四）关于国内规制及其他缔约方权利和义务的规定

第10章还对其他缔约方权利和义务作出了具体规定。一是国内规制。协定要求，缔约方的其他所有政策的实施如果可能对跨境服务贸易造成一定影响，都必须确保在坚持合理、客观和公平原则的基础上进行。二是承认。缔约国在本国全部或部分依照本国标准向服务提供者提供许可、执照或资格证明时，可对其在特定缔约国或非缔约国积累的教育经历或经验、要件或获得的执照、资格证明等予以承认。承认既可以通过当事方之间协调措施等方式进行，也可以根据与有关国家的有关协定进行，还可以自主决定。三是拒绝给予利益。协定规定，缔约方对非缔约方服务提供商或虽然为缔约方企业但并未在缔约方开展实质性业务活动的服务提供商，可拒绝提供协定规定待遇。四是透明度。协定规定，缔约方关于第10章规定的本国相关措施，必须设立和保持相应机制，以满足利益相关方查询需要。五是自由职业服务附件。协定规定，关于职业资格认定、许可和注册等相关问题，为了创造两个以上缔约国可以围绕共同关心的自由职业认定问题进行对话协商的机会，缔约国需要和本国相关团体进行协商。协定同时还规定，缔约国为了使职业资格认定和许可、注册手续更加便利化，应为促进本国相关团体和其他缔约方团体之间的对话创造必要机会。六是快递服务附件。协定禁止缔约国垄断性邮政服务提供者将垄断性邮政服务收入用于补助自身或其他具有竞争与合作关系的服务商的快递服务活动。

二、CPTPP服务贸易市场准入的自由化措施

CPTPP第9章（投资）、第10章（跨境服务贸易）和第11章（金融服

务）不符措施条款规定，每个成员国都需要有一张统一的负面清单（附件一和附件二），以明确列举各自在投资、跨境服务贸易和金融服务领域的不符措施。根据对日本不符措施清单的梳理和分析，可以看到以下几个方面的特点。

表4-1　日本承诺的投资/跨境服务贸易/金融服务项下不符措施清单概要

清单分类	涉及章节	不符条件	行业领域
清单一（不可加严）	投资	国民待遇、最惠国待遇	农业（植物种子培育）、航空运输业、航空货物运输
		国民待遇（依据外商投资法）	农业及其相关服务（内湖内河、内海、排他性经济专属区、大陆架）、热供应、电气通信及互联网服务、医药品制造、皮革及其皮革制品制造、石油、保安业、铁路、道路旅客运输、水上运输、自来水生产及供应
	跨境服务贸易	市场准入、当地存在	汽车分析整理、劳务派遣服务、债务回收和债权管理服务、建设、含酒精饮料批发零售服务、高级中等教育服务、计量服务、医疗和社会保障、律师服务、法律咨询服务、法务辅助人员服务、公证服务、司法文书服务、会计师服务、税务师服务、建筑师服务、社会保险专业服务、行政文书服务、海事专业技术服务、土地和房屋调查专业技术服务、房地产中介服务、房地产评估服务、劳动健康保护、测量业、报关服务、道路运输业、水上运输关联服务、技能评定服务、家畜交易服务

续表

清单分类	涉及章节	不符条件	行业领域
		市场准入	公益性批发市场的批发服务、船舶制造修理和船用机器制造、船员、运输关联服务、水上运输业
	跨境服务贸易、投资	国民待遇、市场准入、当地存在	船舶国籍管理、矿业及矿业服务、航空运输（航空器注册）、货物运输、水上运输业、航空器制造及其修理
	金融服务	国民待遇	银行及相关金融服务（不含保险）
	金融服务、跨境服务贸易	保险法	保险及其保险相关服务
清单二（可加严）	投资	国民待遇、高管要求	所有部门（公共和政府服务）、航空运输业
	跨境服务贸易、投资	国民待遇、高管要求、市场准入、当地存在	所有部门［邮政电信以及邮政储蓄、货币制造和发行、公营竞猜型体育竞赛项目（赛马、赛自行车、赛车、赛摩托、赛艇）、彩票、烟草制造等］、宇宙开发利用产业、武器和火药制造业、广播电视、初级及初级中等教育、电力燃气和原子能产业、特定地区渔业（领海、内河、专属经济区、大陆架区域内）、土地交易、司法及矫正和公共社会服务（社会福利、社会保险和保障、公立保育、公众培训、公营住宅）、警备业

续表

清单分类	涉及章节	不符条件	行业领域
	跨境服务贸易	市场准入	所有部门（尚未认识到的新服务或现阶段技术所限尚无法提供的服务）、所有部门（已生效国际协定）
	金融服务、跨境服务贸易	国民待遇	保险及保险相关服务（海上、航天货物运输等其他特定保险服务）

信息来源：《全面与进步跨太平洋伙伴关系协定》，日本内阁府官网。

（一）涉及投资章不符措施的行业清单

日本涉及投资章的不符措施数量合计达32项。在不可加严的清单一措施中，涉及投资章不符措施的合计有20个行业，如农业（植物种子培育）、航空运输业、航空货物运输、农业及其相关服务（内湖内河、内海、排他性经济专属区、大陆架）、热供应、电气通信及互联网服务、医药品制造、皮革及其皮革制品制造、保安业、铁路、道路旅客运输、自来水生产及供应、船舶国籍管理、矿业及矿业服务、航空运输（航空器注册）、航空器制造及其修理等；其中有6项和跨境服务贸易的不符措施涉及领域相重合。可加严的清单二中，投资章不符措施涉及的行业领域除了所有部门之外，还包括10个行业，主要有宇宙开发利用产业、武器和火药制造业、广播电视、初级及初级中等教育、电力燃气和原子能产业、特定地区渔业（领海、内河、专属经济区、大陆架区域内）、土地交易、司法及矫正和公共社会服务（社会福利、社会保险和保障、公立保育、公众培训、公营住宅）、警备业等，其中与跨境服务贸易章不符措施相重合的行业达10个。

（二）涉及跨境服务贸易章的不符措施

清单一和跨境服务贸易相关不符措施涉及的行业领域有40个。其中，和投资章重合的有6个，包括船舶国籍管理、矿业及矿业服务、航空运输（航空器注册）、货物运输、水上运输业、航空器制造及其修理等，和金融服务章重合的仅有保险及其保险相关服务一个领域。另外，仅涉及跨境服务贸易不符措施覆盖的行业领域有34个，其中涉及市场准入和当地存在两项规则的不符措施数量最多，包含汽车分析整理、劳务派遣服务、债务回收和债权管理服务、建设、含酒精饮料批发零售服务、高级中等教育服务、计量服务、医疗和社会保障、律师服务、法律咨询服务、法务辅助人员服务、公证服务、司法文书服务、会计师服务、税务师服务、建筑师服务、社会保险专业服务、行政文书服务、海事专业技术服务、土地和房屋调查专业技术服务、房地产中介服务、房地产评估服务、劳动健康保护、测量业、报关服务、道路运输业、水上运输关联服务、技能评定服务、家畜交易服务等29个细分行业。仅涉及市场准入规则不符措施的行业包括公益性批发市场的批发服务、船舶制造修理和船用机器制造、船员、运输关联服务、水上运输业等5个领域。

清单二和跨境服务贸易章有关的不符措施有13项；涉及所有部门的有3项；1项和金融服务相重合，即保险及保险相关服务（海上、航天货物运输等其他特定保险服务）。涉及跨境服务贸易章的有2项，均覆盖所有部门，其中一个是尚未认识到的新服务或受现阶段技术所限尚无法提供的服务；另一个是已生效国际协定。

（三）金融服务章不符措施清单

关于金融服务的不符措施合计有3项，其中清单一有2项，1项如上所述和跨境服务贸易章相重合；1项涉及银行及相关金融服务（不含保险）。清单二的金融服务仅有1项和跨境服务贸易章重合的不符措施，即保险及保险相关服务（海上、航天货物运输等其他特定保险服务）。

（四）总体评价与比较

扣除重复部分，日本在CPTPP中的投资／跨境服务贸易／金融服务项下不符措施清单合计有71项，其中清单一有56项，清单二有15项。从RCEP的承诺可以看到，日本同样采取了负面清单的例外承诺方式，其中，在跨境服务贸易和投资项下清单一不符措施有57项；清单二不符措施有24项；合计81项。总体来看，日本CPTPP关于服务贸易和投资的不符措施比RCEP更进一步，减少了10项，这主要是可加严清单二的不符措施压缩所带来的。涉及领域包括电视营销服务、雇佣的自然人家政服务、音乐影像服务、金融服务以及四项水平部门保留措施等。这表明日本在包括金融服务和其他跨境服务贸易以及投资项下的准入开放水平相比签订RCEP时有明显提升。

三、越南在CPTPP服务贸易领域的新进展

越南作为TPP谈判发起国之一，参与了美国主导阶段的所有谈判，并于2016年正式签署协定。在美国退出TPP之后，越南继续参加了日本主导的CPTPP谈判，并在保留原谈判的大多数结论基础上在2019年迎来了协定正式生效。作为发展中经济体，越南在谈判中获得较多过渡期等特殊安排，为其国内产业调整提供了一定缓冲期。总体来看，越南在自由化方面的承诺仍然达历史最好水平，在投资、跨境服务贸易项下取得新的突破，主要包含以下几个特点。

一是涉及所有服务领域的自由化承诺列表由正面清单转变为负面清单。在签署CPTPP之前，越南在其他协定中对服务业的自由化承诺采用的都是GATS的正面清单方式，即便在RCEP中，越南采用的也是正面清单方式，并保留6年的过渡期。但是其在CPTPP中首次承诺原则上实行自由化，并将有必要保留的特别管理措施以负面清单方式列表，从而显著提高了自由化措施的透明度、稳定性和可预见性，为成员国企业提供了具有法律效力的市场准入开放环境。

二是对成员国企业取消或者放宽部分领域现阶段禁止或限制外资进入的规定。其中包括流通业，广告业，试验和检测服务，电气通信，剧场、音乐厅、马戏团等娱乐服务（3年过渡期后持股比例提升到51%），音像制作服务中的电影制作服务（除保留本地电影占比和放映时间规定等限制性条件外其他放开），电影制作、配送、放映服务（有和当地企业合资要求），

录音（外资持股比例51%以内），海上运输辅助（通关）服务，运输辅助（货代、查验、仓库、报关）增值电信服务（生效5年后取消外资出资比例限制），基础电信服务（生效后5年外资持股上限提高到65%），娱乐文化体育（电子游戏外资持股上限在协定生效2年内提高到50%，生效5年后取消限制），房地产租赁服务，金融业（外资战略性投资者持股占比可提高到20%）。另外，越南在协定生效前在汽车制造业存在外资准入限制，将汽车制造和组装一揽子规定为保留特别管理措施的领域，但是协定生效后这些规定已经调整为仅限于对29座以上大型轿车的制造组装保留限制措施。

三是实现跨境服务贸易自由化的领域大幅度扩大。如协定生效后，越南将取消海上货物和旅客运输对外资服务提供者可提供服务内容的限制，内陆水上货物和旅客运输服务可以当地存在方式提供服务，铁路货物运输也可以当地存在方式提供服务。另外，研究开发服务（不含自然科学）、航空设备的租赁服务（不含航空器）、其他服务（建筑物清洁、摄影、包装、会议等）、海上运输船舶租赁以及船舶维护修理服务、内陆水上运输船舶维护修理和救助服务、铁路运输设备维护修理救助服务、公路运输车辆租赁和设备维护修理服务等，在协定生效前并未实行自由化措施的，协定生效后对其将不再保留市场准入的限制性措施，实行完全的自由化。

总的来看，越南作为经济发展水平较低的发展中经济体，在CPTPP框架下获得了和日本等发达经济体不同的特殊安排，协定生效后具备通过一定过渡期或有所保留的市场开放措施减缓高标准自由化可能带来的压力等有利条件。但是，这样的特殊安排是在作出和CPTPP自由化标准相适应的开放承诺基础上获得的，即如果没有在过渡期结束后实现和其他发达成员一致的自由化水平的承诺，就无法获得其他成员国的认可。实际上，越南不论是在投资领域还是在跨境服务贸易领域作出的开放承诺都实现了新的突破。尤其是越南大幅度取消服务业投资准入限制，有利于以当地存在方式为国外服务商提供市场准入机会，这既可通过内外资一致原则加强内容监管、控制风险，也可以达到提升服务业国际竞争力的目的，对于其他发展中国家具有借鉴意义。

四、中国参加服务贸易谈判可能面临的难题和挑战

2021年9月，中国已经向CPTPP理事会提交了加入协定谈判的正式申请，目前正在推进与现有成员国的双边磋商，但尚未进入启动谈判阶段。总的来看，中国在短期内获得CPTPP现有所有成员国同意，正式启动加入谈判存在较大不确定性。

中国启动加入谈判之后，将会面临现有开放水平与CPTPP自由化标准之间存在较大差距等新挑战，服务贸易自由化领域的谈判难度之大尤其值得关注。

一是服务贸易敏感领域的例外措施必须使用负面清单方式列表并作出承诺，但我国尚未就此形成政策实践、缺乏有效经验。在我国目前已签署的自贸协定中涉及服务贸易的不符措施列表基本采取正面清单方式，国内现行制度中除了对服务业外商投资（当地存在）实行准入前国民待遇加负面清单管理制度之外，对跨境交付、境外消费、自然人移动等三种形态的跨境服务贸易并未实行全国版负面清单管理制度。在2022年1月正式生效的RCEP中我国承诺的服务贸易自由化达到了新的水平，超过了以往协定的自由化标准。但是，在不符措施列表方面，我国和菲律宾、泰国、越南等东盟7国在协定生效后6年过渡期内仍然会使用正面清单管理方式，过渡期结束之前也难以形成服务于谈判需要的负面清单管理经验。另外，成员国将采用投资、跨境服务贸易、金融服务项下不符措施一揽子列表方式，以进一步提升负面清单的透明度和可预见性，增强投资和当地商业存在方式服务贸易的关联性，避免重复列表的烦琐。我国目前在已经实行的外商投资准入负面清单之外，增加了市场准入负面清单管理，这一方面可能会导致"准入不准营"现象，损害外商投资准入管理的严肃性和权威性，另一方面也无法做到CPTPP关于各项准入不符措施一揽子列表的要求。这些因素会明显增加服务贸易自由化谈判的难度。

二是服务业投资准入开放水平与CPTPP现有成员承诺相比存在较大差距。服务业投资准入开放是当地商业存在形态服务贸易自由化的前提和

必要举措。我国目前执行的全国版外商投资准入特别管理措施数量并不太多，主要集中在服务业领域。根据2021年12月公布的最新一版负面清单，在全部31项特别管理措施中，除了农林牧渔业，采矿业，制造业，电力、热力燃气及水生产和供应业等行业的8项之外，其余23项全部和服务业有关。中国现行的服务业外商投资准入特别管理措施数量远远超过日本在CPTPP服务业投资准入的不符措施，其中包括法律事务、市场调查、社会调查、人体干细胞基因诊断与治疗技术开发和应用、人文社会科学研究、大地海洋航空测量测绘调查、学前教育、高等教育、医疗、新闻、图书报纸期刊音像制品和电子出版物编辑出版制作服务、电影制作发行院线服务、文物拍卖文物商店和国有文物博物馆、文艺表演团体等行业的特别管理措施。我国与越南在服务业投资领域的自由化承诺水平相比同样存在较大差距。因此，我国加入CPTPP的服务业投资自由化谈判存在较大难度。为了在谈判中达到和CPTPP现有成员国服务业投资自由化标准相近水平，我国必须在深化国内市场化改革和扩大服务业开放领域中取得新突破。

表4-2 服务业投资准入特别管理措施的中日比较

	列入本国投资准入不符措施表的服务业	未明确列入不符措施表的服务业
日本在CPTPP的投资章不符措施涉及的服务业分部门	航空运输业、航空货物运输、电气通信、电气通信及互联网服务、铁路、道路旅客运输、水上运输、船舶国籍管理、矿业服务、航空器注册、航空器修理、公共和政府服务、邮政以及邮政储蓄、货币制造和发行、公营竞猜型体育竞赛项目〔（赛马、赛自行车、赛车、赛摩托、赛艇）、彩票、烟草制造等〕、宇宙开发利用产业、保安服务、土地交易、广播电视、初级及初级中等教育、土地交易、司法及社会服务（矫正和社会福利、社会保险和保障、公立保育、公众培训、公营住宅）	保安服务、宇宙开发利用产业

续表

	列入本国投资准入不符措施表的服务业	未明确列入不符措施表的服务业
中国外商投资准入特别管理措施（2021年版）	烟草制品批发零售、国内水上运输、航空运输、民用机场的建设经营、邮政、电信、互联网新闻信息服务、网络出版服务、网络视听节目服务、互联网文化经营（音乐除外）、互联网公众发布信息服务、法律事务、市场调查、社会调查、人体干细胞基因诊断与治疗技术开发和应用、人文社会科学研究、大地海洋航空测量测绘调查、学前教育、高等教育、医疗、新闻、图书报纸期刊音像制品和电子出版物编辑出版制作服务、电影制作发行院线服务、文物拍卖文物商店和国有文物博物馆、文艺表演团体	法律事务、市场调查、社会调查、人体干细胞基因诊断与治疗技术开发和应用、人文社会科学研究、大地海洋航空测量测绘调查、学前教育、高等教育、医疗、新闻、图书报纸期刊音像制品和电子出版物编辑出版制作服务、电影制作发行院线服务、文物拍卖行、文物商店、国有文物博物馆、文艺表演团体

注：中国未明确列入不符措施表的服务业并不代表中国在这些服务业没有设立特别管理措施；日本的服务业投资不符措施（特别管理）包括和跨境服务贸易章重合的部分。

信息来源：根据日本CPTPP投资/跨境服务贸易/金融服务不符措施列表、中国《外商投资准入特别管理措施（负面清单）（2021年版）》整理。

三是我国在RCEP下的服务贸易自由化水平明显低于CPTPP自由化标准。我国在RCEP生效后6年过渡期内将使用正面清单作出服务贸易项下的自由化承诺，清单以外领域暂不承诺或限制准入。这与成员国的服务贸易自由化不符措施的负面清单存在很大区别。以日本的服务贸易（含金融服务）不符措施为例，其清单一、二合计共有56项，其中有3项为涉及所有部门的水平措施，直接与服务贸易分部门相关的措施有52项，涉及52个服务业分部门。根据GATS的部门分类，可分为12个大类行业部门和160个分部门或独立部门。照此计算，日本在CPTPP下的服务贸易自由化率大致达 66.9%。我国在 RCEP 中的服务贸易自由化承诺采用正面清单，除了水平部门之外覆盖全部 12 大类服务业行业以及大约 130 个分部门，其中约有 40 个部门没有附加任何限制性条件；其他约 90 个分部门存在以下几种类型的限制性条件：对跨境交付自由化不作承诺、对商业存在具有合资或外资持股比例要求、对自然人流动自由化不作承诺等。以教育服务中的初等教育、中等教育和高等教育、成人教育等分部门为例，在市场准入方面，我国在 RCEP 框架下虽然对境外消费方式的教育服务没有限制，但是明确规定对跨境交付方式服务不作自由化承诺；对商业存在方式规定了允许外国投资合作办学的要求；对自然人流动方式服务规定除符合水平承诺中内容以及外国个人教育服务提供者受中国学校和其他教育机构邀请或雇佣可入境提供教育服务等条件之外的部分不作承诺。另外，关于国民待遇也规定了对跨境交付、商业存在方式服务不作承诺的例外要求。总体上看在各分部门教育领域的自由化承诺仅限于境外消费方式，其他方式没有作出完全的自由化承诺。与此相对应，日本的负面清单列表对小学、中学教育分部门保留了限制性措施，但对高等教育并未保留限制性措施。在教育服务自由化水平上中国和日本等成员国之间存在较大差距，多数服务部门都存在类似情况。如何消除或大幅度缩小这些差距将成为我国加入 CPTPP 谈判面临的突出问题。

四是跨境服务贸易规则约束明显上升。CPTPP 第 10 章和其他章节中和服务贸易规则相关的内容，将对我国跨境服务贸易政策实践带来许多新的约束和要求。首先，当地存在要求的适用空间受到明显限制。根据 CPTPP 第 10 章第 6 条的规定，禁止缔约方的当地存在要求。我国目前在电信、空运服务的销售和营销等服务中规定了当地存在要求。例如，我国在 RCEP 服务贸易承诺表中，关于对基础电信、增值电信的跨境交付模式所做的承诺，实际上要求服务提供者如果通过跨境提供模式向我国消费者提供电信服务，须以在我国设立商业存在为前提。另外，CPTPP 还禁止缔约方对认证机构提出当地存在要求。目前，对取得认证机构资质，我国要求必须符合取得法人资格、有固定的场所和必要的设施等条件，实际上对认证机构资质认定提出了当地存在要求。其次，CPTPP对服务贸易国内规制作出了强制性要求。根据CPTPP第10章第8条的规定，缔约方应"努力确保"其规制措施基于透明的标准。CPTPP总体遵循了GATS国内规制的基本框架并调整深化，主要反映在提升监管透明度和优化行政程序等方面，包括强调政策的透明度、严格工作程序时限、支持资格互认、鼓励政策交流及能力建设等。国内规制是否与协定要求相一致，可能会成为谈判中与现有成员博弈的焦点问题之一。再次，CPTPP对自然人流动项下的专业技术资格互认提出了更高要求。CPTPP第10章第9条承认条款要求各缔约方进行专业资格的互认安排，通过缔约方之间签署协定或安排的方式互相承认服务提供者的教育和工作经验、许可证或职业认证。CPTPP鼓励指定的监管机构与其对应机构合作，相互承认教育、经验和资质，通过协调或相互承认协议获得在另一方管辖区内的许可证或证书。我国目前的职业资格认证和标准体系与CPTPP缔约方存在较大差距，虽然目前少数自贸区采取了一些措施，例如上海临港新城片区等印发《中国（上海）自由贸易试验区临港新片区境外人士参加专业技术类职业资格考试试行管理办法》等政策文件，但在对接国际化产业标准和实行直接的资格认证方面所涉及的行业较为有限，有待进一步突破，推动行业标准和资格认证的国际化。

五、推进海南自由贸易港服务贸易自由化压力测试的必要性

加入CPTPP是全球经济大变局背景下我国培育国际竞争合作新优势的必然选择，彰显了我国扩大高水平制度型开放的坚强决心和信心。实现这一目标必然会面临巨大的困难和压力。首先需要制定科学的谈判预案并不断进行动态调整，在作出与协定自由化标准和现有成员自由化水平相适应的开放承诺基础上，为市场开放可能危及社会民生稳定的敏感产品和服务保留合理的过渡期或例外安排。为此，对关键领域市场开放可能带来的风险的分析和评估对于形成合理可行的谈判策略十分重要。在总体风险可控条件下在局部地区局部领域开展压力测试，有利于积累风险识别和防控

经验，增强谈判应对能力，为迎接未来的高水平自由化做好准备。

海南自由贸易港建设作为我国主动推进高水平开放的重大举措，以贸易投资自由化便利化为重点，促进各种生产要素自由和安全有序跨境流动。根据《总体方案》要求，海南自由贸易港要实施跨境服务贸易负面清单制度，破除跨境交付、境外消费、自然人移动等服务贸易模式下存在的各种壁垒，给予境外服务提供者国民待遇。为了实现制度设计目标，海南自由贸易港还要实施与跨境服务贸易配套的资金支付与转移制度。在告知、资格要求、技术标准、透明度、监管一致性等方面，进一步规范影响服务贸易自由化便利化的国内规制。随着自由贸易港制度逐步建成和完善，服务贸易将达到国际成熟自由贸易港的全球最高自由化水平。由此可见，通过海南自由贸易港服务贸易自由化建设积累有效经验，是中国为参与CPTPP等更高水平贸易安排，开展压力测试的最优选择。

2021年，海南自由贸易港跨境服务贸易负面清单正式发布实施，这在全国尚属首张，特别管理措施列表模式与CPTPP相近，为海南自由贸易港服务贸易自由化压力测试提供了有效载体。

海南自由贸易港服务贸易特别管理措施和日本等成员国的不符措施表相比存在以下五点差异。一是海南自由贸易港跨境服务贸易负面清单并没有包括上述存在模式的服务贸易。虽然CPTPP跨境服务贸易单独成章，服务业商业存在被放入投资章，但是投资和服务贸易、金融服务不符措施被放在同一表内，和服务贸易有关的市场准入限制领域一目了然，透明度和可预见性明显提升。二是海南自由贸易港服务贸易特别管理措施并未明确区分可加严和不可加严措施。区分不符措施是否可加严是国际上自贸协定普遍适用的承诺方式，有利于尽可能减小不符措施的影响，杜绝不符措施调整的随意性，改善市场预期。三是海南自由贸易港服务贸易的特别管理措施在部分领域采用的是正面列表方式，仅列出该领域允许准入的条件。这种方法无法确保服务业和服务贸易领域"非禁即入"的唯一性准入原则，容易造成例外措施适用范围扩大。四是海南自由贸易港服务贸易没有水平部门措施，对涉及所有部门的公共服务属性和可能出现的新经济活动并未明确排除。这可能会增加准入条件的限制和未知风险管控的不确定性。五是海南自由贸易港服务贸易特别管理措施覆盖的行业领域明显多于CPTPP成员国的不符措施，自由化水平与CPTPP成员国存在较大差距。

表4-3 海南自由贸易港跨境服务贸易特别管理措施与日本CPTPP不符措施的比较

行业	海南自由贸易港跨境服务贸易特别管理措施涉及领域	日本CPTPP服务贸易不符措施涉及领域
农林牧渔业	管辖水域资源调查	家畜交易服务
建筑业	建筑及相关工程服务	建设
批发和零售业	兽药饲料农药、烟草及制品	含酒精饮料批发零售服务、公益性批发市场的批发服务
交通运输、仓储和邮政业	国内水路运输、内港引航、引航员、沿海打捞、计算机订座服务、空中交通管制、民航空中交通管制员、民航驾驶员培训、中国港口间拖航服务、中国籍船舶船长的中国籍要求、境内道路旅客运输、信件国内快递业务、邮政服务	报关服务、道路运输业、水上运输关联服务、船舶国籍管理、航空运输（航空器注册）、航空运输业、货物运输、水上运输业、航空器修理、邮政、汽车分析整理
信息传输、软件和信息技术服务业	电信业务经营许可只限于国内设立的公司、国际通信业务须通过国内设立的国际通信出入口局、电波参数测试或电波监测、国际卫星资源租赁、互联网新闻信息服务、互联网信息搜索服务（商业存在要求）	邮政电信

续表

行业	海南自由贸易港跨境服务贸易 特别管理措施涉及领域	日本CPTPP服务贸易不符措施 涉及领域
金融业	保险业务（商业存在要求）、银行服务（商业存在要求）、货币经纪（商业存在要求）、非金融机构支付服务（商业存在要求）、证券服务、境外证券投资服务（商业存在要求）、境外有价证券发行交易、证券投资咨询服务、资产管理业务（商业存在要求）、期货保证金存管服务（商业存在要求）、境内期货及其他衍生品业务、期货投资咨询服务（商业存在要求）、年金服务（商业存在要求）、企业年金账户管理人（商业存在要求）、证券交易所期货交易所会员（商业存在要求）、商品期货交割业务、中国银行间外汇市场交易中心会员（经批准）	债务回收和银行及相关金融服务（不含保险）、保险及保险相关服务、海上及航天货物运输等特定保险及保险相关服务、邮政储蓄
租赁和商务服务业	境外机构从事境内法律服务、境外律师从事中国法律服务、境外派驻中国律师事务所人员的法律服务、公证服务、境外个人不得参加国家统一法律职业资格考试、司法鉴定业务、法定审计服务（商业存在要求）、社会调查、人力资源服务、保安服务（商业存在要求）、国际性节目交流交易活动、境外个人不得报考全国导游资格考试	律师服务、法律咨询服务、法务辅助人员服务、公证服务、司法文书服务、会计师服务、税务师服务、劳务派遣服务、土地和房屋调查专业技术服务、房地产中介服务、房地产评估服务、保安服务、汽车分析整理

续表

行业	海南自由贸易港跨境服务贸易特别管理措施涉及领域	日本CPTPP服务贸易不符措施涉及领域
科学研究和技术服务业	除总体规划以外的城市规划服务（当地合作要求），以跨境交付方式提供除方案设计以外的建设工程初步设计（当地合作要求），注册建筑师考试和注册以及外国建筑师申请执行注册建筑师业务（对等原则要求），从事测绘、气象、水文、地震及生态环境监测、海洋科研、铺设海底电缆和管道、自然资源勘查开发等活动	测量业、技能评定服务、计量服务、建筑师服务
教育	教育考试（当地合作要求）、境外个人受聘入境提供教育服务（资质要求）	高等、中等教育服务，义务教育
卫生和社会工作	在外国取得合法行医权的外籍医师经批准可在境内从事临床治疗一年，可申请延期	医疗和社会保障、劳动健康保护、社会福利、社会保险和保障、公立保育、公众培训、公营住宅
文化、体育和娱乐业	图书、报纸、期刊、音像制品、电子出版物的编辑、出版、制作业务，不得从事网络出版（含网络游戏）服务；放映电影片的进口品比例限制；电影制作主创人员国籍要求，电影制作实行许可证制度；网络视听节目服务；国外节目播放必须经过批准；网络文化产品进口业务；广播电视节目点播服务；广播电视节目制作；文艺表演团体个人营业性演出；新闻服务；开展社会艺术水平考级活动	公营竞猜型体育竞赛项目〔（赛马、赛自行车、赛车、赛摩托、赛艇）、彩票、烟草制造等〕、广播电视

续表

行业	海南自由贸易港跨境服务贸易特别管理措施涉及领域	日本CPTPP服务贸易不符措施涉及领域
未列入上述分类		所有部门（尚未认识到的新服务或现阶段技术所限尚无法提供的服务）、所有部门（公共和政府服务）、所有部门（已生效国际协定）

注：由于海南自由贸易港跨境服务贸易特别管理措施行业分类和日本不符措施行业分类在层级、公营体制以及对不符措施描述上有区别，两表行业并不完全存在可比性。

信息来源：海南自由贸易港跨境服务贸易特别管理措施涉及的行业列表参照海南自由贸易港官网；日本的不符措施涉及的行业列表参照日本内阁府官网。

　　海南自由贸易港跨境服务贸易特别管理措施共70项，覆盖了服务业的11个主要行业、70个分部门，即便考虑部门分类差异，特别管理措施的数量和覆盖行业范围也明显超过了日本的不符措施。尤其是在金融服务、电信服务和文化体育领域，海南自由贸易港的开放度明显不足。首先从金融领域来看，保险业务、银行服务、货币经纪、非金融机构支付服务、资产管理业务、期货保证金存管服务、期货投资咨询服务、年金服务、企业年金账户管理人、境外证券投资服务、证券交易所期货交易所会员等金融服务都具有商业存在要求的限制性条件。除此之外，境外有价证券发行交易、证券投资咨询服务、境内期货及其他衍生品业务、商品期货交割业务、证券服务、中国银行间外汇市场交易中心会员（经批准）等服务属于采取特别管理措施的领域。日本的不符措施仅包括债务回收和银行及相关金融服务（不含保险）、保险及保险相关服务、海上及航天货物运输等特定保险及保险相关服务、邮政储蓄等少数行业。从电信服务来看，列入特别管理措施的领域包括电信业务经营许可只限于国内设立的公司、国际通信业务须通过国内设立的国际通信出入口局、电波参数测试或电波

监测、国际卫星资源租赁、互联网新闻信息服务、互联网信息搜索服务
（商业存在要求）等，明显多于日本不符措施涉及行业。从文化、体育和
娱乐业来看，海南自由贸易港不符措施涉及的方面包括：图书、报纸、期
刊、音像制品、电子出版物的编辑、出版、制作业务，不得从事网络出版
（含网络游戏）服务；放映电影片的进口品比例限制；电影制作主创人员
国籍要求；电影制作实行许可证制度；网络视听节目服务；国外节目播放
必须经过批准；网络文化产品进口业务；广播电视节目点播服务；广播电
视节目制作；文艺表演团体个人营业性演出；新闻服务；开展社会艺术水
平考级活动等。日本的不符措施涉及的领域仅有广播电视、公营竞猜型体
育竞赛项目［（赛马、赛自行车、赛车、赛摩托、赛艇）彩票、烟草制
造等］。

　　海南自由贸易港跨境服务贸易负面清单与成员国在自由化承诺管理方
式，尤其是准入开放水平上存在的差距，为海南自由贸易港通过逐步推进
服务贸易自由化压力测试提供了巨大空间和可能性。《总体方案》的制度
设计为服务贸易自由化提出了高标准要求，作为主动开放的重要举措，海
南自由贸易港制度体系基本形成后，必须具备实行超过 CPTPP 等区域制
度性安排的高水平服务贸易自由化条件。海南自由贸易港在这一过程中的
政策实践，可以为参与 CPTPP 服务贸易进程提供有效经验，其关键在于
如何扎实推进自由贸易港制度建设，将顶层设计要求和出台的各项政策举
措落实到位。

六、海南自由贸易港服务贸易自由化压力测试的重要着力点

　　基于 CPTPP 规则要求和目前我国服务贸易开放水平与现有协定成员
国之间存在的差距分析，海南自由贸易港服务贸易自由化压力测试应当重
点把握好以下几个方面的政策着力点。

（一）制定统一且高水平的服务贸易特别管理措施清单
　　找准投资和服务贸易自由化压力测试的重要着力点，制定统一且高水

平的投资和服务贸易特别管理措施清单。根据 CPTPP 第9章（投资）、第
10章（跨境服务贸易）和第11章（金融服务）等关于不符措施条款的规
定，每个成员国都有一张统一的负面清单并且由不可加严的清单一和可加
严清单二等两个部分组成。国内目前已经发布了全国版外商投资准入负面
清单和市场准入负面清单，预计后续还会制定并发布一份全国版服务贸易
负面清单。为适应 CPTPP 谈判需要，今后必须在这三份清单的基础上，
整合形成一份统一的特别管理措施清单。海南自由贸易港具备先行实施统
一版特别管理措施清单的有利条件。建议海南自由贸易港通过"两步走"
路径分别提升投资和服务贸易自由化压力测试水平，并完成清单归并。第
一步，用一年左右时间做好以下两个方面的压力测试：一是将海南自由贸
易港跨境服务贸易自由化特别管理措施数量压缩到与成员国中使用负面清
单国家相近甚至更低水平；二是将海南自由贸易港现有外商投资准入负面
清单压缩至与 CPTPP 成员国中发展中国家相近甚至更低水平。第二步，
用两至三年时间分别做好以下三个方面的压力测试：一是将服务贸易负面
清单压缩至与日本、澳大利亚等成员国相近甚至更低水平；二是将外商投
资准入负面清单压缩至与成员国中发达国家相近甚至更低水平；三是将投
资和服务贸易特别管理措施归并成统一版的特别管理措施清单，减少服务
贸易项下仅允许以商业存在方式开展服务贸易的限制内容，形成包括服务
贸易四种业态特别管理措施在内的，涵盖投资、金融服务等特别管理措施
的统一版负面清单。

（二）国内规制有进一步改善的空间

市场准入管理是国内规制的一项重要内容。海南应制定《海南自由贸
易港跨境服务贸易促进工作条例》，对跨境服务贸易发展提供必要的法治
环境。支持海南推行"一枚印章管审批"等制度，建议结合 RCEP 和
CPTPP 关于国内规制的要求，提高服务许可的透明度和批准效率。根据
《外国航空运输企业在中国境内指定的销售代理直接进入和使用外国计算
机订座系统许可管理暂行规定》，外国航空公司在中国境内指定的销售代

理虽可直接进入和使用外国计算机订座系统，但该外航公司需在中国境内设立办事机构，且该办事机构的销售代理须为中国企业法人。建议全面梳理当地存在要求，结合跨境服务贸易负面清单的制定、修改和研究，减少当地存在要求。

（三）关于商务人员临时入境限制

CPTPP 第 12 章对临时入境的审批适用于影响一缔约方商务人士临时进入另一缔约方境内的措施，第 12 章对临时入境的审批要求列明各类商务人员入境和临时停留的条件和限制，包括停留时间长短等。CPTPP 要求缔约方承诺使企业能够将关键人员在公司内部进行人员调配并临时获得高技能的全球人才，进入的企业不受配额等数字限制，也不需要进行经济需求测试（或劳动力市场影响评估）。在附件 12-A 中，各缔约方列出了关于商业人员进入的特别承诺，列明商业人员临时进入和停留的条件和限制，包括每类人员的停留时长等。海南已经开始拓展外国人免签入境事由、范围及渠道，开展国际人才服务管理改革试点。印发《海南自由贸易港高层次人才分类标准（2020）》和认定办法，发布境外人才执业管理办法，开放境外人员参加职业资格考试 38 项，单项认可境外职业资格 219 项。建立外国人在自由贸易港内的工作许可制度和人才签证制度，其在境外的从业经历可视为境内从业经历，允许境外人士申请参加我国相关职业资格考试等。

（四）自然人流动相关的专业技术资格互认要求

CPTPP 第 10 章第 9 条承认条款、第 10 章专业服务附件鼓励各缔约方进行专业资格的互认安排，通过缔约方之间签署协定或安排的方式互相承认服务提供者的教育和工作经验、许可证或职业认证。CPTPP 鼓励指定的监管机构与其对应机构合作，相互承认教育、经验和资质，通过协调或相互承认协议获得在另一方管辖区内的许可证或证书。我国目前的职业资格认证和标准体系与 CPTPP 缔约方存在较大差距，虽然目前少数自贸区采取了一些措施，例如中德在沪启动智能制造标准对话、印发《中国（上海）自由贸易试验区临港新片区境外人士参加专业技术类职业资格考试试行管理办法》等，但多数措施在对接国际化产业标准和实行直接的资格认证方面所涉及的行业均较为有限，有待进一步突破。在试点基础上扩大所涉及的行业，增加资格认证的程序，进一步推动行业标准和资格认证的国际化。建议按RCEP建议的条款，在海南设立专业资质互认委员会，允许海南相比内地可以承认更多的外国资质，实现更大范围的资质互认。海南还可以加强服务跨境提供的国际监管合作，通过谈判达成相互认证协议，允许符合相关资质要求的外国提供者通过跨境方式为消费者提供服务，与缔约方就特定服务的跨境提供及数据安全有序流动建立适当的信任机制等。

（五）认证机构资质认定提出了当地存在要求

根据CPTPP规定，禁止缔约方对认证机构提出当地存在要求。我国的认证机构目前想取得资质，必须符合下列条件：认证机构要取得法人资格，有固定的场所和必要的设施。在事实上提出了明确的当地存在要求，与CPTPP规则不一致。海南自由贸易港目前发布的服务贸易负面清单中不包括商业存在跨境服务的管理措施。根据海南自由贸易港服务贸易负面清单的说明，凡是涉及服务业商业存在准入的统一纳入投资准入管理体系，并没有将认证服务的当地存在要求列入其中，按照非禁即入原则，非当地存在认证机构具备在海南自由贸易港内提供认证服务的资质。但是在市场准入负面清单中对认证服务提出了获得许可的要求，这样可能发生"准入不准营"现象。建议积极探索在海南市场准入负面清单中取消认证服务的当地存在要求。

（六）医疗服务的自由化措施

CPTPP附件8-E第15条规定，任何缔约方不得将某种医疗器械获得制造国中监管机构的销售许可作为该医疗器械获得该缔约方销售许可的条件。我国在2021年6月生效的《医疗器械监督管理条例》中已经对相关要求进行了修改，但与CPTPP规定仍有差距。建议将《海南自由贸易港博鳌乐城国际医疗旅游先行区临床急需进口医疗器械管理规定》中关于临床急需进口医疗器械的范围扩大到在境外没有上市的医疗器械，同时建立相应的审批标准等配套措施。

另外，医疗服务相关自由化措施还包括了医疗设备标签管理的相关要求。CPTPP附件8-E第17条规定，如一缔约方要求医疗设备的制造商或供应商在产品标签上标示信息，则该缔约方应允许制造商或供应商在进口之后、该设备在该缔约方领土许诺销售或供应之前，依照该缔约方国内要求，通过在设备上重新粘贴标签或使用副标签的方式标示所要求的信息。我国的《医疗器械监督管理条例》第四十二条第二款规定：进口的医疗器械应当有中文说明书、中文标签。说明书、中文标签应当符合本条例规定以及相关强制性标准的要求，并在说明书中载明医疗器械的原产地以及境外医疗器械注册人、备案人，指定的我国境内企业法人的名称、地址、联系方式。没有中文说明书、中文标签或者说明书、中文标签不符合本条规定的，不得进口。这一点与CPTPP的要求之间存在差距。建议制定自由贸易港法规，对《医疗器械监督管理条例》第四十二条第二款作出变通规定。允许没有中文说明书和中文标签的医疗器械先行进口，存放在指定地点。在没有提供符合要求的中文说明书并粘贴中文标签之前，不得销售或者使用。另外，现阶段可以立刻允许博鳌乐城国际医疗旅游先行区试点，允许购买和使用这类医疗器械。试点之后完善监管制度，允许岛内其他医疗机构购买和使用这类医疗器械。

（七）新金融服务的国民待遇

RCEP第8章（服务贸易）附件一（金融服务）第三条（新金融服务）提到，对于允许本国金融服务提供者提供的新金融服务，应当努力允许设立在本国的外资服务提供者提供类似服务。我国目前没有专门针对新金融服务的规定，但在已经完成谈判尚未签署的中欧投资协定中有类似规定。为了确保类似服务有法可依，建议借鉴日本经验，在投资和服务贸易不符措施清单二中设立水平部门"新经济模式保留措施"，将所有部门中存在的类似限制性措施归并。这样既可以保持对包括新金融服务等在内的新经济活动采取相应管控措施的空间，也可以减少各行业部门中不符措施的数量，提升负面清单的开放度。

（八）不得禁止电信服务转售

CPTPP 第 13 章第 9 条规定，任何缔约方不得禁止任何公共电信服务的转售。每一缔约方应保证其领土内的主要电信运营商不对电信服务的转售施加不合理或歧视性条件或限制。根据《外商投资电信企业管理规定》第五条和《电信业务经营许可管理办法》第五条第六款，经营全国的或者跨省、自治区、直辖市范围的基础电信业务的，其注册资本最低限额为 10 亿元人民币；经营增值电信业务的，其注册资本最低限额为 1000 万元人民币。这些资金要求对外资与中资企业一视同仁，所以并未违反国民待遇承诺。但如果缔约方电信服务提供者想通过转售形式租用其他运营商的基础设施，则需获得提供基础电信营运牌照。获得基础电信营运牌照需巨额注册资金，使转售形式的实际作用落空，对外国电信提供者可能造成准入不准营的困境，从而使外国电信服务提供者实际上难以真正进入我国市场提供服务。因此，我国关于电信服务转售的规定与基础电信业务许可严格绑定，限制了转售服务的发展。建议在海南降低电信转售业务的注册资本要求。

七、海南自由贸易港服务贸易自由化制度建设亟待解决的问题和对策

推进服务贸易自由化便利化是海南自由贸易港制度体系的重要组成部分，也是高水平开放型经济体制建设的必然要求。实现服务贸易自由便利，既要坚持中国特色、符合海南发展定位，又要对标国际先进规则和经验，服务于高水平自由贸易港建设大局，其中增强制度建设的协同性和系统集成至关重要。

（一）协同推进自由贸易港制度建设的重要性

从国际规则和经验来看，高水平服务贸易自由便利需要具备以下制度条件。一是实行各类商业服务主体完全一致的服务贸易市场准入制度，形成公平、规范、有效、法治的市场竞争环境。二是实行高水平的外商服务

业投资准入和准入后管理制度，集聚商业存在的服务贸易市场主体。三是实行和服务业有关的投资设备、耗材的进口零关税、零壁垒制度，形成自由贸易港内服务提供商的低成本、高效能竞争优势。四是实行资本项目可兑换和资金跨境自由流动制度，显著增强跨境结算支付和服务消费的自由便利度。五是实行自然人跨境自由移动和人才自由执业管理制度，全面开放专业技术服务市场。因此，推进服务贸易自由便利涉及《总体方案》制度设计的大多数领域，充分说明服务贸易制度建设和其他各项制度建设之间相互关联，甚至互为条件，凸显了协同推进自由贸易港制度建设的重要性，这也是海南自由贸易港建设要把制度集成创新放在突出位置的重要原因之一。2025年之前是自由贸易港"建制度"时期，海南需要在现行制度和法律基础上推进《总体方案》要求的服务贸易自由便利制度建设和早期实践，这将会面临许多需要探索的问题和实际困难，增强《总体方案》落实工作的协同性和系统集成十分关键。

（二）服务贸易制度建设需着力解决的突出问题

在前两年的海南自由贸易港建设中，由于服务贸易的部门管理分散、政策交叉重叠、涉及意识形态等敏感领域较多以及和自由贸易港其他制度设计关联度高等原因，服务贸易制度建设暴露出一些问题，海南在后续的自由贸易港建设中要着力解决。

一是央地协调任务重，难度大。《总体方案》制度建设要求的事权多数集中在中央部门，地方落实任务缺乏必要授权。例如，医疗、教育、文化、旅游、电信、运输、金融、科技等重要服务贸易管理权限分散在中央各相关部门，部门和地方之间、部门之间的协同推进难度较大。类似问题在自贸试验区建设阶段已有凸显。

二是调法调规工作进展缓慢。海南从2018年底开始推进调法调规工作，经过几轮上下反复讨论和修改，直到2020年6月才获全国人大授权，对原申报33条调整建议中的3条进行了法律修改。这一结果和2020年整体完成自贸试验区制度创新任务的实际需要存在较大差距。

三是制度建设不同步，存在"准入不准营"现象。按照不同领域分别进行地方与中央部门之间对接协调的工作方式，可能重现过去存在的"挤牙膏"式政策博弈，导致政策举措的"碎片化"，再加上地方缺乏必要的系统集成能力，制度创新的实际成效无法充分展现。一些领域的"准入"开放可能因为其他行业的"准入后"限制，出现市场主体"准入不准营"现象。

四是先行试点区域缺乏典型意义。早期安排阶段的压力测试力度不够，先行实施的贸易投资自由化便利化政策与积累全域型、港城融合型自由贸易港建设经验的需要存在差距。早期安排要为实行高水平自由贸易港政策和制度体系积累经验，试点"场景"设计十分关键。如洋浦保税港区作为"境内关外"和原产地管理试点，实施范围仅限于原有的2.3平方千米，区内没有居民区和加工制造、物流和服务业布局的足够空间。这种场景条件下形成的试点经验，可能并不完全适用全岛封关运行后在港城融合型、产城融合型海关监管特殊区域场景下实行高水平开放和风险防控的需要，也很难达到原产地增值30%以上的产业规模。

五是一些部门和地方干部对涉及意识形态的服务业开放存在畏难情绪。高水平服务业开放是实现高水平服务贸易自由便利的重要前提条件。对于服务业投资准入开放可能带来的意识形态安全风险等，需要通过内外投资主体一致的内容管理方式进行有效监管，加强事中事后监管。一些干部对服务业投资准入开放和内容监管的相互关系认识不清，对加强事中事后监管能力建设的决心和信心不足，成为服务业开放受阻的重要原因。

（三）协同推进服务贸易制度集成创新的重点举措

第一，在中央的统筹协调下，《总体方案》涉及的中央事权由相关部门联合进行集中授权。为确保《总体方案》作为重要政策文件的权威性和"硬约束"，建议对形成的集中授权文件赋予行政规章属性，并对部门和海南省落实中央8号文件工作情况进行常态化督导。

第二，建立有利于及时完成调法调规的工作机制。过去的经验表明，在经过多轮协调、沟通基础上形成的共识，往往可能因为后期新加入的非关键部门的不同意见，甚至同一部门出席代表换人等原因被轻易推翻。因此，有必要建立限期推进调法调规工作机制，确保2025年之前《总体方案》早期安排的各项制度集成建设任务能够做到依法依规如期完成。

第三，加大压力测试力度。扩大洋浦保税港区"境内关外"和原产地管理试点实施范围，涉及国际中转货物"一线"放开、"二线"管住试点的可集中在原有洋浦保税港区范围内实施；对于使用本地生产或进口料件进行加工制造，集拼配套，维护修理以及商贸、物流、金融等配套服务的企业可允许其在具备物理或电子围网条件的洋浦经济开发区范围内以保税管理方式开展业务。这有利于在全岛封关运行相对接近的场景下开展先行先试，提升区内原产地增值能力。

第四，推进服务业制度型开放的系统集成，提升服务贸易自由化水平。制定投资准入负面清单、"一负三正"零关税商品清单、服务贸易负面清单，向服务贸易自由便利的方向适度倾斜；增加适用于重点园区的特殊条款，对海南博鳌乐城国际医疗旅游先行区、洋浦经济开发区等具备较好产业聚集和配套条件、事中事后监管完备有效的重点园区，扩大准入开放和自由便利政策实施范围，形成若干高水平开放制度集成试点。另外，对涉及意识形态等敏感领域的服务业开放，在早期安排阶段可实行"准入前国民待遇＋内外资一致内容监管"原则，在提升投资自由化便利化水平的同时，通过内容监管防控安全风险，对地方政府事中事后监管能力建设的要求也要相应提高。

第五章　海南自由贸易港投资自由便利制度建设

投资自由便利是海南自由贸易港高水平开放的重要标志。实行投资自由便利制度有利于促进市场竞争，提升技术、资金、人才、信息等各类要素资源集聚效应，助力更加开放的双循环新发展格局建设，深化海南自由贸易港和各国（地区）之间的经贸关系。本章将在梳理《总体方案》对投资自由便利政策制度体系建设的任务要求、时间表和路线图的基础上，结合中国香港、新加坡和迪拜等全球著名自由贸易港的管理和运行经验，分析海南自由贸易港投资自由便利制度建设的有利条件和面临的困难，提出加强配套投资促进环境建设的必要举措和协同推进早期安排阶段投资制度建设方案的政策建议。

一、海南自由贸易港投资自由便利制度建设的重要意义

投资自由便利是自由贸易港高水平开放的重要标志。根据《总体方案》的要求，海南自由贸易港要对标国际高水平经贸规则，聚焦贸易投资自由化便利化，建立与高水平自由贸易港相适应的政策和制度体系，建设具有国际竞争力和影响力的海关监管特殊区域，成为引领我国新时代对外开放的鲜明旗帜和重要开放门户。投资自由便利是生产要素市场高水平开放的重要体现，是贸易自由便利跨境流动的深化和拓展，也是推动市场主体跨境有效配置资源、实现内外市场深度融合的关键手段，对于提升制度和规则以及对外开放水平具有标志性意义。在经济全球化快速发展阶段，不论是双边和区域经济一体化进程，还是多边体制下的经贸规则重构，包括在各国主导下的特殊经济功能区建设，普遍出现由传统意义的贸易自由

便利向投资自由便利逐步深化和转型的新趋势，充分展现了资本跨境流动自由便利对促进经济开放度和区域经济一体化的重要作用。投资自由便利正在成为引领全球合作的新动力和新载体。在当前贸易保护主义抬头和新冠肺炎疫情等重大公共卫生危机冲击下，经济全球化趋势放缓，跨境经济活动受阻，海南自由贸易港作为中国扩大对外开放的新门户，把贸易投资自由化便利化放在制度建设的核心位置，充分彰显了中国推进高水平开放，继续推动经济全球化健康发展的决心和行动力，对于提振全球市场信心将产生重大影响。

投资自由便利有利于促进市场竞争、提升经济发展的质量和效率。海南自由贸易港实行投资自由便利制度和政策，高度开放的投资准入和便利化政策将为国际国内投资主体提供巨大商业机会，极大降低市场化投资的制度成本，吸引境内外各类企业在海南投资兴业，有利于激发市场活力，促进企业竞争，提升要素资源利用效率，增强供给侧提供优质商品和服务的能力，为海南自由贸易港实现经济和社会长期高质量发展打好坚实基础。根据国际投资理论，市场充分开放条件下自由化政策可以产生巨大投资创造和竞争效应，引导国民福利增长。这些理论推断早已被国际上许多自贸区（港）的成功经验所印证。

投资自由便利有利于提升各类生产要素集聚效应。跨境投资活动需要设备、资金、技术、人才、管理知识和信息等要素的强力支撑，对各类要素资源的跨境流动具有重要的引领和带动作用。因此，实行投资自由便利制度，有利于协同推进贸易、跨境资金流动、人员进出、运输来往等的自由便利和数据安全有序流动的制度改革，形成自由贸易港制度集成创新的综合优势，并通过跨境投资增长带动重要经济发展要素在海南自由贸易港快速集聚。当前，单边主义和贸易保护主义对我国发展的外部环境的严峻挑战存在长期化的可能。在此基础上，新冠肺炎疫情的冲击使我们更加深刻地认识到维护产业链、供应链安全稳定的紧迫性和重要性。要提升国内大循环的主体地位，必须更加重视参与国际大循环在吸收高端要素弥补产业链、供应链薄弱环节上的关键作用。在这一背景下，实行更加积极的外资准入开放政策，促进高端领域跨国公司投资落地，鼓励国内企业"走出去"投资布局，形成上联跨国公司高端环节、下联周边国家中低端生产环节的跨境生产网络，对构建更加开放的双循环新发展格局具有重要现实意义和长远意义。海南自由贸易港是我国对外开放的重要门户，实行高水平投资自由便利制度和政策，有利于在联通国内国际双循环方面发挥平台和载体作用，助力双循环新发展格局建设。

投资自由化便利化有利于深化海南自由贸易港对外经贸关系。投资往来是海南自由贸易港对外经贸关系的重要组成部分，不仅可以为各国企业带来巨大商业机会、促进各方国内就业和经济增长，拓展相互贸易增长空间，而且有助于形成以相对比较优势为基础的跨境产业分工合作，推动区域经济一体化，构筑稳定高效的区域生产网络，提升地区经济在全球经济中的地位和影响力。近年来，中国和"一带一路"沿线国家之间的相互投资增长对深化共建各方之间的经贸关系产生了重要影响。随着海南自由贸易港投资自由便利制度建设逐步发展，海南和"一带一路"沿线国家的相互投资将更加自由便利，有利于实现相互之间的优势互补和深度经济融合。海南地处南海经济圈的中心位置，具有联通亚太、印度洋巨大市场的地缘优势，依托自由贸易港高水平开放平台，能够为中国企业加大对东南亚和"一带一路"沿线国家投资和贸易活动力度提供要素资源整合的制度和政策实施条件，为深化地区成员经贸合作关系发挥重要作用。

二、海南自由贸易港投资自由便利制度建设的重点任务

按照《总体方案》的要求，海南自由贸易港制度建设要以贸易投资自由化便利化为重点，以各类生产要素跨境自由有序安全便捷流动和现代产业体系为支撑，以特殊的税收制度安排、高效的社会治理体系和完备的法治体系为保障，在明确分工和机制措施、守住不发生系统性风险底线的前提下，构建海南自由贸易港政策和制度体系。投资自由化便利化制度建设同样需要遵循这一根本要求。实现投资自由化便利化，要大幅放宽海南自

由贸易港市场准入，强化产权保护，保障公平竞争，打造公开、透明、可预期的投资环境，进一步激发各类市场主体活力。

一是实施市场准入承诺即入制。严格落实"非禁即入"，在"管得住"的前提下，对具有强制性标准的领域，原则上取消许可和审批，建立健全备案制度，市场主体承诺符合相关要求并提交相关材料进行备案的，即可开展投资经营活动。备案受理机构从收到备案时起即开始承担审查责任。对外商投资实施准入前国民待遇加负面清单管理制度，大幅减少禁止和限制条款。

二是创新完善投资自由制度。实行以过程监管为重点的投资便利制度。制定以电子证照为主的设立便利，以"有事必应""无事不扰"为主的经营便利，以公告承诺和优化程序为主的注销便利，以尽职履责为主的破产便利等政策。

三是建立健全公平竞争制度。强化竞争政策的基础性地位，确保各类所有制市场主体在要素获取、标准制定、准入许可、经营运营、优惠政策等方面享受平等待遇。政府采购对内外资企业一视同仁。加强和优化反垄断执法，打破行政性垄断，防止市场垄断，维护公平竞争的市场秩序。

四是完善产权保护制度。依法保护私人和法人财产的取得、使用、处置和继承的权利，以及依法保护征收私人和法人财产时被征收财产所有人得到补偿的权利。落实公司法等法律法规，加强对中小投资者的保护。加大知识产权侵权惩罚力度，建立健全知识产权领域市场主体信用分类监管、失信惩戒等机制。加强区块链技术在知识产权交易、存证等方面的应用，探索适合自由贸易港发展的新模式。

五是加强投资风险防控体系建设。完善与投资规则相适应的过程监管制度，严格落实备案受理机构的审查责任和备案主体的备案责任。明确过程监管的规则和标准，压实监管责任，依法对投资经营活动的全生命周期实施有效监管，对新技术、新产业、新业态、新模式实行包容审慎监管，对高风险行业和领域实行重点监管。建立健全法律责任制度，针对备案主体提供虚假备案信息、违法经营等行为，制定严厉的惩戒措施。实施好外商投资安全审查，在创造稳定、透明和可预期的投资环境的同时，有效防范国家安全风险。

三、海南自由贸易港投资自由便利制度建设的分阶段目标和实施路径

《总体方案》提出了分阶段推进海南自由贸易港建设的时间表和路线图。据此，投资自由便利制度的建设和运行主要可划分为三个阶段，并应当具有以下三个方面的阶段性目标和实施内容。

第一阶段（2020—2025 年）为建制度时期。

根据《总体方案》的总体要求，到 2025 年，初步建立以贸易自由便利和投资自由便利为重点的自由贸易港政策和制度体系。营商环境总体达到国内一流水平，市场主体数量大幅增长，产业竞争力显著提升，风险防控有力有效，适应自由贸易港建设的法律法规逐步完善，经济发展质量和效益明显改善。服务于落实总体要求的需要，投资自由化制度体系建设作为这一阶段制度建设的两大重点内容之一，具有十分重要的标志性作用，如何使其取得扎实进展和预期成果事关自由贸易港建设全局。

这一时期是自由贸易港建设的早期安排阶段，完整的自由贸易港政策和制度体系尚未形成，但是需要在特定区域或行业试点运行自由贸易港投资制度的早期安排政策。投资制度建设任务主要围绕投资自由化便利化，在有效监管的基础上，有序推进开放进程，推动和投资有关的各类要素便捷高效流动，形成早期收获。

一是实行"极简审批"投资制度。制定出台海南自由贸易港放宽市场准入特别清单、外商投资准入负面清单。对先行开放的特定服务业领域所设立的外商投资企业，明确经营业务覆盖的地域范围。建立健全国家安全审查、产业准入环境标准和社会信用体系等制度，全面推行"极简审批"制度。建立健全以信用监管为基础、与负面清单管理方式相适应的过程监管体系。

二是试点改革跨境证券投融资政策。支持在海南自由贸易港内注册的

境内企业根据境内外融资计划在境外发行股票，优先支持企业通过境外发行债券融资，将对企业发行外债备案登记制的管理下放至海南省发展改革部门。探索开展跨境资产管理业务试点，提高跨境证券投融资汇兑便利。试点海南自由贸易港内企业境外上市外汇登记直接到银行办理。

第二阶段（2026—2035 年）是试运行时期。

《总体方案》要求，到 2035 年，海南自由贸易港制度体系和运作模式更加成熟，以自由、公平、法治、高水平过程监管为特征的贸易投资规则基本构建，实现贸易自由便利、投资自由便利、跨境资金流动自由便利、人员进出自由便利、运输来往自由便利和数据安全有序流动。营商环境更加优化，法律法规体系更加健全，风险防控体系更加严密，现代社会治理格局基本形成，海南自由贸易港成为我国开放型经济新高地。

在这一时期，海南自由贸易港制度体系基本形成并且全面运行，投资自由化便利化的制度环境和政策环境趋于完善。投资制度建设的重点任务主要是：除涉及国家安全、社会稳定、生态保护红线、重大公共利益等国家实行准入管理的领域外，全面放开投资准入；在具有强制性标准的领域，建立"标准制+承诺制"的投资制度，市场主体对符合相关要求作出承诺后，即可开展投资经营活动。

第三阶段（2036 年至 21 世纪中叶）是自由贸易港强特色时期。

到 21 世纪中叶，海南要全面建成具有较强国际影响力的高水平自由贸易港。这一时期，随着自由贸易港制度体系的全面运行并不断完善，海南自由贸易港的高水平开放和中国特色等优势将不断显现，并跻身全球开放型经济前列。

四、海南自由贸易港投资自由便利制度建设的国际经验和启示

投资自由便利是自由贸易港的一个基本要素，中国香港、新加坡和迪拜都实行高度自由化便利化的投资政策（参见表5-1），打造了全球领先的营商环境。

表5-1 中国香港、新加坡、迪拜的投资自由便利政策

	中国香港	新加坡	迪拜
市场准入	(1) 投资基本不受限制，对港内或港外投资者一视同仁，对外资实行国民待遇。 (2) 只有博彩业受政府严格管制，电信和广播等少数行业有条件进入。电信、广播、交通、能源、酒制品销售、餐厅、医药和金融等行业需商业登记并向有关部门申请行业牌照。 (3) 港内或港外投资者均可100%控股。	(1) 实行投资自由化政策，对外资实行准入前国民待遇。 (2) 外资进入没有行业限制，只有国防相关行业和金融、保险、证券等特殊行业需要主管部门审核备案。 (3) 对外资基本无股权比例限制，只对外资银行对本地银行持股比例和外资在新闻业、广播业的出资比例有限制。	(1) 迪拜自贸区内外商投资享受国民待遇。 (2) 除矿产、金融零售等少数行业，其余行业投资准入均已放开。 (3) 自贸区内外资可100%独资，不限制企业雇佣外国劳动力。
投资便利	(1) 企业注册只需3个步骤：查看名称是否可用，提交有关文件及所需费用，核准后获发公司注册书和商业登记。一般1小时内（网上提交）或4个工作日内（书面提交）即可获发证书。 (2) 对公司注册资本金没有限制，只需缴纳0.1%印花税，并且不用验资，到位资金不限，公司成立后也可以任意地增加注册资本。	(1) 企业注册手续简单，只需提供新加坡注册地址，委任一名新加坡董事、一名当地秘书，并提供4份相关文件，即可在3个工作日内完成公司注册。 (2) 公司最低注册资本为10万新元，实行认缴制，股东可随时决定提高注册资本和缴足注册资本。	(1) 自贸区注册企业，通过官方应用程序，填写EHS（环境、健康和安全）承诺表格、企业名称、许可证类型等资料，应用程序会自动生成个性化注册流程，注册企业只需跑一次。除涉及石油开采、国家安全、环保等个别行业外的企业注册均可在24小时内完成，投资审批手续可在7天内完成。 (2) 以杰贝阿里自贸区为例，独资公司最低注册资金为100万迪拉姆，合资公司最低注册资金为50万迪拉姆。

续表

	中国香港	新加坡	迪拜
营商环境	（1）除部分与民生、公共设施等相关的行业外，政府基本不干预企业经营。 （2）没有任何歧视措施，无补贴政策。 （3）营商法治环境高度成熟。 （4）各种工商团体制定了极为严密的行业行为准则，以保护市场经济秩序。	（1）政府不对企业进行常规行政管理，通过年报制度了解企业经营情况。 （2）对符合条件的外贸企业提供公司所得税优惠政策。为鼓励投资、研发和物流等活动提供若干税收减免优惠政策。 （3）经济法规体系完整，由执法机构对企业进行执法监督。	（1）自贸区内由企业化运营的"政府机构"进行管理。 （2）自贸区内无个人所得税，免征公司所得税（50年+15年），生产要素自由流动。 （3）法律体系完善，自贸区内企业受到所在自贸区的法律和法规制约。

数据来源：由北京信息科技大学经济管理学院朱博恩博士根据相关国家（地区）资料整理。

　　首先，中国香港、新加坡和迪拜在市场准入上具有较高的开放度，外资在这三个地区享受准入前国民待遇。其中，中国香港只针对博彩业进行严格管控，对电信和广播等少数行业实行有条件进入，对外资无股权比例限制。新加坡基本没有行业准入限制，商业、外贸、租赁、营销、电信等市场完全开放，仅对外资银行对本地银行持股比例和外资在新闻业、广播业的出资比例有限制。迪拜则是除矿产、金融零售等少数行业外，对其余行业投资准入均已放开，自贸区内外资企业可100%独资，不受阿联酋的《商业公司法》限制。

　　其次，中国香港、新加坡和迪拜的投资便利化程度居全球领先地位。这些国家或地区的企业注册手续非常简单，投资审批流程高效，中国香港的企业注册手续可全部在线上进行办理，新加坡和迪拜自贸区的企业注册全部手续只需跑一次，对企业注册资本要求较为宽松，中国香港甚至对企业注册资本金也没有限制。

最后，中国香港、新加坡和迪拜还拥有全球最高水平的营商环境。得益于成熟的法治化营商环境，中国香港、新加坡和迪拜自贸区内政府对企业干预极少，不进行常规行政管理，执法机构仅对企业进行必要的执法监督。根据世界银行发布的2020年全球营商环境报告，中国香港、新加坡和阿联酋的营商环境排名分别为第3位、第2位和第16位，其中迪拜自贸区内部的营商环境其实远超阿联酋的境内平均水平。在区内优惠政策方面，中国香港对各类企业无任何歧视性措施，新加坡对符合条件的特定企业给予一定的优惠政策，迪拜则是在不同功能的自贸区内部对其主要产业实行不同的优惠政策。在第三方监管机制方面，中国香港的工商团体发挥了重要的行业自律作用，新加坡则是充分利用了私人评级机构对企业进行信用评估。

五、海南自由贸易港投资自由便利制度建设的有利条件

在海南自由贸易港实行投资自由便利制度建设存在多方面有利条件。一是具有国际竞争优势的税收制度安排将为海南自由贸易港实行投资自由便利制度提供良好政策环境。根据《总体方案》，海南自由贸易港将按照零关税、低税率和简税制的原则构筑税收制度体系，在对绝大多数商品实行进口零关税和取消进口环节税的同时，简化和合并相关税种，实行15%的企业所得税和最高税率15%的个人所得税制度。这样的税制，远比全球大多数国家和地区的税收制度更为优惠，甚至略优于中国香港、新加坡等地方，有利于为投资自由便利制度建设提供良好政策支撑，吸引跨国公司、高端人才到海南投资创业。二是以《海南自由贸易港法》为根本基础、经济特区立法和多元化的商事纠纷解决机制为重要组成部分的法制体系将为投资自由便利制度运行提供坚强的法律保障。投资自由便利制度具有区别于国内现有投资管理制度的许多特殊功能，特别是在市场准入开放领域将实行承诺即入制，除了极少数限制或禁止类项目之外，允许绝大多数投资项目自由落地。这些特殊功能需要通过立法来提供法律依据和法律

保障。《海南自由贸易港法》的颁布，将为海南自由贸易港特殊制度和政策的制定、实施奠定坚实的法律基础。随着地方经济特区立法的完善和多元化商事仲裁机制的逐步建立，法制和仲裁机制将为投资自由便利制度的有效运行提供保障。三是分阶段推进的方式有利于不断积累制度建设和风险防控经验。投资自由便利制度建设是一个较漫长的过程，并没有现成的经验可循，海南自由贸易港需要在做好顶层设计的基础上逐步探索和推进。《总体方案》确定的分阶段推进方案，有利于不断积累经验，及时纠偏和完善，确保投资自由便利制度建设梳理推进、有效发挥作用。四是贸易、投资、跨境资金流动、人员进出、运输往来自由便利数据安全有序流动制度集成创新将为投资自由便利制度建设运作提供全面的系统的支撑。

投资自由便利制度是海南自由贸易港制度体系的重要组成部分，也是高水平开放型经济体制建设的必然要求。实现投资自由化便利化，既要坚持中国特色、符合海南发展定位，又要对标和参考国际先进规则和经验，服务于高水平自由贸易港建设大局，增强制度建设的协同性和系统集成至关重要。从国际规则和经验来看，高水平投资自由便利需要具备以下五项制度条件。第一是要实行各类投资完全一致的市场准入制度，形成公平、规范、有效、法治化的市场竞争环境。第二是实行高水平的外商投资准入和准入后管理制度，集聚制造业、服务业等行业的市场主体。第三是实行和投资有关的设备、耗材进口零关税、零壁垒制度，形成自由贸易港内投资企业的低成本、高效能竞争优势。第四是实行资本项目可兑换和资金跨境自由流动制度，显著增强跨境结算支付和投融资的自由便利性。第五是实行自然人跨境自由移动和人才自由执业管理制度，全面开放投资企业管理和专业技术人才市场。因此，推进投资自由便利涉及《总体方案》制度设计的大多数领域，充分说明投资自由便利制度建设和其他各项制度建设之间相互关联，甚至互为条件，凸显了协同推进自由贸易港制度建设的重要性，这也是海南自由贸易港建设要把制度集成创新放在突出位置的重要原因。2025年之前是海南自由贸易港建制度时期，海南需要在现行制度和法律基础上推进《总体方案》要求的投资自由便利制度建设和早期实践，这将会面临许多需要探索的问题和实际困难，增强制度建设的协同性和系统集成将为《总体方案》的落实提供关键支撑。

六、海南自由贸易港落实投资自由便利制度建设方案亟待解决的问题

在早期安排阶段，由于投资制度相关的部门管理分散、政策交叉重叠，其涉及意识形态等敏感领域较多，以及和自由贸易港其他制度设计关联度高等原因，推进投资自由便利制度建设面临一些问题和挑战。

一是央地协调任务重，难度大。《总体方案》制度建设要求的事权多数集中在中央部门，地方落实任务缺乏必要授权。例如，医疗、教育、文化、旅游、电信、运输、金融、科技等行业的重要投资管理权限分散在各相关部门，部门和地方之间、部门之间的协同推进难度较大。类似问题在自贸试验区建设阶段已有突出表现。

二是调法调规工作进展缓慢。海南自贸试验区从2018年底开始推进调法调规工作，经过几轮上下反复讨论和修改，直到2020年6月才经全国人大授权对原申报的33条调整建议中的3条进行了法律修改。这一结果和2020年整体完成自贸试验区制度创新任务的实际需要存在较大差距。

三是制度建设不同步，存在"准入不准营"现象。按照不同领域分别进行地方与中央部门之间对接协调的工作方式，可能重现过去存在的"挤牙膏"式政策博弈，导致政策举措的"碎片化"，再加上地方缺乏必要的系统集成能力，制度创新的实际成效无法充分展现。一些领域的"准入"开放可能因为其他行业"准入后"限制，出现市场主体"准入不准营"现象。

四是先行试点区域缺乏典型意义。早期安排阶段的压力测试力度不够，先行实施的贸易投资自由化便利化政策与积累全域型、港城融合型自由贸易港建设经验的需要存在差距。早期安排要为实行高水平自由贸易港政策和制度体系积累经验，试点场景设计十分关键。如洋浦保税港区作为"境内关外"和原产地管理的试点，范围仅限于原有的2.3平方千米，区内

没有居民区和加工制造、物流和服务业布局的足够空间。这种场景条件下形成的试点经验，可能并不完全适用于全岛封关运行后港城融合型、产城融合型海关监管特殊区域场景下实行高水平开放和风险防控的需要，也很难达到原产地增值超过30%（含）的产业规模。

五是一些部门和地方干部对涉及意识形态服务业的投资准入开放存在畏难情绪。高水平服务业开放是实现高水平投资自由便利的重要前提条件。对于服务业投资准入开放可能带来的意识形态安全等风险，需要通过实行内外投资主体一致的内容管理方式进行有效监管，加强事中事后监管的要求明显提高。一些干部对服务业投资准入开放和内容监管的相互关系认识不清、对加强事中事后监管能力建设的决心和信心不足，成为服务业开放受阻的重要原因。

七、海南自由贸易港加强投资配套政策体系和营商环境建设的必要举措

投资自由便利制度和相关政策是实现高端资本要素集聚的重要基础和必要条件，打造一流营商环境、加强符合海南发展定位的产业政策导向，则是促进海南自由贸易港市场化投资实现持续健康发展的关键举措。

第一，从政府服务的便利化来看，近几年来海南取得了一些实际成效，行政管理职能与流程不断优化，为改善自由贸易港营商环境打下良好基础。目前，海南正全面推行审批服务"一次都不跑"或"最多跑一次"，对海南全省85%的政务服务事项实行"不见面审批"，商事登记"全省通办"，已逐步实施《总体方案》要求的市场准入承诺即入制，建立健全备案制度。投资便利化相关改革事项一般不涉及国家中央或部委事权，改革推进面临的体制机制阻碍较小，因此海南自由贸易港未来有望在投资便利化方面达到国内甚至全球领先水平。

第二，从市场公平竞争环境建设来看，《总体方案》提出对外商投资实施准入前国民待遇加负面清单管理制度。未来海南自由贸易港市场公平

竞争环境建设的实际成效取决于这一负面清单和内外商投资主体完全一致的市场准入负面清单之间的差距有多大。毫无疑问，海南自由贸易港的市场准入负面清单应在自贸试验区负面清单的基础上进行大幅度精简，才能实现大幅放宽海南自由贸易港市场准入的目标。当前自贸试验区负面清单与全国版负面清单差距太小，不足以实现高水平投资开放，尤其对于服务业来说，自贸试验区并没有很好地用好服务业开放的压力测试功能。海南要大力发展现代服务业，离不开高水平开放的外资服务业市场准入，需要实施更短的市场准入负面清单和跨境服务贸易负面清单。海南自由贸易港的市场准入负面清单应在风险评估的基础上，对农业技术研发、技术咨询、海上运输和船舶代理、国际邮轮、旅游、医疗、康养、教育培训、文体娱乐、影视制作等行业限制进行逐步删减，并逐步使由内外资分别执行的负面清单逐步向内外资统一的市场准入负面清单转变。

第三，从营商环境综合水平来看，和国际上比较成熟的经济体相比，包括海南在内我国整体上还存在较大差距。根据世界银行2020年全球营商环境报告，以北京和上海为主要样本来源的我国营商环境仅排在第31位，远低于中国香港、新加坡和阿联酋的第3位、第2位和第16位。海南自由贸易港在2025年之前的"建制度"阶段需要抓紧补齐这个短板，落实《总体方案》中的"创新完善投资自由制度""建立健全公平竞争制度"和"完善产权保护制度"。当前海南已经在简化商事主体注销公告程序及商事主体信用修复制度、减免商事主体公示负面信息等方面的改革上取得了一些创新成果，未来还要在破除"准入不准营"等隐性障碍、强化无歧视的竞争政策、完善破产清算相关制度、建立健全并落实投资经营相关法律法规等方面下大力气进行改革创新。

第四，从符合海南发展定位的产业投资政策导向来看，投资自由便利制度建设要服务于海南自由贸易港现代产业体系建设的需要，产业政策导向必须符合《总体方案》关于海南自由贸易港产业体系建设的规划要求（参见表5-2），大力发展旅游业、现代服务业和高新技术产业，不断夯实实体经济基础，增强产业竞争力。

表5-2　海南自由贸易港现代产业体系建设方案

产业分类	主要内容
旅游业	坚持生态优先、绿色发展，围绕国际旅游消费中心建设，推动旅游与文化体育、健康医疗、养老养生等深度融合，提升博鳌乐城国际医疗旅游先行区发展水平，支持建设文化旅游产业园，发展特色旅游产业集群，培育旅游新业态新模式，创建全域旅游示范省。加快三亚港向国际邮轮母港发展，支持建设邮轮旅游试验区，吸引国际邮轮注册。设立游艇产业改革发展创新试验区。支持创建国家级旅游度假区和5A级景区。
现代服务业	集聚全球创新要素，深化对内对外开放，吸引跨国公司设立区域总部。创新港口管理体制机制，推动港口资源整合，拓展航运服务产业链，推动保税仓储、国际物流配送、转口贸易、大宗商品贸易、进口商品展销、流通加工、集装箱拆拼箱等业务发展，提高全球供应链服务管理能力，打造国际航运枢纽，推动港口、产业、城市融合发展。建设海南国际设计岛、理工农医类国际教育创新岛、区域性国际会展中心，扩大专业服务业对外开放。完善海洋服务基础设施，积极发展海洋物流、海洋旅游、海洋信息服务、海洋工程咨询、涉海金融、涉海商务等，构建具有国际竞争力的海洋服务体系。建设国家对外文化贸易基地。
高新技术产业	聚焦平台载体，提升产业能级，以物联网、人工智能、区块链、数字贸易等为重点发展信息产业。依托文昌国际航天城、三亚深海科技城，布局建设重大科技基础设施和平台，培育深海深空产业。围绕生态环保、生物医药、新能源汽车、智能汽车等壮大先进制造业。发挥国家南繁科研育种基地优势，建设全球热带农业中心和全球动植物种质资源引进中转基地。建设智慧海南。

信息来源：根据《海南自由贸易港建设总体方案》整理。

八、海南自由贸易港一流营商环境建设的重要着力点

面对经济全球化进程受挫，国际经济环境更趋复杂多变的严峻挑战，

加快推进法治化、国际化和便利化营商环境建设，培育参与国际合作竞争新优势，成为我国"十四五"时期新发展格局建设的一项重要内容。经过近4年的制度创新实践，海南在建设一流营商环境方面积累了丰富经验，如何进一步深化改革创新和经验推广、更好地发挥营商环境建设的引领和带动作用？这是一个值得深入研究的重要问题。

（一）着力推进政府职能改革

良好的法治、政务环境是一流营商环境的核心要素和重要基础。2013年以来，我国陆续设立的自贸试验区都把加强法治化建设、深化政府"放管服"改革创新放在十分重要的建设位置上，并取得积极成效。海南自由贸易港在全面复制和推广自贸试验区成功经验的基础上，政府职能改革和法治化、国际化、便利化营商环境建设也取得了积极进展。但客观来看，目前的实际水平与高标准自由贸易港的要求相比还存在一些差距。基层和企业反映的共性问题主要集中在以下几个方面：一是简政放权力度和落实《总体方案》要求的实际需要相比还存在一定差距；二是制度建设的系统性不够强、改革举措和政策碎片化现象依然突出；三是证照分离改革落实难度较大、"准入不准营"现象时有发生；四是涉及WTO改革等全球性经贸规则重构中的"边境后"议题改革试点布局有限，难以形成新高地效应；五是政府职能改革的长期目标不够明确、创新动力和激励作用不足。

为了落实《总体方案》关于打造法治化、国际化、便利化营商环境的要求，海南自由贸易港需要以更大力度推进制度创新，深化治理体系改革。在这方面，国家首先应进一步加大对自由贸易港制度创新的支持力度，为基层制度创新提供法律依据和保障，在进一步加强地方政府立法的同时，建立多元化商事纠纷解决机制，引进符合国际规范的商事仲裁机构，强化营商环境的法治化基础；二是按照《总体方案》改革任务要求，加快中央部门向省级、省级向市级的逐级集中授权或下放审批权、核准权；三是扩大证照分离改革事项中由审批、核准向备案制转变的范围，以充分体现市场准入负面清单管理的严肃性和便利性；四是在海南自由贸易港率先开展有关竞争中立、知识产权保护、产业和劳工补贴、环保标准等方面的改革试点，为适应WTO和先进区域贸易协定框架下"边境上"和"边境后"议题谈判积累经验。

（二）加快海南自由贸易港的数字化转型

政府管理和服务的数字化转型是自由贸易港一流营商环境建设的新内涵。在信息技术、互联网和大数据应用技术快速发展的形势下，和数字经济有关的软硬新型基础设施建设，对优化营商环境和提高公共服务便利化水平的作用日趋凸显。海南自由贸易港治理的数字化转型已经取得一些突出成效，但和高水平数字经济平台需要的软硬基础设施相比还存在不小差距。例如，在许多地区，信息基础设施、融合基础设施和研发基础设施等新型基础设施建设刚刚起步，智慧园区、智慧口岸、智慧监管等高水平场景应用亟待提升，电子政务平台、电子围网等先进手段的应用仍有不足，数字跨境交互便利的条件尚未形成。

建议海南自由贸易港加强数字化转型，促进数字化手段和营商环境建设的相互融合：一是加强新型基础设施建设，尤其是在融合基础设施和研发基础设施领域加大投入力度，为创新提供平台和载体；二是提高海南自由贸易港综合信息服务体系的数字化水平，实现各种信息资源共享，建立更加畅通的政企信息沟通机制，完善公共信息服务体系；三是依托大数据体系，推动跨境商品、人员和资金流动领域的监管方式逐步实现由物理围网向电子围网的转变；四是提升数字化招商创新水平，加快建设面向企业的数字化信息平台，摸清已有主打产品服务供应链环节分布基本情况，在引导存量企业补齐缺失环节、扩大产品生产增量的同时，为具有入岛投资意向的企业提供供应链整合信息和配套服务；五是扩大数据安全有序流动政策试点范围，逐步允许自由贸易港内终端实现和国际互联网的互联互通，促进数字要素跨境安全有序流动的同时，改善信息交互使用的营商环境。

（三）打造对总部型公司具有较强吸引力的投资环境

海南自由贸易港采取什么举措才能使自身在促进双向投资与贸易中发挥枢纽作用呢？从国际经验来看，跨国公司总部型机构承担着整合商品、资金、研发、物流、人力、信息等要素资源，为相关企业配置资产和管理服务的重要功能。因此，总部型公司对促进所在地经济、税收、高端人力资源增长和配套服务业发展的作用比一般生产性企业和服务商要大得多。尤其是为了配合公司全球市场战略的需要，总部型公司还会通过周边或全球范围内的供应链布局，打造区域或全球生产、营销和物流网络，通过公司内以及与供应商之间的商业活动显著带动东道国的双向贸易投资持续增长。

为了吸引更多总部型公司落户当地，海南自由贸易港当前需要采取以下五个方面的重要举措。一是加快落实已出台自由贸易港政策，更多地积累政策试点成功案例，进一步明确《总体方案》制度设计的落地实施细则和时间表，稳定并提升国内外投资者的信心和长期市场预期。二是尽早制订并公布全岛封关运作后税制改革方案和实施细则，并先行开展试点。除了确保企业所得税、个人所得税等已公布税种的优惠政策落地实施之外，建议对总部型公司更为关注的资本利得税、利息、股红和特许专利使用费汇出税等实行免征，或实行具有国际竞争力的低税率政策。三是加大跨境资金流动开放力度，对于具有较好业绩和全球性贸易投资业务需求的跨国企业的离岸贸易、直接和间接融资先行实行自由化便利化制度安排，在坚持服务于实体经济原则基础上，允许这些企业建立本外币资金池，给予跨境结算、支付自由便利支持。四是进一步扩大重点园区国际互联网专用通道试点范围，创新监管方式，对具有一定良好信誉、经营业绩突出、国际业务覆盖广泛的总部型公司给予国际互联网连接专用通道配置。五是加强与总部型公司发展相关度较大的配套服务业的政策支持力度，通过鼓励中小微企业和民营经济加快发展，增强产业配套能力，提高中高端人才尤其是外籍人才生活设施和居住环境水平，切实落实服务贸易中有关专业技术、商务人员及其家属出入境、居留自由便利的措施。

九、海南自由贸易港协同推进投资制度早期建设任务的建议

第一，在中央的统筹协调下，由相关部门对《总体方案》涉及

的中央事权联合进行集中授权。为了确保《总体方案》作为重要政策文件的权威性和"硬约束",建议对形成的集中授权文件赋予行政规章属性,并对中央部门和海南省落实中央8号文件工作情况进行常态化督导。

第二,建立有利于及时完成调法调规的工作机制。过去的经验表明,在经过多轮协调、沟通基础上形成的共识,往往可能因为后期新加入非关键部门的不同意见、同一部门出席代表换人等原因被轻易推翻。因此,有必要建立限期推进调法调规工作机制,确保2025年之前,《总体方案》早期安排的各项制度集成建设能够如期完成。

第三,加大压力测试力度。扩大洋浦保税港区"境内关外"和原产地管理试点实施范围,涉及国际中转货物"一线"放开、"二线"管住试点的可集中在原有洋浦保税港区范围内实施;对于使用本地生产或进口料件进行加工制造、集拼配套、维护修理的企业以及商贸、物流、金融等配套服务企业可允许其在具备设置物理围网或电子围网条件的洋浦经济开发区范围内以保税管理方式开展业务。这有利于在全岛封关运行相对接近的场景下开展先行先试,提升区内原产地增值能力。

第四,推进服务业制度型开放的系统集成,提升服务业投资自由化水平。制定投资准入负面清单、零关税商品"一负三正"清单、服务贸易负面清单,可向投资自由化便利化的方向适度倾斜;增加适用于重点园区的特殊条款,对于博鳌乐城国际旅游医疗先行区、洋浦经济开发区等具备较好产业聚集和配套条件、事中事后监管完备有效的重点园区,扩大准入开放和自由化便利化政策实施范围,形成若干高水平开放制度集成试点。另外,对涉及意识形态等敏感领域的服务业开放,在早期安排阶段可实行"准入前国民待遇+内外资一致内容监管"管理方式,在提升投资自由便利水平的同时,通过内容监管防控安全风险,对地方政府事中事后监管能力建设的要求也要相应提高。

第六章 海南自由贸易港法治化市场化营商环境建设

近年来，全球经贸规则不断重构，国内市场竞争环境优化和重塑压力持续上升。实行对标国际规则、契合国家市场化改革方向、彰显高水平开放理念的竞争政策体系是海南自由贸易港国际化、法治化、便利化营商环境建设的必然要求和重要基础。

一、国际经济环境和市场规则重构的新变化

受美国贸易保护主义、新冠肺炎疫情冲击和地缘冲突爆发等因素的叠加影响，国际经济环境发生了深刻变化，市场竞争规则重构趋势日趋明显。

一是全球市场经济进入"强政府"阶段。2020年全球经济陷入严重衰退，各国在实施防疫管控的同时，为了稳定经济推出力度强大的经济刺激计划，不惜动用庞大的财政资金和极度宽松的货币政策为市场托底，直接向企业甚至民众提供资金支持，政府出手干预经济的现象十分普遍，全球市场经济迎来了"强政府"时期。即便在疫情有所缓和、全球经济复苏的当下，这一趋势仍在持续。新冠肺炎疫情终究会结束，但世界经济可能会进入"弱市场"时代，政府在主导市场走向上的作用将明显增强。

二是多边机制的市场竞争规则重构持续推进。2021年，世贸组织新一届总干事上任后宣布了推动新一轮机制改革和规则谈判的工作方案。其中，关于"公平性竞争条件"的条款强调了三点：一是修改新成员的农业补贴资格，在考虑到让小规模农户获得更多机会的基础上按照更加平均化的方向进行调整；二是增强产业补贴规则的约束力；三是世贸组织成员在

特定条件下给予国有企业的补贴不得损害公平竞争条件。另外，关于发展中国家"特殊及差别待遇"问题，新任总干事认为这是一个可能导致世贸组织分裂的敏感问题。现阶段，考虑到发展水平不同，仍有必要保留市场竞争规则，但部分发展中国家已经宣布放弃适用这一规则，这可能是未来改革的方向。综合来看，多边机制今后将在竞争中立、限制产业补贴、缩小发展中国家特殊待遇等关键领域加大改革和规则重构力度。

三是区域、多边、双边贸易安排快速增加。以区域、多边、双边贸易安排为代表的贸易投资自由化便利化规则日趋多样化。截至2021年6月底，全球已签署并生效的多双边贸易安排达到366个，比2020年初增加48个。其中包括英国脱欧之后迅速推进的自贸协定谈判、2020年生效的升级版美墨加三国协议、2020年11月正式签署的RCEP等，美国、中国、日本等大国分别参与其中，区域、多边、双边贸易安排已经成为大国博弈的主战场之一。大国主导区域贸易规则也影响着全球规则重构的方向，普遍具有贸易投资自由化标准不断提升的特点。最具代表性的CPTPP除了实行高标准贸易投资自由化政策之外，还制定了包括诸如劳工、环境、国有企业等问题在内的"边境后"制度和规则。CPTPP"国有企业"章节要求，缔约方必须确保其国有企业在从事经营活动时要遵循商业考虑原则，并且对国有企业与其他企业一视同仁，给予国有企业的待遇也应当给予外国企业等。总体来看，高水平自贸协定要求缔约方遵循严格市场化标准和各类企业平等的竞争政策，外资企业的国民待遇不得低于国有企业。

表6-1　WTO新任总干事就任演说概要

概要	主要内容
新冠肺炎疫情对策	为了控制疫情蔓延，有必要尽早取得谈判进展和成果，促进有利于公共卫生建设的贸易活动开展。

续表

概要	主要内容
渔业补贴	期待在第十二届部长级会议（MC12）上能够终结渔业补贴谈判，确定实施规则。结束渔业补贴谈判将能够签署一份对现在和将来都不可或缺的多边协定。
争端解决机制	作为确保多边贸易体制稳定性和可预见性的关键因素，争端解决机制改革对WTO成员来说至关重要。要真实反映这些改革的本质，需要将改革方案具体化并在第十二届理事会会议上实施。
联合声明建议稿	WTO议定书已落后于时代，落后于许多区域或双边自贸协定，新的规则体系需要考虑电子商务和数字经济等21世纪的现代议题。更多成员的主动参与将为多边贸易体制注入新动能。
环境	WTO需要支持绿色和循环经济，广泛开展的贸易活动要适应应对气候变化行动的需要。WTO成员重启环境产品、服务谈判很重要。
农业	农业对于许多发展中国家和贫穷国家来说是特别重要的，加快推动这些国家关注的出口商品的市场准入，和处理国内贸易救济政策同样重要。
公平竞争条件	为了给小规模农户提供机会，需要重新评估正在增加（加入WTO）的成员的国内支援资格，使竞争条件均等化。同样，需要强化产业补贴规则。重要的是，加入WTO的成员在特定条件下给予国有企业的补贴不得损害公平竞争。
特殊和差别待遇（SDT）	在WTO理事会讨论与SDT有关的问题可能损害成员间信赖关系并导致世贸组织分裂。可借鉴贸易便利化协议采用的模式，对发展水平不同的经济体适当分类，一些发展中经济体主动提出放弃特殊待遇，可能成为未来的方向。
通报义务	透明度是多边贸易体制的生命线，应尽一切努力帮助（加入WTO）成员履行通报和透明度义务。

续表

概要	主要内容
秘书处	加强秘书处工作，以便能够在包括实施、监管、争端解决、谈判在内的所有WTO事务领域，向每一个成员方提供最好的服务。

数据来源：根据恩戈齐·奥孔乔-伊韦阿拉关于WTO改革和规则重构的主要观点整理。

二、我国市场化改革的中长期目标

面对全球经济环境的深刻变化，中国需要站在规则的制高点上，在事关市场规则并且已经成为国际社会广泛共识的竞争中立、知识产权保护、产业补贴、公平贸易等问题上，使多边机制和区域、多边、双边协定的要求与我国深化市场化改革的方向保持基本一致。中国已经制定了明确的中长期市场化改革目标，竞争政策在保护和促进市场竞争方面的重要性受到高度重视。

"十四五"规划纲要强调，我国全面深化改革，构建高水平社会主义市场经济体制，需要充分发挥市场在资源配置中的决定性作用，更好发挥政府在资源配置中的辅助作用，推动有效市场和有为政府更好结合。"十四五"规划的要求充分展示了中国坚持市场化改革的决心和信心。从中长期来看，我国市场化改革和竞争政策体系建设目标具有以下几个方面的特点。一是加快国有经济布局优化和结构调整，推动国有企业向关系国家安全、国民经济命脉的重要行业集中，向提供公共服务、应急能力建设和公益服务等关系国计民生的重要行业集中，向前瞻性战略性新兴产业集中。二是实施高标准市场体系建设行动，坚持平等准入、公正监管、开放有序、诚信守法，形成高效规范、公平竞争的国内统一市场。三是强化竞争政策基础地位，坚持鼓励竞争、反对垄断，完善竞争政策框架，强化公平竞争审查制度的刚性约束，加强对自然垄断业务的监管。

三、海南自由贸易港市场环境的法治化建设

为了确保市场化改革的正确方向，打造公平公正的市场竞争环境，加快推进海南自由贸易港的法治化建设进程至关重要。

一是坚持"立法先行"的法治化建设方向。在海南建设中国特色自由贸易港是党中央作出的重大决策，也是重要的国家战略。将党中央和国务院印发的《海南自由贸易港建设总体方案》的核心要义用法律方式加以规定，可以进一步明确海南自由贸易港所具有的特殊法律地位，以及区别于其他区域的特殊功能，为自由贸易港建设所需要的制度和政策创新提供法律依据，确保改革方案能够得到切实贯彻和落实，保障改革践行者的合法权益。这也是习近平法治思想的重要体现。海南承担着制定海南自由贸易港法规的重要责任，要从服务于国家重大战略的高度充分认识为改革创新保驾护航的重大使命，对涉及海南省重大改革和制度创新的方案、规划，可以通过制定和实施相应法规的方式，提升目标要求的约束力和权威性，如制定和实施《海南自由贸易港优化营商环境条例》《海南自由贸易港建设总体方案》实施办法等。

二是用好法规变通的自主立法权。正式发布的《海南自由贸易港法》在广泛征求意见和深入讨论研究的基础上，对部分法律内容作了变通性调整。例如，关于内地商品进入海南自由贸易港，《总体方案》只是作出了原则性规定，即按照国内流通规定管理，并没有涉及在内地已缴纳增值税和消费税的处置问题。但是海南自由贸易港法第三次审议后增加了"货物由内地进入海南自由贸易港，按照国务院有关规定退还已征收的增值税、消费税"（《海南自由贸易港法》第二十九条第二款）的规定，和《总体方案》相比做了相应的法规变通处理，这将产生十分重要的积极影响。《海南自由贸易港法》第十条赋予海南省人大制定自由贸易港法规的立法权限，现在必然存在许多需要进行法规变通处理的内容，对如何用好法规变通的自主立法权需要进行深入研究。要加强立法机制创新，建立和完善

广泛征求基层和民众意见的平台机制，发挥专家学者在建言献策中的作用。这些创新举措将对用好法规变通权产生积极作用。

三是突出"配套优先"的近期立法工作重点。《海南自由贸易港法》是海南自由贸易港法治化体系中的基础性法律，也是海南自由贸易港建设的基本法，形成了系统性、框架性和原则性的法律规定。在此基础上，需要海南省制定相关的配套法规，而制定配套法规是自由贸易港法赋予海南省人大的自主立法权，对于自由贸易港法规落实实施具有非常重要的作用。初步梳理结果表明，在《海南自由贸易港法》的八章五十七条中，需要海南省会同中央有关部门共同制定的清单等有十几项，另外还包括了以海南省为主制定的办法和规定，其中海南省人大承担着大量的立法工作。建议在对所有条款进行梳理的基础上，按照轻重缓急确定优先顺序，把需要单独完成的配套法规建设放在最为优先的位置上，突出"配套优先"的近期立法工作重点，如做好第二十一条（海南自由贸易港按照便利、高效、透明的原则，简化办事程序，提高办事效率，优化政务服务，建立市场主体设立便利、经营便利、注销便利等制度，优化破产程序。具体办法由海南省人民代表大会及其常务委员会制定）、第二十四条（海南自由贸易港建立统一开放、竞争有序的市场体系，强化竞争政策的基础性地位，落实公平竞争审查制度，加强和改进反垄断和反不正当竞争执法，保护市场公平竞争。海南自由贸易港的各类市场主体，在准入许可、经营运营、要素获取、标准制定、优惠政策等方面依法享受平等待遇。具体办法由海南省人民代表大会及其常务委员会制定）的规定内容。

四是加强特事特办的立法机制创新。海南自由贸易港的相关立法工作仅用了两年左右的时间，在确保立法工作质量的同时，大大压缩了所需要的时间，很好地适应了自由贸易港制度建设的需要，既为自由贸易港制度建设明确了长期的方向和路径，也消除了早期安排阶段制度创新过渡性法规依据不足的问题，体现了特事特办的立法理念，有利于提升立法工作效率和自由贸易港法治化建设水平。海南省人大立法工作应以自由贸易港法立法工作为成功范例，对相关配套性法律法规，在确定优先顺序条件下对紧迫性的法律法规采取特事特办原则，适度推进立法程序，合理缩短立法时间。

四、海南自由贸易港市场化法治化环境建设的制度基础

2022年4月，习近平总书记赴海南考察。其间，他充分肯定自由贸易港建设成就，鼓励海南探索试验，蹚出来一条路子，强调海南要"坚持三个不动摇"，确保自由贸易港建设的正确方向，其中就包括了坚持党的领导和坚持中国特色社会主义不动摇。这是海南自由贸易港市场化法治化环境建设的制度基础和保障。

（一）海南自由贸易港市场化法治化环境建设取得的明显进展

四年来，海南的改革开放新高地建设不断取得积极进展，目前已经进入了自由贸易港制度建设的重要阶段，高水平开放成效逐步显现。一是海南自由贸易港相关政策陆续出台实施，总体方案要求的自由贸易港制度建设顺利开局。中央和地方发布实施的海南自由贸易港相关制度创新方案和政策文件150多件，为逐步搭建自由贸易港制度、不断提升国内外市场主体的良好预期打下坚实基础。二是海南自由贸易港相关法律法规逐步颁布，法治化营商环境建设初见成效。2021年6月，《海南自由贸易港法》正式实施，首次以国家立法方式为特定经济功能区制度创新提供法律依据和保障。三是全岛封关运作准备工作相继开启，海关监管制度试点成果不断积累。海南省提出2023年完成海关监管硬件设施建设，2024年完成软件设施建设，2025年前适时启动全岛封关运作的责任部门任务清单，各项工作有序推进。四是海南自由贸易港税制改革实施路径日趋清晰，零关税、低税率、简税制的竞争优势初见端倪。早期安排阶段零关税商品清单管理、两个15%所得税优惠税率为企业和人才带来了实惠。五是"3+1"现代产业体系日臻成形，重点园区优势企业聚集和自由贸易港"样板间"效应明显扩大。服务业和高新技术产业快速发展，外商投资和外贸大幅增

长，带动海南地区生产总值增长进入快车道，两年年均增速位居全国第一。洋浦经济开发区、博鳌乐城国际医疗旅游先行区等重点园区的引领作用不断强化。

然而，海南自由贸易港目前处在制度建设的初期，现有贸易投资自由化便利化水平与打造高水平对外开放新高地目标仍有较大差距，目前还面临着2025年前必须完成的试点工作尚未全面开启、全岛封关运作经验积累不足等突出问题，若想准确把握自由贸易港建设方向和路径，做好高水平开放政策压力测试是解决问题的关键。

（二）"坚持党的领导不动摇"，夯实市场化法治化环境建设的政治基础

党的全面领导是海南自由贸易港建设最有力的思想和组织保障。这一点在四年的建设实践中生动展现。习近平总书记发表"4·13"重要讲话，宣布了党中央支持海南逐步探索、稳步推进中国特色自由贸易港建设，分步骤、分阶段建立自由贸易港政策和制度体系的重大决定，掀开了海南改革开放的历史新篇章。建设海南自由贸易港是党中央、国务院统筹国内国际两个大局作出的重大战略决策，也是我党新时代执政理念和方式创新的重要体现。党中央专门设立了由中共中央政治局常委担任组长的推进海南全面深化改革开放领导小组以及由相关部门组成的办事机构，海南省委建立了统领自由贸易港建设的工作机制，为持续推进海南自由贸易港建设提供了强有力的思想和组织保障。两年来，从总体方案的研究制定到海南自由贸易港法的起草审议，从深入实际的调研评估到重大问题的协调沟通，从工作分工责任明确落实到整体统筹推进工作部署，党的领导机制始终发挥着重要指导和引领作用。

制度集成创新是自由贸易港制度建设的重点，也是难点，需要各方相互配合、协同推进，加强党的统领作用的重要性更加凸显。自由贸易港建设面临着大量制度建设任务，需要有效发挥各级各部门的积极作用，通过任务分解、专业部门分工负责的工作方式，确保制度和政策落地实施更加深入和精准。但是，自由贸易港建设是一个庞大的系统工程，各项制度和政策相互关联，甚至互为条件，需要系统集成和统筹布局。以服务贸易自由便利制度为例，服务贸易类型模式了商业存在、跨境提供，因此和投资自由便利制度建设密切相关，同时服务贸易还需要使用设备和耗材，因此与货物贸易自由便利制度紧密关联。除此之外，服务贸易还包括了旅游、运输、信息传输、金融服务等内容，因此和贸易、投资、跨境资金流动、人员进出、运输来往自由便利制度以及数据安全有序流动制度直接相关。若想将服务贸易自由便利制度建设落实到位，需要在专业部门分工负责基础上相互配合和协同推进，其中党的集中统一领导将发挥至关重要的作用。

法治化、市场化、便利化营商环境建设是海南自由贸易港建设的重要内容，一流营商环境也是自由贸易港打造较强国际竞争力的客观要求。营商环境除了和贸易投资自由便利政策制度有关外，还包括高效的公共服务、良好的人文环境、完善的基础设施等许多深刻内涵。覆盖广泛的网络化基层党组织将成为社会治理和良好人文环境建设的有力支撑，党员在优化营商环境建设中的重要作用更是无处不在，这也是党的领导在自由贸易港营商环境建设中不可替代的优势。

在总体方案发布以来的两年中，海南自由贸易港建设充分发挥"全国上下一盘棋和集中力量办大事"的制度优势，调动中央和地方等各方面的积极性和创造性，集聚全球优质生产要素，着力在推动制度创新、培育增长动能、构建全面开放新格局等方面取得新突破。今后，党的全面领导将持续为海南自由贸易港建设指引方向和保驾护航。

（三）将"坚持中国特色社会主义道路不动摇"作为海南自由贸易港市场化法治化制度环境建设的鲜明标志

中国特色是海南自由贸易港建设的鲜明旗帜。总体方案明确将体现中国特色作为海南自由贸易港建设的基本原则，强调要坚持中国特色社会主义道路，坚持以人民为中心，践行社会主义核心价值观，以确保海南自由贸易港建设正确方向。海南自由贸易港建设的实践经验表明，以人民为中心的制度设计和政策实施，既可以彰显高水平开放的勃勃生机和活力，也能让广大人民群众更好地分享制度创新的红利。以零关税政策为例，在

2025年全岛封关运作之前，除了对符合"一负两正"清单要求的企业自用生产设备、原辅料和交通工具进口实行免关税、免增值税、免消费税政策之外，还专门作出了"对岛内居民消费的进境商品，实行正面清单管理，允许岛内免税购买"的规定。另外，作为海南自由贸易港制度创新的重要组成部分，国家对2011年以来实行的内地居民离岛免税购物政策进行了大幅度改革，显著提升了岛内外居民对免税优质消费品的可选择性和便利性。2021年海南离岛免税购物额达600亿元，在2020年同比增长翻番基础上又增长了84%，入岛旅游总人数超过8100万人次，免税购物岛内外居民达967万人次，同比增长73%。越来越多的普通民众成为自由贸易港政策的受益者。

民主法治是中国特色社会主义核心价值观的重要内涵。《总体方案》把"打造共建共治共享的社会治理格局"和"法治制度"纳入制度框架，提出深化户籍制度改革、赋予行业组织更大自主权、赋予社区更大的基层治理权限、加快社区服务与治理创新，建立以《海南自由贸易港法》为基础、以地方性法规和商事纠纷解决机制为重要组成的自由贸易港法治体系，营造国际一流的自由贸易港法治环境等重要举措，充分展示了加强中国特色社会主义民主法治建设的坚强决心和科学谋划。两年来，海南自由贸易港的各项社会治理改革实践蓬勃展开。海南自由贸易港法规立法进程加快，除了经全国人大审议通过的《海南自由贸易港法》正式颁布实施以外，2021年海南地方立法加快推进，为扎实推进海南自由贸易港制度建设提供了有力支撑。

五、海南自由贸易港的市场化竞争政策体系建设思路

现代产业聚集的推动力来自国内外产业投资主体对目标市场的信心和长期预期，市场化制度和竞争政策环境则是影响投资者预期的重要因素。海南自由贸易港作为对标国际先进规则的特殊经济功能区，尤其需要坚持市场经济发展的根本方向，全面落实我国市场化改革的中长期规划要求，

构建各类要素自由便利流动、聚集的全球最高水平开放型经济新体制，打造市场化、国际化、法治化、便利化的全球一流营商环境。

一是逐步完善自由贸易港市场竞争法规体系建设。海南省人大及其常委会承担着艰巨的自由贸易港法规立法工作任务（参见附表），应当充分利用国家授权，建立健全市场竞争的相关法规体系。首先，所有产业主体在竞争性领域应当具有平等地位，建议按照这一原则重新修订已颁布实施的反垄断条例。其次，建议加快完成反不正当竞争法、反商业贿赂法等市场竞争行为规范性法规。不正当竞争行为主要包括假冒和仿冒、虚假宣传、侵犯商业秘密、不正当削价销售、强买强卖和附加条件商业销售、诋毁竞争对手、不正当有奖销售、串通投标、行业垄断限制竞争、滥用行政手段干预竞争等行为。针对这些行为既可以进行一揽子立法，也可以采取专项立法，为各类企业提供统一规范、公平合理的市场竞争环境。最后，为了维护正常市场竞争秩序，建议制定实施符合自由贸易港监管实际要求的反走私条例，加快研究制定市场主体实质性经营法、反偷逃税法等相关法律。

二是建立符合国际规范的竞争中立产业政策体系。竞争政策保护的是竞争而不是竞争者（尤其是特定竞争者）。立法要区分不同行业的市场属性，除了极少数法律规定的涉及国计民生的自然垄断行业和公共服务体系之外，所有竞争性领域都要实行竞争中立制度和政策，事关产业导向的鼓励、扶持或限制性措施不以企业所有制为身份标准区别对待，要淡化甚至逐步取消和所有制有关的企业分类标准、统计核算和税收差别，突出《中华人民共和国公司法》作为企业治理和经营行为规范的基础作用，按照企业股权结构界定公司实际控制主体的法律属性，形成竞争性产业领域各类市场主体完全平等的市场经济环境。

三是加快推进"大部制"政府机构和职能改革。竞争政策是限定和规范政府在市场中职能的法治化、强制性的治理机制。最大限度减少政府过度干预市场最为有效的方式，就是减少政府职能部门和管理权限设置。除必要的综合部门与窗口部门之外，削减按照行业划分的产业主管部门数量，将产业政策研究、制定和发布实施等职能集中在综合性宏观调控部门，更好地发挥政府在产业建设中的统筹协调和服务作用。产业政策引导要建立在充分利用政策性金融、税率等市场调控手段基础上，取消竞争性领域的产业补贴和隐性资金支持。

四是运用市场化手段培育具有国际竞争力的大型头部企业。竞争政策是鼓励企业运用收购、兼并等合规手段实现市场地位提升的法治化、强制性治理机制。产业基础薄弱、缺乏具有一定国际国内竞争优势的头部企业是目前海南自由贸易港构建现代产业体系面临的一个突出问题。竞争政策作为统一市场条件下产业组织调控的工具和方法，能够有效排除非市场化力量对企业兼并重组活动的干预和阻挠，可以对企业基于市场化原则的做大做强起到保护和促进作用。首先，在海南自由贸易港高水平市场开放环境下对企业扩张中垄断行为的监测和认定，不能简单地以岛内甚至国内市场占有率作为可能导致市场垄断的评价标准，要充分考虑其在国际区域甚至全球市场的份额大小。其次，依法对行政部门或其他非市场化机制强力干预行为加强监管和排除，保障企业通过市场化方式获得兼并重组和扩张的合法权益。再次，通过运用综合性信息服务、政策性金融工具、所有企业一致的税收减免政策等手段，对企业强化产业链、供应链韧性的战略性合作、兼并收购、参股等商业活动加强政策引导和支持。

五是有效发挥产业救济政策的配套和安全保障作用。竞争政策需要产业救济和就业安全保障措施的配套支撑。在市场竞争充分和高水平市场开放条件下，海南自由贸易港的产业可能受到外部商品进口激增、供应链中断等市场竞争因素的冲击，面临企业大量破产和人员大量失业问题。因此海南自由贸易港必须通过符合国际规范和相关法律规定的产业救济、失业援助措施，在保障弱势产业安全的同时，向破产企业和失业者提供必要的社会救济，防止引发社会动荡。为此，建议海南在充分利用国家产业救济政策的基础上，建立自由贸易港的弱势产业和失业风险预警、产业和就业损害调查和处置机制，并通过设立风险基金等方式，在风险发生时，提供必要的资金支持和援助，维护社会安全稳定。

六是增强竞争政策实施的协调和保障能力。竞争政策实施和保障机制建设需要立法、司法、行政、社会中介组织等相关方共同努力，特别是行政机构的综合、产业、商务、财税、市场监管部门之间的统筹协调十分重要。为此，海南自由贸易港除了要进行竞争政策的研究、制定和实施外，还要创新相关治理机制，在涉及经济安全、基础设施、环境保护、民生、社会稳定等市场竞争机制难以有效调节的重要领域，加强相关部门间的合作协商治理。这对解决市场的外部性问题、提高市场效率尤为重要。建议建立由综合管理部门牵头，相关部门、企业和中介组织、学界代表共同参与的竞争政策审议委员会，为增强竞争政策的治理能力提供组织保障和智力支撑。

附表

海南省人大常委会2022年立法工作计划

（2022年3月16日海南省第六届人民代表大会常务委员会主任会议第五十次会议通过）

法规项目 类型	审议时间 分类	法规名称与起草单位
（一）条件比较成熟、拟提请审议的法规项目	3月常委会会议审议10件（其中，打包修改2件，打包废止4件）	1. 海南自由贸易港游艇产业促进条例（二审） 2. 海南自由贸易港海口国家高新技术产业开发区条例（二审） 3. 海南省非物质文化遗产保护规定（省旅文厅） 4. 海南省法律援助规定（修改）（省司法厅） 5. 打包修改2件法规 （1）海南省城镇从业人员基本医疗保险条例（省医疗保障局） （2）海南省城镇从业人员生育保险条例（省医疗保障局） 6. 打包废止4件法规和法规性决定 （1）海南省各级国家机关、事业单位机构设置和编制管理条例（省委编办） （2）海南省城镇从业人员基本养老保险条例（省人社厅） （3）海南省人民代表大会常务委员会关于批准海南生态省建设规划纲要的决定（省生态环境厅） （4）海南省人民代表大会常务委员会关于批准海南生态省建设规划纲要（2005年修编）的决定（省生态环境厅）
	5月常委会会议审议13件（其中，打包修改9件）	7. 海南自由贸易港"三无"船舶综合治理规定（省委政法委、省公安厅、省农业农村厅） 8. 海南自由贸易港海岸治安管理规定（省公安厅） 9. 海南省生态保护红线管理规定（修改）（省资规厅） 10. 海南省劳动保障监察若干规定（修改）（省人社厅） 11. 打包修改9件法规 （1）海南省自然保护区条例（省林业局） （2）海南省森林保护管理条例（省林业局） （3）海南省沿海防护林建设与保护规定（省林业局）

续表

法规项目 类型	审议时间 分类	法规名称与起草单位
（一）条件比较成熟、拟提请审议的法规项目	5月常委会会议审议13件（其中，打包修改9件）	（4）海南省古树名木保护管理规定（省林业局） （5）海南经济特区集体林地和林木流转规定（省林业局） （6）海南省红树林保护规定（省林业局） （7）海南省土地权属确定与争议处理条例（省资规厅） （8）海南经济特区换地权益书管理办法（省资规厅） （9）海南省海洋环境保护规定（省生态环境厅）
	7月常委会会议审议7件（其中，打包修改2件）	12. 海南自由贸易港企业国有资产条例（省国资委） 13. 海南自由贸易港放宽进口药品管理措施若干规定（省药监局、海口海关） 14. 海南省绿色建筑发展规定（省住建厅） 15. 海南省宗教事务管理若干规定（修改）（省委统战部、省人大常委会民宗工委） 16. 海南省人民代表大会常务委员会人事任免规定（修改）（省人大常委会选任联室） 17. 打包修改2件法规 （1）海南省企业和企业经营者权益保护条例（省人大常委会法工委） （2）海南省规章设定罚款限额规定（省人大常委会法工委）
	9月常委会会议审议5件	18. 海南自由贸易港土地管理条例（省资规厅） 19. 海南自由贸易港博鳌乐城国际医疗旅游先行区医疗药品监督管理规定（省卫健委） 20. 海南自由贸易港生态环境保护考核评价和问责规定（省生态环境厅） 21. 海南省人民代表大会议事规则（修改）（省人大常委会法工委） 22. 海南省人民代表大会常务委员会议事规则（修改）（省人大常委会法工委）

续表

法规项目 类型	审议时间 分类	法规名称与起草单位
（一）条件比较成熟、拟提请审议的法规项目	11月常委会会议审议4件	23. 海南自由贸易港促进种业发展若干规定（省农业农村厅、省林业局） 24. 海南自由贸易港网络与数据安全条例（省网信办） 25. 海南省养老服务规定（省民政厅） 26. 海南省实施《中华人民共和国野生动物保护法》办法（修改）（省林业局） 　　此外，拟审查批准8件市和自治县地方性法规、自治条例、单行条例。
（二）研究起草、条件成熟时适时安排审议的法规项目		1. 海南省人大常委会关于实行市场准入承诺即入制取消部分行政许可等事项的决定（省市场监管局） 2. 海南自由贸易港国际贸易"单一窗口"管理规定（省商务厅、海口海关） 3. 海南自由贸易港反走私条例（省公安厅、海口海关、海南海警局） 4. 海南自由贸易港外商投资促进规定（省发改委） 5. 海南自由贸易港促进民营企业发展若干规定（省发改委） 6. 海南自由贸易港市场主体登记条例（省市场监管局） 7. 海南自由贸易港供用电规定（省发改委） 8. 海南自由贸易港数字经济促进条例（省工信厅） 9. 海南自由贸易港地方金融条例（省地方金融监管局） 10. 海南自由贸易港家族信托规定（省金融办） 11. 海南自由贸易港国家南繁科研育种保护区规定（省农业农村厅） 12. 海南自由贸易港陵水黎安国际教育创新试验区条例（省教育厅） 13. 海南自由贸易港三亚中央商务区条例（三亚市人民政府） 14. 海南自由贸易港商业、办公类建设项目全过程管理规定（省资规厅） 15. 海南自由贸易港机动车辆里程费征收管理条例（省交通厅）

续表

法规项目 类型	审议时间 分类	法规名称与起草单位
（二）研究起草、条件成熟时适时安排审议的法规项目		16. 海南自由贸易港人才工作条例（省委人才发展局、省科技厅、省人社厅）
		17. 海南自由贸易港就业促进规定（省人社厅）
		18. 海南自由贸易港突发公共卫生事件应急规定（省卫健委）
		19. 海南国际仲裁院条例（省司法厅）
		20. 海南自由贸易港商会条例（省工商联、省人大社会委）
		21. 海南经济特区安全生产条例（修改）（省应急厅）
		22. 海南经济特区农药管理若干规定（修改）（省农业农村厅）
		23. 海南省乡村振兴促进规定（省农业农村厅）
		24. 海南省固体废物污染防治若干规定（省生态环境厅）
		25. 海南省土壤污染防治规定（省生态环境厅）
		26. 海南热带雨林国家公园条例（省林业局）
		27. 海南省综合行政执法条例（省司法厅）
		28. 海南省医疗保障条例（省医疗保障局）
		29. 海南省实施《中华人民共和国农村土地承包法》办法（修改）（省农业农村厅）
		30. 海南省农产品质量安全条例（修改）（省农业农村厅）
		31. 海南省食品生产加工小作坊小餐饮和食品摊贩监督管理规定（省市场监管局）
		32. 海南省科学技术普及规定（省科协、省人大常委会教科文卫工委）
		33. 海南省志愿服务条例（修改）（省民政厅）
		34. 海南省制定与批准地方性法规条例（修改）（省人大常委会法工委）

数据来源：海南省人民代表大会常务委员会官网。

第七章　外部风险挑战与经济安全对策

面对错综复杂的国际经济环境和严峻的外部风险挑战，加强我国经济总体安全建设的重要性和紧迫性日趋凸显。构建面向全球的高标准自贸区网络对于巩固和提升我国与经济伙伴之间的制度性合作关系具有重要作用，积极加入 CPTPP 是统筹高水平开放和经济安全稳定的关键抓手。海南自由贸易港既要肩负对标国际先进经贸规则，打造具有强大国际竞争力的开放型经济新高地的历史使命，也要主动承担开展高水平开放压力测试、积累安全风险防范经验的艰巨任务。

一、全球性风险和外部挑战的主要特点

（一）美国等西方国家频繁制裁背景下的全球供应链 "梗阻" 危机

美国是世界制裁超级大国。据美国财政部发布的2021年制裁评估报告，截至2021财年，美国已生效的制裁措施累计达到9400项，比20年前增长了近10倍。俄乌冲突爆发之后，在美国主导下，美国、英国、日本及欧盟等对俄罗斯采取了制裁措施。根据俄罗斯外交部公布的数据，2014年以来美国等西方国家对俄制裁累计已经超过8000项，尤其自2022年2月24日俄罗斯对乌克兰采取特别军事行动以来增长速度最快。这些国家的GDP大约占全球GDP的60%。俄罗斯仅占全球GDP的1.8%。以俄罗斯的经济对抗能力来看，这是一场力量对比悬殊的较量。

美国等西方国家的频繁制裁导致了全球供应链危机。在农产品领域，俄乌均为农产品出口大国。根据世界贸易组织秘书处公布的数据，2019年，俄乌两国小麦、大麦和葵花籽产品出口量分别占全球的25%、15%和45%。世界银行行长马尔帕斯说，俄乌冲突及西方对俄制裁导致粮食、能源、化肥短缺，由此引发粮食安全危机，而遭受打击最大的是最贫困人群。

俄罗斯还是能源出口大国，欧盟国家进口的石油和天然气分别有约三成和四成来自俄罗斯。俄乌冲突升级以来，受西方制裁措施和市场恐慌情绪影响，国际油价大幅上涨，一度逼近每桶140美元。至2022年5月，由于美元指数快速上涨，且欧盟对俄油气制裁措施迟迟未出台，市场对油气供应的担忧有所缓解，国际油价有所回落，但仍徘徊在每桶100美元左右的高位。

西方对俄极限制裁造成全球供应链严重"梗阻"，严重推高各国通胀水平。美国劳工部数据显示，至2022年5月，美国消费者价格指数同比涨幅已连续5个月高于6%，4月同比上涨8.3%，涨幅刷新逾40年峰值。欧盟统计局数据显示，2022年4月份欧元区通胀率按年率计算达7.5%，连续6个月创历史新高。相关数据显示，经济合作与发展组织（OECD）国家通胀率平均达到8.8%。

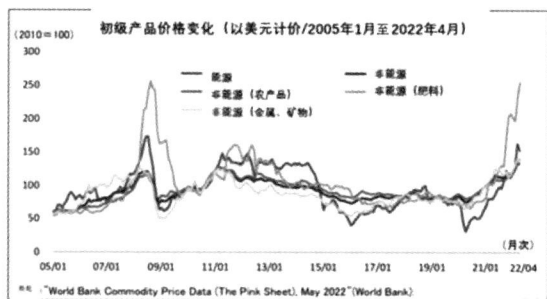

图7-1　全球大宗商品价格上涨趋势

数据来源：世界银行数据库。

制裁还将继续引发范围更为广泛的供应链"梗阻"危机。统计显示，2100多家美国公司和约1200家欧洲公司都与至少一家来自俄罗斯的直接供应商有业务往来。2014年至2022年西方国家对俄罗斯的制裁累计达到8000项，而且制裁仍将持续升级。西方国家只热衷于谈论如何增加新的制裁，而没有任何关于如何撤销制裁的话题。随着企业间交易受阻，全球的制造业和其他产业领域的供应链将面临巨大重组压力。

（二）美欧俄大国博弈长期化严重拖累全球经济复苏

国际货币基金组织认为，世界面临着"一场危机中的危机"。世界银行曾预测2022年乌克兰经济将萎缩45.1%，俄罗斯经济将萎缩11.2%，欧亚地区新兴市场和发展中国家经济将萎缩4.1%。世界贸易组织认为，俄乌冲突可能导致2022年全球贸易增速降至2.4%到3%之间，而不是2021年10月预测的4.7%；全球经济增速下降0.7到1.3个百分点，降至3.1%至3.7%之间。

国际货币基金组织总裁格奥尔基耶娃曾表示，俄乌冲突使全球经济复苏遭受巨大挫折，其影响将导致143个经济体2022年的经济增速预测值被下调，这些经济体占全球经济总量的86%。另外，根据国际货币基金组织2022年4月发布的全球经济展望报告，2022年的世界经济增长预测值仅为3.6%，比1月份预测值下调了0.8个百分点，2023年的预测值仍处于3.6%的较低水平上。这意味着，在2020年全球经济因新冠肺炎疫情集中暴发而严重衰退，2021年出现强劲反弹之后，将再次面临大幅度下滑的风险，并有可能持续多年。根据报告，美国经济2022年仅增长3.7%，比2021年回落2个百分点，预计2023年进一步下滑至2.3%；中国经济预计将于2022年和2023年下降到4.4%和5.1%；欧元区经济分别从5.1%分别降至2.8%和2.3%。这些变化发生的原因既包括俄乌冲突的影响，也包括新冠肺炎疫情的反弹。

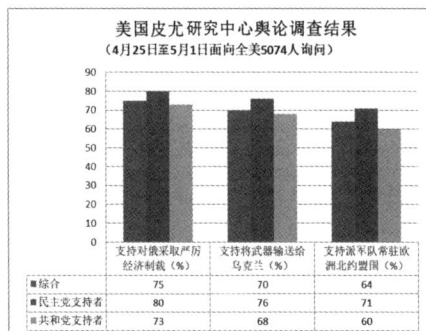

美国皮尤研究中心舆论调查结果
（4月25日至5月1日面向全美5074人询问）

	支持对俄采取严厉经济制裁（%）	支持将武器输送给乌克兰（%）	支持派军队常驻欧洲北约的盟国（%）
■ 综合	75	70	64
■ 民主党支持者	80	76	71
■ 共和党支持者	73	68	60

图7-2　美国关于俄乌冲突的舆论调查

数据来源：美国皮尤研究中心。

通过俄乌冲突削弱俄罗斯的实力符合美国等西方国家的战略意图，由于目前美国国内舆论对美国采取严厉制裁的支持率保持高位等，为了获取更多选票，避免中期选举和总统大选败北，美国现任领导人也会长期保持对俄的高压制裁政策。俄乌冲突有可能长期化并带来美欧俄之间长期的战略博弈和冲突。即便特别军事行动结束，这种激烈较量也很难平息，并可能出现其他国家加入其中的集团对抗格局，引发长期的地缘动荡和经济增长低迷。

（三）全球地缘政治与集团化安全体系的新动向

美国等西方国家针对俄罗斯的围堵打压仅仅是这些国家全球战略中的一个部分，联合盟友打击中国则是美国更为重要的长期战略目标，这一战略在拜登执政后持续升级。2022年2月11日美国发布的印太战略就是其中重要一步。这一战略以对抗影响力日益增大的中国，增强美国在该地区影响力为主要战略目标。根据美方说明，印太战略的构想在于组建所谓印太经济框架（IPEF），其形态不是需要经过议会批准的贸易协定，而是在每一个相关领域都能够形成共识的模块型框架，与2021年6月设立的美欧贸易和技术委员会（TTC）属性相似。

IPEF涵盖的合作领域十分广泛，包括贸易便利化、数字经济技术相关标准、供应链坚韧性、低碳清洁型能源、基础设施、劳工权利等。虽然多数涉及经济领域，但也涉及了所谓地区安全合作等政治领域。其中，数字经济技术相关标准、贸易便利化、供应链坚韧性、劳工权利、基础设施等是美国目前标榜的最优先领域。美国的文件中提及的国家和地区分为两个部分。一是同盟国，即澳大利亚、日本、韩国、菲律宾、泰国等与美国签有同盟条约的国家。二是"友好"和重要国家（地区），如新西兰、新加坡、马来西亚、印度尼西亚、印度、越南、蒙古等。

美国已经与IPEF准成员进行了多轮磋商，似乎达成了共识。2023年美国将作为轮值主席国承办亚太经合组织（APEC）峰会，届时参与方可能共同正式启动机制，并在往后的APEC峰会前后定期召开IPEF首脑会议。

如果美国能够顺利推进IPEF进程，今后的亚太地区则有两个机制并行：一个是APEC合作机制，美国和中国同属其中；另一个是美国主导的IPEF机制，中国被排除在外。亚太地区经济格局演变成为中国面临的严峻新挑战。事实上，美国等西方国家在全球范围内展开的地区安全机制建设，将为全球地缘政治格局带来深远影响。英国外交大臣特拉斯的一次讲演诠释了西方政客在这一问题上的战略构思。从这些言论中我们应当看到，冷战思维正在影响西方政界，北约扩张的影响力将会覆盖包括亚太地区等在内的更大范围，这会进一步增加中国等绝大多数发展中国家的安全风险。

2022年4月27日，特拉斯在伦敦市长晚宴上发表了讲话，主要观点涉及以下三个方面的内容。一是关于军力。特拉斯介绍说，6月下旬将在马德里召开北约成员国首脑会议，讨论对波兰等东部成员国增派北约部队、瑞典和芬兰加入北约等问题。北约需要为大西洋和印太两大地区的安全保障发挥作用。在印太地区要加强和日本、澳大利亚等国家的紧密关系。英国要进一步增加军费开支。二是关于经济安全保障。她说，为了确保世界经济安全，不遵守自由贸易原则的国家就应当被排除在国际经济体系之外。在乌克兰受到侵略时并没有谴责俄罗斯，而且对立陶宛采取贸易限制措施的中国可能也在此列。三是全球安全新体系。特拉斯强调，发挥北约和英联邦等组织的重要作用。加强双边和多边伙伴关系，除了通过远征军联合部队（JEF）、美英澳加新五眼联盟、美英澳三边安全伙伴关系等机制强化北约力量之外，还要加强和日本以及印度、印度尼西亚之间的关系。英国要在新的全球性安全体系建设中发挥核心作用。

（四）互联网和数字技术领域的新"冷战"

在数字技术快速发展和新冠肺炎疫情冲击背景下，以互联网为依托的电子商务及其相关领域得到快速发展，世界主要经济体的商业数字化水平明显提升。根据联合国贸发会议（UNCTAD）统计，2020年中国、美国、英国、韩国、澳大利亚、新加坡等6国的电子商务交易额都有明显提升，中国也跻身商业数字化国家前列。在新冠肺炎疫情肆虐、全球经济和人民生活遭受重创的背景下，互联网和数字技术的广泛运用为中国、为全球稳定经济增长和保障民生发挥了重要作用。

但是，美国的一些做法正在使互联网和数字技术领域面临新的挑战。2022年4月28日，美国主持的"未来互联网宣言"（简称宣言）签约仪式以视频方式召开。美国、英国、日本、加拿大、澳大利亚及欧盟国家等国家的政府官员参加该仪式，美国声称一共有60个国家（地区）代表参加会议，并对宣言表示支持。会后发布的宣言首先表明了所谓对"部分权威主义型政府限制开放型互联网的使用，越来越利用互联网平台和数字工具达到压制表达自由、否定人权和基本自由的目的"等现象的担忧，认为应当在互联网和数字技术领域作出以下几个方面努力：一是保护人权和基本自由；二是构筑覆盖全球的无阻断的互联网；三是保障顺畅便利的互联网连接；四是构建可信赖的清洁的数字系统；五是坚持多元化互联网治理原则。对于全球互联网则要努力实现以共同价值观为基础、可信赖且自由传输数据的互联网。清洁的数字系统涉及保护个人隐私、可信赖的互联网基础设施和服务提供者等内容。宣言参与国将坚持上述原则，推进互联网建设。实际上启动这一宣言的真正目的为联合其他国家一起对抗俄罗斯、中国日趋提升的数字经济优势。用意识形态和政治化偏见为互联网空间和数字技术应用贴标签，这种主张严重背离了目前WTO、二十国集团（G20）、APEC、OECD等多边平台上数字经济规则制定的方向，将为互联网及数字经济领域带来新的不确定性甚至严峻挑战。

（五）供应链重组中的大国博弈和安全风险

近几年来，受美国加征关税和新冠肺炎疫情的叠加影响，主要经济体对维护自身产业链、供应链安全稳定的重视程度空前提高，基于地缘政治冲突的供应链重组问题的大国博弈日趋激烈，西方鼓吹的中美"脱钩论"起到了推波助澜作用。特朗普执政时期，美国进一步扩大了出口管制对象范围，首次将新兴技术的早期研究成果及其基础技术列入出口管制范围，并且以危害美国国家安全为由，将中国的大批企业、研究机构甚至学者个人列入黑名单，限制美国企业和相关机构与中方的合作，禁止美国政府部门采购中国特定企业产品。

拜登政府执政后，延续了前届政府的做法，《2019财年国防授权法案》（NDAA 2019）仍然作为美国安全战略的主要法律依据和范本，并不断得到实际落实。在新冠肺炎疫情持续蔓延背景下，2021年2月拜登签署了强化重要商品和材料供应链的总统令，其中特别强调了和在人权与环境等问题上同美国具有相同价值观的同盟国、伙伴联手的必要性。总统令要求美国相关部门针对半导体芯片、电动汽车用电池等大容量蓄电池、稀土等重要材料和战略性物资、医药品及其医药有限成分等4类产品，在100日内完成有关供应链情况及其风险分析和应对策略等内容的报告并向总统提交；同时要求相关部门在1年内完成并提交有关国防、公众卫生及生物防御、信息通信、能源、运输、农作物及粮食等6类产业基本情况的报告。这些分析结果将被用于制定相应的供应链安全对策。

美国等西方国家力推"共同价值观"供应链重组，高调渲染所谓"民主"国家之间紧密联手的重要性，使用美式"人权"标准作为供应链重组的关键尺度，肆意将市场竞争对手列入实体名单实施制裁，并将这套做法通过立法和强化战略同盟关系等手段逐步在更大范围内实施和复制。2021年底，美国总统拜登签署法案，以"强制劳动"为名全面禁止来自新疆的产品进口，在双重标准下的所谓"人权"组链操作上又迈出了实质性的一步。这种做法还可能向更多领域进一步扩散，对多边主义基础上的国际规则造成极大破坏。

以应对芯片等重要资源和产品全球供应链危机为由，美国和西方盟友之间政策协调的机制化建设正在迅速推进。2021年9月29日，TTC举行了首次会议。美欧双方同意加强半导体供应链的跨大西洋合作，为10个专业工作小组明确了下次会议前需关注的重点领域。TTC已经成为美欧试图协调全球贸易、经济和技术等关键问题的新平台，重点要开发并保护关键和新兴技术。2022年1月21日，美日经济版"2+2"会谈机制正式确立，该机制主要作用是协调两国的出口管制、供应链、技术投资、基础设施建设等政策，即涉及经济安全保障的合作问题。美日借此机会还强调了双方在印太地区扩大合作的重要性。此前，2021年11月15日，美日之间还设立了美日工商伙伴关系（JUCIP）。双方强调通过JUCIP强化两国经济的竞争力和韧性，共同维护自由、公正的经济秩序，相互提供机会以追究支持扭曲贸易政策等非市场经济行为的中国等国的责任。在这之后，作为双方合作的成果之一，美日共同编制发布了半导体合作基本原则，决意加强半导体领域的供应链合作和出口管制合作。

在和主要盟友形成双边协调机制的基础上，美国还试图通过这些机制之间的网络化建设，对全球供应链重组发挥主导作用，以实现其与中国"脱钩"的意图。在一些双边磋商场合，美国总是在强调要强化IPEF、TTC等之间的联系。与此同时，美国自身以及和其他经济体之间关于供应链的双边协调还在更大范围内不断推进，一些盟友也在跟进。例如：2022年2月，美国国会众议院通过包括支持半导体制造业发展在内的强化竞争力法案；2022年2月，欧盟委员会发布关于强化半导体研究开发生产和稳定供给法案；2022年2月，英国和韩国达成强化贸易关系和供应链坚韧度合作意向等；2022年5月，马来西亚与美国签署半导体供应链弹性合作备忘录。这些对围绕中国市场的供应链重组和直接投资有可能产生较大不良影响。

二、发达经济体外商投资国家安全审查制度的实施进展和影响

近来，受美国激进贸易保护主义政策和新冠肺炎疫情冲击等重大事件的影响，全球经济遭受重创，国际经济环境日趋复杂、多变和严峻。许多国家为了稳定国内经济，增强产业抗风险能力，更加重视国家安全，将经济安全列为确保产业链、供应链稳定的重要标准。例如，截至2020年年

底，已经有 34 个国家引进了外商投资安全审查制度，涉及的跨境直接投资占全球跨境直接投资存量的 67%。在这一背景下，美国、欧盟、日本等发达经济体的外商投资国家安全审查制度发挥了引领和示范作用。

（一）美国的外商投资安全审查力度持续加大

美国的外商投资国家安全审查制度由来已久，主要由设在财政部的美国外国投资委员会（CFIUS）负责执行。和反垄断法律有所不同，过去因为没有判别标准，美国的外商投资安全审查主要由委员会专家讨论作出评估，故该做法经常受到中国等其他国家的批评。

2018 年 8 月，特朗普执政的美国政府公布了 NDAA 2019，明确提出了新一轮所谓国家安全战略调整方针，内容涉及尖端技术研发有关的出口管制、投资管理、特定企业生产通信设备的政府采购、网络安全等诸多领域，明显强化了国家安全管理措施。在这一框架下，被列入 NDAA 2019 组成部分的《外国投资风险审查现代化法案》（FIRRMA）在 2020 年 2 月正式生效，加大了对外商投资的安全审查力度，涉及基础设施、重要技术以及个人机密的项目，也被列入严格审查范围内。

过去，美国对外国投资者针对美国企业的兼并收购交易并没有事前报告要求，只是通过安全审查机制进行事后稽查。但是新的法律实施后，美国建立了所谓事前报备的"简易版申请"通道，外国投资者需要事先主动提交 5 页纸左右的简易版投资项目报备，以避免事后被选为稽查项目将承担的繁复程序。但实际上事后稽查的项目与是否提前报备没有直接关系，相当于变相增加了事前备案措施。根据美国财政部 2021 年 7 月公布的 2020 年度外商投资安全审查报告，使用事前简易申请的案件数明显增加；其中，在国别统计中，日本居第一位，共有 37 项；加拿大有 34 项；英国有 24 项。美国的这三个盟友位居前三，说明一些企业希望通过提交简易申请文件方式主动回避可能被稽查后承担更加繁复程序要。在 2020 年 CFIUS 对 117 件事前未申请投资项目进行的稽查中，有 17 件被要求进入正式审查程序，可见被稽查而遭受严格审查的概率比较高。另外，从 2018 年至

2021年3年累计被稽查国别项目数来看，中国为97项，位居第一，日本96项，加拿大63项，中国企业投资项目仍然是最受到美方关注的审查对象。

（二）欧盟的外商投资国家安全审查制度及其影响

欧盟从2016年起陆续颁布实施了强化出口管制政策。在外商投资管理方面，2019年欧盟批准了"欧洲投资规则"，并于2019年4月正式生效。这一规则要求欧盟委员会和成员国之间保持关于外商投资的信息交换。按照这一规则，欧盟委员会和成员国可以对外商投资可能对国家安全和公共秩序造成的风险采取必要限制措施，特别强调对能源、医疗、数据存储以及AI、半导体等重要技术领域的潜在影响保持高度关注。欧盟的外商投资安全审查制度始于2020年10月。欧盟要求所有成员国设置外商投资国家安全审查制度，但不作为强制性义务。截至2021年7月底，18个成员国已经实行这一制度，6国成员国正在推进，只有保加利亚、克罗地亚、塞浦路斯等3个成员国决定不实行这一制度。

新冠肺炎疫情发生后，欧盟进一步加大了对重要领域的安全监管力度。在欧盟2021年5月发布的2020产业战略更新报告中，欧盟对电池和半导体等重要物资对区域外依赖情况进行了分析，提出了降低对特定国家依赖程度等政策要求，并从欧盟进口的5200类商品中筛选出137类依赖度较高的商品予以关注，由于其中的34类（能源、化工、药品原药等）在区域内无法替代，被列为具有较大供应链安全风险的商品，欧盟在此基础上提出了具体对策：一是促进区域内标准化和适应性合作，提高区域内物资供给的便利性；二是加强国际伙伴关系建设，防控对特定国家进口依赖度较高的可能风险；三是建立政企协同联盟机制，促进半导体等核心技术领域研发创新。德国、法国、西班牙等欧盟主要国家的供应链政策导向包含了人权、价值观等政治化原则，但是和美国刻意针对中国的"脱钩"政策相比存在较大差别，总体来看欧盟对加强中欧经贸合作具有较强意愿和主动性。

欧盟委员会2021年11月公布的审查制度实施情况报告显示，2020年

10月至2021年6月期间，进入欧盟成员国投资的项目共有1793项，其中79%的项目无条件通过，12%的项目要求补充说明材料，2%的项目未被通过，要求必须修改投资规划。另外，该报告还显示，在受到关注的外商投资项目中：制造业、信息和通信技术（ICT）、批发零售行业的受关注项目最多；金融方面ICT领域合计金额最大，单项金额从1200欧元到340亿欧元不等；从国别来看，美国和英国的项目加起来超过半数，中国的项目占比8%。

（三）日本的经济安全政策

根据日本经济产业省于2021年发布的2021年通商白皮书（以下简称白皮书），日本的经济安全政策调整的主要方向是支持企业加大半导体、数字基础设施及其产业领域的研究开发力度，在加强和美国、欧盟等的合作的基础上，发挥日本在技术应用、生产环节的中心作用。白皮书认为，日本和"志同道合"国家之间在关键技术领域的战略性合作已经初见端倪。一是在2021年4月举行的日美首脑会议上，日美双方已经就培育和保护重要技术、加强包括半导体在内的重要产品供应链合作等问题达成一致；二是2021年5月举行的日欧首脑会晤中，双方确认了携手合作、致力于提升半导体等重要产品全球供应链坚韧性的一致意见；三是美国、澳大利亚、印度、日本等四国在首脑会谈后发布了四国设立有关重要新兴技术、气候变化应对联合小组，在重要新兴技术、气候变化领域加强四国之间以及四国与其他"志同道合"国家之间合作的共同声明。白皮书还强调，在各国加强经济安全保障，"志同道合"国家之间的合作框架正在逐步形成的背景下，日本企业要高度关注各国外交和经济安全保障政策的新动向，在此基础上确定自身发展战略。由此可见，日本的经济安全政策调整主要以联手美欧、拉紧印澳等国的"群体安全"为目标，这也是日本始终鼓吹的"价值观外交"的具体体现。日本虽然并没有明确建立外商投资安全审查制度，但从近年美日政策协调透露出的信息来看，美国的国家安全标准对日本具有指导作用。

三、我国统筹高水平开放和总体安全的根本要求

发达国家以维护经济安全为由在供应链政策上表现出的政治化倾向，严重背离全球化和市场经济规律，将极大损害跨国公司和消费者的利益，难以得到各国企业的积极响应。特别是美国针对中国的"脱钩"政策，无法改变中国是跨国公司主要目的地的投资布局调整趋势。2020年以来中国实际使用外资逆势增长、结构持续优化的结果已经很好地印证了这一点。但是，面对日趋复杂多变和严峻的国际经济环境，为了防止美国等西方国家遏制中国发展的企图得逞，中国必须在维护国家安全、保障产业链供应链稳定等事关国家可持续发展大局的重要领域，谋划和实施新的战略举措。

（一）在复杂外部环境下坚持总体安全观的重要性

总体安全观就是总体国家安全观，其内涵可以归结为国家安全的五大要素和五对关系。五大要素指国家安全必须以人民安全为宗旨，以政治安全为根本，以经济安全为基础，以军事、文化、社会安全为保障，以促进国际安全为依托。五对关系则指保障国家安全必须处理好的五对关系：既重视发展问题，又重视安全问题；既重视外部安全，又重视内部安全；既重视国土安全，又重视国民安全；既重视传统安全，又重视非传统安全；既重视自身安全，又重视共同安全。

经济安全是国家安全的重要组成部分，也是总体安全观在经济领域的重要体现。2021年起正式实施的"十四五"规划纲要对我国"十四五"时期和至2035年的中长期经济安全战略作出了全面部署，提出了实现重要产业、基础设施、战略资源、重大科技等关键领域安全可控，着力提升粮食、能源、金融等领域安全发展能力等政策要求。针对美国在科技领域设置障碍等"卡脖子"问题，规划还特别强调要在事关国家安全和发展全局的基础核心领域，制定实施战略性科学计划和科学工程。瞄准人工智能、量子信息、集成电路、生命健康、脑科学、生物育种、空天科技、深地深

海等前沿领域，实施一批具有前瞻性、战略性的国家重大科技项目。要从国家急迫需要和长远需求出发，集中优势资源攻关新发突发传染病和生物安全风险防控、医药和医疗设备、关键元器件零部件和基础材料、油气勘探开发等领域关键核心技术。

产业链、供应链安全稳定是经济安全的重要组成部分。在国内国际双循环的新发展格局建设中，确保产业链、供应链安全稳定，关键在于提升产业链、供应链的现代化水平，"十四五"规划纲要对此作出了明确部署。一是坚持经济性和安全性相结合，补齐短板、锻造长板，分行业做好供应链战略设计和精准施策，形成具有更强创新力、更高附加值，更安全可靠的产业链、供应链。推进制造业补链强链，强化资源、技术、装备支撑，加强国际产业安全合作，推动产业链、供应链多元化。二是立足产业规模优势、配套优势和部分领域先发优势，巩固提升高铁、电力装备、新能源、船舶等领域全产业链竞争力，从符合未来产业变革方向的整机产品入手打造战略性、全局性产业链。三是优化区域产业链布局，引导产业链关键环节留在国内，强化中西部和东北地区承接产业转移能力建设。四是实施应急产品生产能力储备工程，建设区域性应急物资生产保障基地。五是实施领航企业培育工程，培育一批具有生态主导力和核心竞争力的龙头企业。六是推动中小企业提升专业化优势，培育专精特新"小巨人"企业和制造业单项冠军企业。加强技术经济安全评估，实施产业竞争力调查和评价工程。"十四五"规划的明确要求对我国弥补关键领域中的薄弱环节，提升产业链安全水平具有重要指导意义。

（二）维护重点产业技术创新链安全稳定的重要性

互联网和数字技术迅速发展，成为引领产业技术创新的重要力量。中国已经是全球重要的数字产品贸易大国之一，2020年数字产品出口、进口分别占全球的23.9%和16.9%，比2017年明显上升。数字产品贸易在满足国外生产者和消费者数字产品需求的同时，也为国家扩大数字零部件、设备出口作出了积极贡献。

中国数字产品生产和跨境贸易构成全球数字产品产业链和供应链的重

要组成部分，具有全球分工合作生产的典型特征，但仍处于数字产品全球价值链的中低端位置。以 2019 年数据为例，从进口来看，零部件进口额相对最终制成品进口额的比重达到 3.9%，高于美国、日本、韩国、中国台湾、东盟等五个经济体；零部件出口额相对最终制成品出口额的比重最低，而且集成电路等核心零部件和关键设备长期依赖进口。我国数字产业正面临着美国等发达国家试图通过"脱钩"阻挠我国在这一重要新兴产业领域进行技术创新的巨大风险。

表 7-1　主要经济体数字产品贸易额占贸易总额比重比较

	年份	美国	欧盟	中国
数字产品出口额占出口总额比重（%）	2017	16.3	10.6	31.2
	2020	17.1	11.8	33.2
数字产品进口额占进口总额比重（%）	2017	19.3	12.1	29.8
	2020	20.1	13.9	32.1

数据来源：作者根据 WTO 贸易统计数据计算整理。

表 7-2　主要经济体贸易占全球贸易比重

年份	贸易商品类型	各经济体出口占全球比重（%）			各经济体进口占全球比重（%）		
		美国	欧盟	中国	美国	欧盟	中国
2017	数字产品零部件	7.2	15.4	18.3	8.3	15.4	25.1
	数字产品成品	10.0	27.9	30.4	21.5	30.5	7.1
	数字产品合计	8.5	21.2	23.9	14.3	22.3	16.9
	贸易总额	8.9	34.0	13.1	13.2	32.9	10.1
2020	数字产品零部件	6.3	13.0	19.8	7.6	13.7	27.2
	数字产品成品	8.4	26.4	32.7	20.3	28.6	8.3
	数字产品合计	7.3	19.1	25.7	13.3	20.3	18.7
	贸易总额	8.3	31.6	15.1	13.3	29.4	11.7

数据来源：作者根据 WTO 贸易统计数据计算整理。

表7-3　2020年中国数字产品竞争力

优劣势分组	商品名称及贸易特化系数（%）
优势很大 （80%—100%）	手机（98.6）、小型无人机（94.6）、音响（93.7）、办公设备（93.1）、影像设备（91.2）、无人机（85.1）
优势较大 （40%—80%）	通信设备（67.1）、计算机及其周边机器（66.7）、无线远程遥控器（65.8）、航空摄影用无人机（62.4）
优势一般 （0—40%）	3D打印机（30.0）、计算机及周边设备（22.8）、其他电子零部件（19.1）、半导体（14.3）
劣势一般 （−40%—0）	医疗电子器械（−3.0）、计量和检测设备（−11.5）
劣势较大 （−80%—−40%）	半导体及电子元器件（−42.1）、集成电路（−49.7）、工业机器人（−62.2）
劣势很大 （−100%—−80%）	半导体制造设备（−84.1）

注：贸易特化系数=（出口−进口）/（出口+进口）×100%。

数据来源：作者根据WTO贸易统计数据计算整理。

　　维护数字产业等战略性新兴产业的技术创新链安全稳定，关键在于提升自主创新能力和加强与位于产业链上游的跨国公司之间的创新合作。华为技术有限公司等一批优秀企业提供了可借鉴的成功范例。一是加大研发投入和创新力度，采取开放式和联合创新模式，在数字产品核心零部件研发领域取得新突破，弥补产业链上的短板和缺失环节。例如，华为已经连续五年成为全球注册国际专利件数最多的公司，这项成就与其在5G领域的领先优势和大量自主创新的成果积累密不可分。二是通过高水平开放吸引国际上位于产业链上游的跨国公司来华投资，由此形成核心零部件生产能力和技术溢出效应，有助于提升中国数字产品竞争优势。三是中国企业到欧美等发达国家投资，通过并购、绿地投资方式，与跨国公司合作生产和研发，有利于稳定上游供应链和产业链。

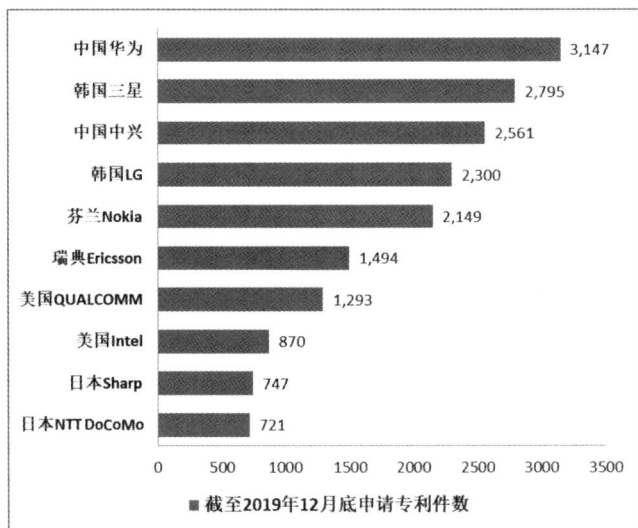

图7-3　全球申报5G技术专利前十公司排名

数据来源：德国知识产权调查机构。

（三）统筹高水平开放与总体安全的制度建设

2015年，《中华人民共和国国家安全法》（以下简称《国家安全法》）正式颁布实施，其中包括了关于外商投资安全审查的内容，明确规定国家建立国家安全审查和监管的制度和机制，对影响或者可能影响国家安全的外商投资、特定物项和关键技术、网络信息技术产品和服务、涉及国家安全事项的建设项目，以及其他重大事项和活动，进行国家安全审查，有效预防和化解国家安全风险。2020年12月，国家发展和改革委员会、商务部发布《外商投资安全审查办法》（以下简称《办法》），从2021年1月18日起正式施行。根据《国家安全法》的基本精神，《办法》对外商投资的类型、审查机制、申报程序、审查程序、审查决定、监督机制以及处罚机制等方面做了明确规定。我国外商投资准入的国家安全审查进入了法治化新时代。

包括美国在内的许多国家在长期的自由市场经济发展过程中，出于维护国家安全的需要，制定了各类风险管控制度和体制、机制。对以意识形态和政治倾向为标准，追求本国利益优先和最大化的狭隘国家安全观，我们必须坚决批判。但是，从中汲取兼顾市场经济发展与国家稳定安全二者关系的实践经验并为我所用，是我国统筹高水平开放与维护总体安全两个大局的必要之举，外商投资国家安全审查制度建设的成功实践已经很好地说明了这一点。我们还需要认识到，在经济领域，开放条件下形成的安全体系最有利于维护总体安全。根本原因在于，只有在逐步扩大开放的环境中，才有可能积累风险识别和防控的经验，建立健全适应开放环境的有效安全体系。就像一个人仅仅停留在无菌环境中不可能形成抵御外部病菌侵蚀的能力，总体安全体系建设必须在不断扩大开放的过程中持续推进和加强。

《总体方案》明确要"坚持底线思维"，对风险防控体系制度建设作出了周密部署，并对制定实施有针对性防范化解贸易、投资、金融、数据流动、生态和公共卫生等领域重大安全风险的有效措施提出明确要求，进一步丰富了我国高水平开放条件下总体安全观的科学内涵和实践指南。

高标准自贸协定本身具有维护成员国家经济安全的制度性安排，为我国实现高水平开放条件下的经济稳定安全奠定了基础。

2022年1月1日起正式生效的RCEP具有现代化、全面化、高水平和共赢等显著特点，各成员国的贸易投资自由化水平实现大幅度提升，我国承诺的对外开放上升到新的高度。一是货物贸易自由化便利化超过中国、日本、韩国、澳大利亚和新西兰与东盟之间的"10+1"自贸协定。RCEP货物贸易产品中，零关税产品占全体产品的比重超过90%，且主要产品在RCER生效后立刻降税到零和10年内关税降至零。中国对东盟的零关税覆盖率在过渡期最后一年将达到90.5%，对14个成员平均提高到88.5%；生效后第一年立即实行零关税的比例将分别达到67.9%和52.7%。原产地规则和管理采取累积计算方法，RCEP生效后10年内实行第三方开具原产地证明和核定企业自主声明并行模式。过渡期结束后实行企业自主申报的原产地管理方法。二是服务贸易自由化承诺内容范围进一步扩大。服务贸易条款包括市场准入承诺表、国民待遇、最惠国待遇、当地存在、国内法规等规则。部分缔约方采用负面清单方式进行市场准入承诺，对现在采用正面清单的缔约方设置6年过渡期。我国的服务贸易开放承诺比GATS承诺多了22个分部门，还有37个分部门开放水平进一步提高。三是投资规则涵盖投资保护、投资自由化、投资促进和投资便利化等广泛内容。各国承诺实行最惠国待遇、禁止业绩要求，采用负面清单模式并适用棘轮机制。中国在制造业、采矿业、农业、林业和渔业等五大领域实行负面清单管理方式，对前述五个领域的外商投资负面清单包含清单一和清单二两份清单。四是协定中包含了知识产权、电子商务等新议题。其中，知识产权条款涵盖著作权、商标、地理标志、专利、外观设计、遗传资源、传统知识和民间文艺、反不正当竞争、知识产权执法、合作、透明度、技术援助等广泛内容。电子商务条款为多边、区域和双边协定的相关规则制定作出了积极贡献。

RCEP中关于维护成员国经济安全稳定的主要措施有以下三类。一是以清单方式列出成员国重点关注的敏感领域和高度敏感领域，并采取不同的自由化承诺内容和实施路径，其中包括正面清单和负面清单等两种管理方式。负面清单仅列出敏感领域并实行自由化的例外措施，如各国关于投资自由化的不符措施（负面清单）列表、7个国家关于服务贸易自由化的不符措施列表等。正面清单仅列出承诺实行自由化的领域，对未列出的领域实行例外，如中国等8个成员国的服务贸易自由化承诺表等。二是设置过渡期，为所有或部分成员提供减缓自由化冲击的时间。如货物贸易零关税在10年过渡期内逐步实现，原产地规则按照10年过渡期逐步到位，针对服务贸易正面清单设置6年过渡期。另外，根据经济发展水平的不同，RCEP对一些条款有不同过渡期期限要求。三是适用保护性规则。协定中包括了成员国履行承诺和应对风险冲击的规则，在必要条件下可帮助成员国应对可能带来的冲击，如拒绝和承认规则、修改承诺、争端解决机制和保障措施等。

（四）高标准经贸规则的新内涵及我国与高标准经贸规则的差距

我国于2021年9月正式提交加入CPTPP的申请。由于CPTPP的自由化标准相较RCEP有明显提高，谈判启动后，我国将面对更高标准自由化要求的巨大压力。从货物贸易来看，我国现有关税实际减让水平与CPTPP存在很大差距，需要作出取消大量非关税壁垒的承诺；原产地规则管理制度面临大幅度调整压力。从投资领域来看，需要进一步压缩投资准入负面清单，尤其是允许更多服务业投资准入，对我国重点关注的金融、电信、医疗、教育、文化等敏感领域造成较大开放压力。从服务贸易领域来看，大多数服务贸易必须允许境外服务提供商以跨境交付、境外消费、自然人移动等模式直接为境内企业和个人提供服务，监管和风险防控压力显著上升。从规则领域来看，增强了竞争中立、政府采购、环境标准、劳工标准、知识产权保护等"边境后"规制改革的紧迫性。这些新变化将为我国在实现更高水平开放型经济体制建设目标的同时，带来经济社会安全稳定和防控市场开放风险的更高要求。

从国际经验来看，与经济伙伴签署自贸协定等特殊安排有利于建立长期稳定的制度性合作关系，改善外部环境，抵御地缘政治因素的影响和区域外部力量的干扰，实现协定框架下高水平开放和经济安全稳定的协调统一。制度性合作的覆盖范围越大，区域一体化程度越高，越有利于形成全面和稳定的利益共同体。由中国等15个亚太经济体组成的RCEP自贸区，是目前全球最大的自贸区，将为中国营造良好外部环境，打破一些国家的"脱钩"企图，构建全方位互利共赢新型国际合作体系提供有力支撑和保障。我国加入CPTPP，既有利于夯实成员间市场开放承诺的法治基础，也有利于实现更多区域成员经济利益的捆绑，巩固和提升成员相互依存的紧密程度。构建面向全球的高标准自贸区网络是我国开放型经济新体制建设的重大战略举措，符合我国经济社会长期高质量发展的战略需要，也是我国应对外部环境中各种安全风险和挑战的重要抓手之一。我国将在"十四五"时期实施自贸区提升战略，以申请加入CPTPP为契机，加快推进更大范围自贸区网络建设，这对我国依托更紧密制度性国际合作关系、保障经济发展环境安全稳定具有十分重要的作用。以下几个方面的实际成果和新探索值得期待。一是RCEP的正式生效使日本成为与我国建立制度性合作关系的伙伴，这将对东亚地区经济长期稳定产生积极影响。二是中方如果经过谈判实现加入 CPTPP 的目标，我国将把制度性合作网络进一步拓展到英国、加拿大、墨西哥等欧美地区，对我国实现更大范围的经济合作和稳定产生较大影响。三是我国已经提出加入《数字经济伙伴关系协定》谈判，其成员范围可能会包括美国、欧盟等经济体。四是探讨重启中美投资协定谈判的可能性。2013—2016 年中美之间开展了以准入前国民待遇和负面清单为原则的双边投资协定谈判，经过 3 年多的努力，双方关于负面清单的出价和要价已经达到了十分接近的水平，最终由于美国领导人更迭中断至今。五是争取恢复中欧投资协定批准程序。中国和欧盟之间的投资协定谈判在持续多年后，于 2020 年取得实质性进展，进入协定国内审批阶段。这是一份具有创新意义的协定，双方在重要服务业领域投资准入开放和竞争中立政策等领域取得新突破。但在欧洲议会审议期间，该协定由于美国提出的所谓新疆"强制劳动"问题被搁置。

四、海南自由贸易港高水平开放条件下的总体安全能力建设

（一）全面落实总体方案风险防控制度设计的根本要求

2022 年 4 月，习近平总书记在海南考察时强调海南自由贸易港建设要"坚持总体国家安全观不动摇"。实现高水平开放条件下的总体安全是海南自由贸易港建设的必然要求。《总体方案》全文中，"开放"一词出现了 44 次，与此相对应，"安全"一词出现的频次也较大且与其大致相当。这就是海南自由贸易港建设统筹"开放"和"安全"二者关系之重要性的真实表现。越是在高水平开放条件下，确保国家总体安全越具有战略意义和紧迫性。

从国际环境来看，更加重视经济安全成为国际经济环境变化的一大新特点。百年未有之大变局和世纪疫情叠加，地缘政治冲突不断爆发，全球经济遭受重创，国际经济环境日趋复杂、多变和严峻，许多国家为了稳定国内经济，增强产业抗风险能力，更加重视国家安全，将经济安全列入确

保产业链、供应链稳定的重要标准。更为重要的是，美国、欧盟、日本等发达经济体正在加快推进有关重要战略领域的产业链、供应链布局重组，试图形成西方国家相互联手主导的全球生产网络，尤其是美国借机把所谓人权、价值观等政治标准嵌入国家安全政策体系，不断通过制裁、"脱钩"等手段打压竞争对手，为中国等主要发展中国家带来了巨大安全风险。

从国内来看，我国对中长期经济安全战略作出了全面部署。2021年起正式实施的"十四五"规划纲要提出了统筹发展和安全的重要方针，对"十四五"时期和到2035年的中长期经济安全战略作出了全面部署，强调要实施国家安全战略，防范和化解影响我国现代化进程的各种风险，筑牢国家安全屏障，提出强化经济安全风险预警、防控机制和能力建设，实现重要产业、基础设施、战略资源、重大科技等关键领域安全可控等要求。

从海南自由贸易港来看，面对错综复杂的国际环境和外部风险冲击，全面落实国家安全战略部署、科学谋划自由贸易港总体安全策略，对保障更高水平开放型经济建设长期安全稳定至关重要。首先，实行各类生产要素自由便利和数据安全有序流动的自由贸易港制度，可能会引发"一线"进（出）境环节货物人员和运输工具安全风险、口岸公共卫生安全风险、国门生物安全风险、食品安全风险、产品质量安全风险、外商投资国家安全风险、金融安全风险、网络安全和数据安全风险、意识形态安全风险等，海南自由贸易港必须加强风险识别能力并建立有效的防控体系。

《总体方案》提出"坚持底线思维"的基本原则，明确"风险防控体系"制度设计要求，把加强贸易风险、投资风险、金融风险、网络安全和数据安全风险、公共卫生风险、生态风险等各类风险防控放在重要位置。全面落实《总体方案》要求是维护总体安全的根本举措。海南自由贸易港也要借鉴和创新使用清单管理、过渡期、保障措施等高标准自由贸易协定的风险防控工具，确保中国特色自由贸易港建设总体安全。

（二）着力实施科学合理有效的海南自由贸易港经济安全对策

面对错综复杂的国际经济环境新变化，为了全面落实我国经济安全战略的新要求，海南自由贸易港现代产业体系建设必须科学谋划和制定产业安全策略，确保产业链、供应链长期安全稳定，为自由贸易港高水平贸易投资自由化便利化制度建设提供有力支撑。

一是统筹高水平开放和国家安全。为形成具有国际竞争优势的现代产业体系，海南自由贸易港要逐步建成对标全球最高水平的贸易投资自由化便利化制度，全面实行外商投资准入前国民待遇加负面清单管理制度，促进国内外各种生产要素资源在海南聚集。在此基础上，必须根据国家安全战略要求，实行外商投资国家安全审查制度，防范投资可能引发的一切经济安全风险。建议海南根据国家安全战略基本要求，兼顾海南经济体量较小、"二线"设置有利于实现安全风险的"防火墙"作用等特点，制定并实施涉及领域较少的安全审查正面清单。目前国家已经在自贸试验区外商投资安全审查制度建设中积累了经验，海南可在借鉴国家现行办法和经验的基础上，建立以"承诺即入+事中事后监管"为主要原则的安全监管制度，涉及国防、领土领海保护、重大基础设施等重要领域以外的项目不再列入事前安全审查对象。

二是健全产业安全保障体系。完善与海南自由贸易港贸易投资自由化便利化制度相匹配的产业安全监管和风险防控体系。健全产业损害预警体系，丰富贸易救济等政策工具，妥善应对特定商品进口激增导致的产业冲击，建立健全反垄断审查和反不正当竞争行为监管体制。

三是增强经济发展环境保障能力。海南自由贸易港要通过加强对资金跨境流动常态化监管和风险预警机制建设，强化对外资产负债监测，建立健全口径外债监管体系，完善境外投资分类分级监管体系等措施，为开展国际化业务活动的企业提供安全稳定的投融资环境。考虑到海南自由贸易港建设的特殊性，建议取消对海南保持国际收支基本平衡的监测要求。

四是建立核心关键技术安全清单管理。基于海南自由贸易港高新技术产业发展现状和未来结构调整预期目标，制定海南自由贸易港核心关键技术安全管理清单，对涉及航天、深海科技、热带农业种质资源等领域的外国投资、现有实体对外投资和货物及服务出口进行必要监管和限制。

五是加强重要资源和产品全球供应链风险预警体系建设。海南自由贸易港应当在全面分析主要产业对各类资源的境外依存度，明确需要重点关注的资源、来源地和运输通道等重要信息的基础上，建立重点风险预警机制，通过加强国际供应链保障合作，构建海外利益保护和风险预警防范体系，依托国家驻外外交领事机构加强领事保护能力，维护海外公民、机构安全和正当权益，为跨境产业分工形成的产业链、供应链安全稳定提供有力支撑。

六是增强产业链、供应链的坚韧度。维护产业链、供应链安全稳定的关键是增强"双链"自身的坚韧度。海南自由贸易港构建现代产业体系首先需要把强化产业链、供应链的坚韧度作为重要目标。为此，要充分发挥政府的引导作用。建议海南对现有主要产业的上下游关系进行全面梳理，针对产业链中境外依存度较大的薄弱环节，鼓励企业加大研发创新力度，自主提升，同时吸引岛外，特别是境外相关领域企业到海南投资"补链"。海南自由贸易港应当建立产业链信息服务综合平台，为境内外企业对接提供支持；鼓励供应链整合型综合服务业发展，支持金融机构开展供应链金融服务；鼓励具有一定实力的企业"走出去"，面向主要原料来源地和产品销售目的地扩大直接投资，形成中资公司主导的跨境产业分工体系，通过中方实际控制方式增强跨境产业链、供应链的坚韧度。

（三）持续发挥压力测试在风险防控能力建设中的关键作用

压力测试的内涵是在总体制度和政策环境尚未完全形成之前，在局部领域和局部地区创造与封关运作后相近的场景条件，先行实行制度和政策设计的部分内容，测试这些制度和政策设计的实际效果，发现可能出现的风险，并为完善制度设计、制定实施方案和建立健全风险防控体系积累有效经验。

压力测试的内涵包括两个层面：一是围绕封关运作工作的需要，就《总体方案》要求的制度和政策开展先行先试；二是为我国实行更高水平开放型经济新体制，根据参与高标准自贸协定谈判的需要开展压力测试。

增强风险应对能力必须处理好"放得开"和"管得住"的辩证关系。

做好压力测试有利于积累自由贸易港制度运行和风险防范经验。同时，压力测试也是处理好"放"与"管"二者辩证关系的主要抓手。要实现高水平开放，必须建立与其相适应的风险防控体系，这就是自由贸易港建设必须坚持的"管得住才能放得开"基本原则的重要体现。压力测试的作用就是首先在总体可控的条件下，在局部范围和局部领域先行先试，探索"放得开"的实践路径，积累"管得住"的风险防范经验，为更大力度、更广范围和更高层次开放做好"管得住"的准备。

在工作实践中，我们还需要重视问题的另外一个方面，如果压力测试无法做到"放得开"，与未来的实际场景差距太大，同样无法为"管得住"打好基础。海南自由贸易港建设实践中一些制度创新试点难以形成更多实际案例，很大程度上与压力测试做不到"放得开"有着直接的关系。这也是海南自由贸易港今后的压力测试需要重点解决的问题。因此，在压力测试过程中，既要坚持"管得住才能放得开"的原则，也要重视"放得开才能管得好"的科学方法。

由于自由贸易港制度和政策实施的"事权"还有相当部分集中在中央职能部门，现行法律法规尚不具备调整到位的条件，对海南存在授权不足现象。因此，为了确保压力测试有力有效，中央部门和海南有关部门需要加强协调合作，共同做好压力测试功能设计和配套环境建设。涉及CPTPP谈判的压力测试，需要在对CPTPP文本进行全面梳理的基础上，结合现有成员磋商阶段的关切和谈判阶段的要价情况，制定预案和海南自由贸易港先行测试的内容清单，在具备条件的领域打造CPTPP的"微缩版"和"样板间"。协定谈判主管部门应充分总结海南自由贸易港高水平自由化制度建设的实际成效，为压力测试提供成功案例和实证支撑。

第八章　海南自由贸易港碳达峰路线图和阶段性目标

世界将迎来碳中和引领下的绿色供应链发展新阶段。我国对实施"双碳"战略作出了全面部署，海南自由贸易港生态文明建设要求被提升到新的高度。到2030年，海南自由贸易港要在确保地区经济取得巨大发展成果的同时，率先完成碳达峰阶段性目标，为碳中和打好基础。实现该目标从现有条件来看存在较大难度，找准碳达峰路径，协同推进节能技术创新，加强低碳型产业体系建设和优化调整能源结构等是破解难题的关键。

一、《巴黎协定》框架下的全球碳中和行动

当前，由于贸易保护主义抬头和新冠肺炎疫情的双重冲击，经济全球化仍然处于低潮。与此同时，以《巴黎协定》框架下碳中和行动为主要目标的"绿色全球化"正在悄然兴起，预示着"绿色"将成为未来新型全球化的重要内涵之一。根据国际能源组织（IEA）的统计，截至2021年4月，全球已经有44个国家宣布执行《巴黎协定》框架下的碳中和计划。其中，欧盟、中国、美国、日本等经济体，覆盖了碳排放量的67%。尤其是2021年美国新政府执政之后重返《巴黎协定》，对全球加快这一绿色进程产生了积极影响。新冠肺炎疫情也对其起到了推动作用，许多国家借助经济复苏的契机，希望把绿色发展放在国家战略的重要位置上。

国际上应对气候变化的绿色行动由来已久，在部分领域已经逐步形成具有一定约束力和强制性的规则，对市场活动产生直接影响。以金融市场为例，近年来，国际资本市场上包含环境要求的 ESG（Environmental Social Govermance，即环境、社会、治理）投资规模不断扩大。全球安防产业联盟（GSIA）的报告显示，2020年全球 ESG 投资规模已经由2018年

的30.7万亿美元增加到35.3万亿美元，增幅达15.05%，占全球总资产管理规模的36%，对企业调整资金筹措条件具有十分重要的引导作用。另外，关于碳排放量的评估也由仅限于企业自身排放量标准向产业链整体排出量标准逐步转变。减少碳排放成为大中型企业产业链布局调整决策的重要条件之一，与此同时，企业还面临越来越多的来自消费者、政府、投资人、上下游供应商等各种利益相关方的压力。

一个国家在履行国内批准程序的基础上成为《巴黎协定》缔约方，并根据协定要求作出实现碳减排和碳中和的承诺，就意味着履行这些承诺将不是仅限于道义上的责任，而具有了法律意义上的强制性和约束力，政府和企业都必须采取与其相适应的行动。

国际能源组织根据《巴黎协定》计划编制并发布的全球碳中和路线图和时间表，成为多数国家制定本国政策的主要参考依据。多数发达国家的碳中和目标计划到2050年实现。按照共同而有区别的责任原则，中国等发展中国家实现碳中和的目标时间可以晚于发达国家。根据这一路线图，2021年，各国应停止开发新的油田和气田项目，停止批准新的煤矿开采项目，停止批准新的燃煤发电厂项目；2030年，电动汽车销售量占比达到60%，所有新建建筑物实现碳中和；2035年，停止销售所有燃油汽车；2040年，全球所有电力部门实现碳中和，50%以上建筑物实现碳中和；2050年，90%以上的发电项目使用可再生能源，其中70%以上使用太阳能和风能，85%以上建筑物实现碳中和。就此而言，各缔约国都需要通过编制时间表和路线图，将实现碳中和的措施具体化和细化。

二、中国的"双碳"工作目标和面临的挑战

2020年9月，习近平总书记在第七十五届联合国大会上宣示：二氧化碳排放力争于2030年前达到峰值，努力争取2060年前实现碳中和。2021年全国两会通过的"十四五"规划将碳达峰、碳中和列为"十四五"时期和2035年远景目标。根据应对气候变化的全球共识和相关协定精神，作为发展中国家，中国承诺实现碳中和目标的时间比美欧日等发达经济体承

诺的2050年要晚10年，但从实现碳达峰到碳中和的时间间隔来看，所花费的时间远远短于发达国家。为此，中国在实现碳达峰和碳中和目标过程中将会面临许多挑战，需要为此付出艰苦努力。

2021年10月，《中共中央 国务院关于完整准确全面贯彻新发展理念做好碳达峰碳中和工作的意见》发布，对我国实现碳达峰、碳中和国家行动的总体要求、主要目标、实施路径和重要举措等作出了全面部署。以此为标志，实现碳达峰和碳中和已经上升为重大国家战略，与其相适应的法治化、制度化建设将持续深化，低碳发展的目标要求和重要举措将日趋明确并得到全面落实。

在推进"双碳"工作中，中国经济也将面临一些新的挑战，对此我们要保持清醒认识，处理好碳减排与经济发展之间的关系。

一是中国仍然处于工业化的中后期发展阶段，经济增长对能源消费的依赖程度远高于全球平均水平，碳减排的经济压力远超其他国家。根据IEA的统计，2018年中国碳排放量占全球碳排放总量的四分之一以上，位居全球第一。全球碳排放强度每减少1%，中国碳排放量强度至少需要降低1.87%。除此之外，中国碳减排还存在结构性因素的影响。如下表所示，工业部门中需要关注的高耗能行业较多，对总体能源消费增长的影响较大。

表8-1　工业部门能源消费强度与能源消费增长贡献率行业分布

		按照2017年能源消费强度分组（吨标准煤/万元营业收入）	
		（A） 高（1吨以上）	**（B）** 一般（1吨以下）
2012—2017年行业能源消费增长对消费总量增长贡献率分组（拉动总量增长百分点）（%）	（I） 高 （1%以上）	石油、煤炭及其他燃料加工业、化学原料及化学制品制造业	有色金属冶炼及压延加工业、金属制品业

续表

		按照2017年能源消费强度分组（吨标准煤/万元营业收入）	
		(A) 高（1吨以上）	(B) 一般（1吨以下）
（Ⅱ） 一般 （1%以下）		农副食品加工业、非金属矿物制品业、黑色金属冶炼及压延加工业	纺织业，橡胶和塑料制品业，造纸及纸制品业，其他制造业，电气机械及器材制造业，通用设备制造业，汽车制造业，废弃资源综合利用业，化学纤维制造业，木材加工及木、竹、藤、棕、草制品业，酒、饮料和精制茶制造业，文教、工美、体育和娱乐用品制造业，计算机、通信和其他电子设备制造业，专用设备制造业，食品制造业，印刷和记录媒介复制业，医药制造业，家具制造业，皮革、毛皮、羽毛及其制品和制鞋业，纺织服装、服饰业、金属制品、机械和设备修理业，烟草制品业，铁路、船舶、航空航天和其他运输设备制造业，仪器仪表制造业

注：（1）能源消费强度=能源消费量（吨标准煤）/行业营业收入（万元）×100%；能源消费增长贡献率=（2012年行业能源消费量－2017年行业能源消费净增量）/同期全部工业能源消费净增量×100%。

（2）AⅠ为需要重点关注的高耗能行业；AⅡ为高耗能但对总体影响较小的行业；BⅠ为耗能一般但对总体能耗量增长影响较大行业；BⅡ为能耗压力相对较小行业。

信息来源：作者根据中国统计年鉴数据计算分组。

二是中国作为全球最大制造业国家，电力、运输和商品制造等耗能较大，行业所占比重偏高，降低能源消费对重点产业发展约束较大。以2018年我国一次能源消费量为例，工业部门占比达65.9%，按照现有工业能源强度（1.933吨标准煤/万元工业增加值）测算，要使工业能源消费量减少1%，工业生产（增加值）至少需要减少4.2%，相当于国内总产值相应下降1.37%。

三是中国作为全球最大货物贸易国家，巨额贸易顺差导致进口国消费产生碳排放量以中国国内生产排放名义计入了中国碳排放总量，增加了国际协调和国内碳减排压力。按照2015年投入产出表测算，因贸易伙伴消费需要生成但被记入中国生产碳排放总量，扣除中国进口含有碳排放量后的碳排放量达到13.03亿吨，相当于中国为商品消费国多增加了大约14%的碳排放量。

面对挑战，当务之急是全面贯彻党中央、国务院决策部署，集中力量做好科学规划和政策实施工作。2021年10月，国务院印发了《2030年前碳达峰行动方案》，海南省也面临着做好分阶段工作方案的重要任务。

三、海南推进碳减排的有利条件

鉴于我国尚未发布有关碳排放的统计数据，课题组利用国家统计局的能源统计数据，在综合计算14类能源碳排放参数基础上，对2005—2019年全国除西藏以外的30个省区市（包括海南省）的碳排放总量进行了测算。根据测算结果，可以得到以下几点主要结论。一是海南省碳排放规模较小，对我国总体碳减排的影响有限。数据表明，2019年海南省碳排放总量为3825万吨，在同期全国碳排放总量的比重仅为0.33%，在30个省区市中占比最小。二是海南碳排放增速逐步放缓，减碳效果持续显现。2005—2015年，海南省碳排放总量年均增速保持持续下降趋势，但仍明显高于全国平均水平；2015—2019年海南省碳排放总量年均增速则下降到0.13%，比同期全国平均水平低2.85个百分点。三是海南省碳排放强度较低，经济发展对碳排放的依赖性不强。2019年，海南省碳排放强度仅为1.92吨每万元（GDP按1990年不变价格计算），低于全国3.02吨每万元的平均水平，按照由低到高排列，位居全国第七。四是海南省单位生产用能源消费的碳排放率优于全国水平，能源消费清洁化进展明显。2019年，海南省单位能源消费产生的碳排放系数为2.40（吨碳每吨标煤），低于全国2.88（吨碳每吨标煤）的平均水平，在30个省区市排列（由低向高）中仅次于北京，居全国第二。

从现有水平来看，海南节能减排取得明显进展，碳排放总量控制情况优于全国平均水平，低碳绿色型经济发展初见成效。客观来看，海南因岛屿经济条件限制，不适合大规模发展加工制造业，以服务业、农业和渔业为主的产业结构有利于减轻高耗能产业带来的碳排放增长压力；丰富的光能、风能等可再生能源资源有利于大量发展清洁发电，减少化石能源消费；2018年以来严格的房地产调控政策对抑制房地产投资盲目扩张以及由此引发的金属、建材等高耗能产业发展产生了积极效果。这些因素对海南发展低碳经济产生了积极影响，也是海南在碳减排中的优势所在，另外发展"绿碳""蓝碳"等碳汇能力也将为海南自由贸易港实现"双碳"目标提供有力支撑。

四、海南实现碳达峰目标面临的困难

如上所述，从国内省区市之间的比较来看，海南推进"双碳"工作具有一些有利条件。然而，碳达峰约束目标并不建立在横向比较之上，主要由纵向指标决定。到2030年，如果和全国同步实现碳达峰目标，海南碳排放强度要比2005年降低65%，且之后的碳排放总量要持续低于2030年峰值。这对于海南来说并非易事。

第一，海南能源消费弹性系数高于全国平均水平，经济增长加快面临的能源消费增长压力将持续上升。

碳排放的主要来源是化石燃料的消耗。在我国经济保持长期持续增长的情况下，实现碳减排目标的关键在于减少能源消费增量，从而达到减少能源消费总量的目标。海南是我国经济欠发达地区，随着自由贸易港建设的逐步深入，地区经济即将迎来加快增长的新时期。按照现有经济结构测算，海南地区经济增长必然带来高于全国平均水平的能源消费增长，这会明显加大海南自由贸易港与全国同步实现碳达峰和碳中和目标的难度。

能源消费弹性系数能够很好地反映经济增长对能源消费增长的依赖程度。国家统计局和海南省统计局数据显示，长期以来，海南省的能源消费弹性系数明显高于全国平均水平。2019年全国平均能源消费弹性系数是0.54（能源消费弹性系数=能源消费量年平均增长速度/国民经济年平均增长速度），而海南的数值达到0.75。2011—2019年，海南能源消费弹性系数平均为0.78，比同期全国平均水平0.46高出0.32。这意味着，海南省GDP每增长1%导致的能源消费增幅比全国GDP增长每1%的能源消费增幅高出69.6%。假定在2030年之前，海南GDP增长速度达到10%，在能源效率和可再生能源结构不变的条件下，海南自由贸易港的能源消费量年均增长速度将达到7.5%；按照全国同期年均5%的经济增长速度测算，全国能源消费年均增长可能仅为2.3%，通过提升可再生能源比例和能源利用效率使得碳排放趋零的难度明显小于海南。从实际情况来看，2005—2019年海南的年度能源消费量增长了119.0%，高于全国同期80.7%的增长水平。受这一因素的影响，同期海南碳排放总量实际增长了135.8%，高于全国96.9%的平均增幅。海南GDP的电力消费弹性系数与全国平均水平对比有升有降，9年中有4年低于全国平均水平；但从2019年来看，海南省的电力弹性系数为1.48，比全国平均水平提高了1.06倍。

表8-2　海南省碳排放总量及其碳排放强度变化

年份	GDP（亿元/2015年不变价格）	能源消费总量（万吨标准煤）	化石能源燃烧量（万吨）	碳排放总量（万端）	能源消费强度（吨/万元）			碳排放强度（吨/万元）		
					实际值	比2005年增加百分点	比2005年增长（%）	实际值	比2005年增加百分点	比2005年增长（%）
2005	1294	822	727	1622	0.64	0.00	0.0	1.25	0.00	0.0
2010	2377	1315	1106	2612	0.55	−0.08	−13.0	1.10	−0.16	−12.4
2015	3734	1916	1594	3805	0.51	−0.12	−19.3	1.02	−0.24	−18.8
2020	4976	2271	1596	3831	0.46	−0.18	−28.2	0.77	−0.48	−38.6

注：GDP和能源消费总量根据《海南统计年鉴》数据计算；化石能源燃烧消费量根据实际用于燃烧的能源计算；碳排放总量根据14种化石能源的碳含量参数综合估算（于洋：2022年）。

　　第二，海南的工业、商业、交通运输业能源消费强度高于全国平均水平，重点产业对能源消费依赖性较强。根据海南省统计局数据计算，2019年工业部门能源强度指数达到1.81（吨标准煤每万元），比全国平均水平高出0.78；另外，批发零售商业、交通运输业能源强度均大于全国水平。随着自由贸易港建设逐步推进，海南现代产业将迎来较快增长新阶段，其中制造业、商业、交通运输业等重点领域的能源消费强度增长将明显快于其他产业。如何处理好重点产业发展和碳排放之间的关系，也是海南需要破解的难题之一。

表8-3　海南省能源消费和碳排放指标与全国比较

年份	海南省占全国比重（%）			能源消费强度（吨/万元）		碳排放强度（吨/万元）	
	能源消费（%）	碳排放总量（%）	GDP（%）	全国	海南－全国	全国	海南－全国
2005	0.32	0.27	0.53	2.25	−1.62	5.86	−4.61
2010	0.34	0.29	0.53	1.77	−1.21	4.90	−3.80
2015	0.43	0.37	0.53	1.27	−0.76	3.55	−2.53
2019	0.39	0.33	0.52	1.08	−0.62	3.05	−2.28

注：能源消费根据燃烧化石能源总量计算；GDP按1990年不变价格计算。

第三，海南碳排放强度降幅明显小于全国水平，距离65%的目标还有较大差距。截至2019年，海南省碳排放强度达到1.9（吨每万元），比2005年降低36.6%，小于同期全国47.9%的降幅，和2030年达到降低65%要求之间的差距大于全国水平。

第四，目前海南化石能源消费在一次能源消费中占比较高，中短期内难以大幅度下调。根据海南省统计局数据，在2020年海南一次能源消费中，化石能源比重为82.6%，虽然略低于全国水平，但和降低碳排放压力的需要相比差距不小。同期，海南省煤电在全部发电中占比高达47%。由此可见，降低化石能源消费比例，尤其是减少煤电仍然面临长期压力。

五、海南实现碳达峰目标的路径选择

一般来说，碳排放主要源于生产过程中的化石能源消费，化石能源消费则主要由经济增长、产业结构、各产业能源消费强度和化石能源比重等因素决定。课题组根据统计年鉴中相关的有限数据，运用综合指数法进行了因素分析，结果发现2020年海南省化石能源消费比2005年增长了124.0%。其中，因GDP规模扩大而增长了284.7%，因产业结构调整影响减少了32.4%，因各产业能源强度变化下降了0.41%，因化石能源比重降低减少了13.5%。从四个因素来看，经济增长是化石能源消费增长的最主要原因。但今后经济增长不能成为主动调控碳排放的政策变量，降碳关键在于通过其他因素对冲经济规模上升的影响。从2005—2020年的实际表现来看，在其他三个因素中，产业结构调整因素的对冲效果最为明显，其次是能源结构调整，各产业能源消费强度降低的对冲作用十分有限。具体来看，工业能源强度由2005年的1.88吨每万元上升到2020年的2.19吨每万元，说明工业生产中节能技术进步和创新力度较为有限。

综上分析，可通过以下三方面路径降低化石能源消费，减轻碳排放的增长压力。

一是逐步降低经济增长对能源消费的依赖程度。技术创新和节能装备升级有助于提升生产过程中的能源利用效率，减少单位产出化石能源消费。到2025年，如果各产业能源强度普遍降低13.5%，化石能源消费量可能因此减少353万吨，相当于碳排放量下降15.3%。到2030年如果能源强度比2005年降低30%，化石能源消费将因此比2025年降低27.1%，对于缓解经济持续增长的碳排放压力具有重要作用。

二是加快推进产业结构低碳化转型。海南自由贸易港必须把构建低碳型现代产业体系放在重要位置，通过产业结构调整实现低碳发展。指数模型的测算表明，到2025年，如果传统农业和工业、建筑业占GDP比重合计降低7个百分点，服务业占GDP比重提高到67.4%，化石能源消费量将减少36.9万吨，碳排放量将比2020年下降1.4%。到2030年，如果进一步将服务业比重提高到76.4%，化石能源消费量可能比2025年减少36万吨，碳排放量将下降1.2%。

三是不断提升一次能源中清洁能源比重。随着非化石能源占比不断上升，在满足经济增长对能源的需求的基础上实现碳排放量下降的条件会更加成熟。到2025年，如果化石能源在一次能源消费中比重由2020年的82.6%降低到70%，化石能源消费量将可能因此少增加342万吨，相应碳排放量少增长15.3%。2030年化石能源占比进一步降至60%，将可能使碳排放量比2025年少增长0.6%。

测算结果显示，假定2020—2025年海南GDP年均增长10%，经济增长因素可能使化石能源消费量净增996万吨，碳排放量相应增长61.1%；如到2030年海南GDP继续保持10%的年均增速，化石能源消费量将可能比2025年净增833万吨，碳排放量相应增长37.5%。从上述三大路径来看，只选择其中任何一个，仅能部分对冲因经济增长产生的化石能源消费增长压力。海南必须协同推进、综合施策，将政策措施落实到位，才有可能形成叠加影响，在确保经济持续较快增长的同时，逐步实现阶段性降碳目标。测算结果验证了这一点。到2025年，三大类措施并举并落实到位，海南化石能源消费总量比2020年增长幅度有可能控制在16.4%以内，即年均增长控制在3.1%以下，明显低于2005—2020年5.5%的年均增长。这将为之后碳排放量增幅逐步缩小直至转为负增长打好基础。在同样条件下，到2030年化石能源消费总量将比2025年减少1.6%。这意味着海南有可能提前1—2年实现碳达峰目标。

表8-4　不同情景下化石能源消费增量和碳排放增长测算表

政策因素	时期（年）	情景假定条件（政策调控目标）	期末比期初化石能源消费净增量（万吨标准煤）	期末比期初碳排放	
				累计增长（%）	年均增长（%）
综合	2005—2020	实际发生情况	903	124.0	5.5
	2020—2025	四个因素均按照本时期情景发生变化	267	16.4	3.1
	2025—2030	四个因素均按照本时期情景发生变化	-35	-1.6	-0.3

续表

政策因素	时期（年）	情景假定条件（政策调控目标）	期末比期初化石能源消费净增量（万吨标准煤）	期末比期初碳排放	
				累计增长（%）	年均增长（%）
GDP（按2015年不变价格计算）	2005—2020	实际年均增长9.4%	2074	284.7	9.4
	2020—2025	年均增长10%	996	61.1	10.0
	2025—2030	年均增长10%	833	37.5	6.6
产业结构调整	2005—2020	实际产业结构变化	−908	−32.4	−2.6
	2020—2025	期末服务业占比提高到46.4%	−37	−1.4	−0.3
	2025—2030	期末服务业占比提高到76.4%	−36	−1.2	−0.2
各产业能源消费强度变化	2005—2020	能源强度实际变化	−8	−0.4	0.0
	2020—2025	假定期末能源强度普遍比期初降低13.5%	−350	−13.5	−2.9
	2025—2030	期末能源强度普遍比2005年降低50%	−819	−27.1	−6.1

续表

| 政策因素 | 时期（年） | 情景假定条件（政策调控目标） | 期末比期初化石能源消费净增量（万吨标准煤） | 期末比期初碳排放 | |
				累计增长（%）	年均增长（%）
化石能源消费占一次能源消费比重	2005—2020	实际变化情况	−254	−13.5	−1.0
	2020—2025	期末化石能源占比下降到70%	−342	−15.3	−3.3
	2025—2030	期末化石能源占比下降到60%	−13	−0.6	−0.1

注：（1）2005—2020年数据为实际发生结果；2020—2025年和2025—2030年数据根据各自情景假定条件下综合指数计算结果。

（2）化石能源消费是碳排放的主要来源，不同时期碳排放量相对变化与化石能源消费量变化方向一致，相对变化数量差异很小，可忽略。

（3）各产业能源消费强度=各产业能源消费量/行业增加值（按照2015年不变价格）；产业结构根据各行业增加值占GDP比重计算。

六、做好碳达峰工作的重点政策建议

考虑海南经济发展水平较低、碳排放总量小对全国影响十分有限、碳汇能力溢出效应较大等因素，建议国家对海南实行适度有所区别的目标要求和特殊安排，并在基础设施建设项目布局、新能源建设投资、双碳配套资金支持等方面给予必要倾斜。建议国家创新碳汇溢出效应评价和补偿机制，利用碳排放权交易促进资金要素流向海南自由贸易港。建议海南在充分发挥生态环境优势，持续推进碳汇能力建设的同时，通过各项碳减排措施相互配合、综合施策，创造与全国同步，甚至快步实现"双碳"目标的有利条件和工作业绩。

在大幅度降低化石能源占比、加快产业结构调整和通过技术进步大幅度降低能源强度的条件下，海南可实现确保年均经济增长10%目标的同时，提前2—3年完成碳达峰目标。其关键在于相关措施要确实有力有效。为此，建议海南做好以下几个方面的工作。

一是切实推进中长期"双碳"行动规划和实施方案研究。研究制定海南自由贸易港碳达峰、碳中和行动规划和实施方案是全面贯彻落实党中央决策部署的迫切需要。建议海南省设立专班，根据国家中长期碳减排的时间表和路线图，明确海南推进"双碳"工作重点任务和阶段性目标，并在科学测算基础上按照行政区划和行业领域逐项分解，为如期实现总体任务提供有力支撑。

二是逐步建立健全"双碳"市场化约束和激励机制。节能技术创新和节能措施的广泛运用对提升全产业能源利用效率至关重要。建议在海南设立碳排放权交易市场，将主要的高耗能产业市场主体纳入其中，通过为碳排放定价，形成有效的市场化约束机制。建议建立和财政转移支付挂钩的地方碳汇能力评价和激励机制，积极研究建立碳汇交易市场是否具有可能性。

三是加大产业节能技术研发创新的政策支持力度。我国节能减排的实践经验表明，产业结构优化调整对能耗降低的贡献大约相当于节能技术进步因素的二分之一。建议海南省对企业节能低碳技术研发和新型节能装备、材料开发利用给予鼓励和支持，将相关领域优先纳入鼓励类产业目录，提供与自由贸易港税制安排相适应的特殊税收优惠；按照"领跑者"（实际达到的标准最优）水平制定行业节能标准，实行产品和服务绿色低碳标识制度，引导形成节能减排的市场激励和制约机制。

四是强化产业结构低碳化政策导向。建议海南省根据能源消费强度和行业能源消费增长贡献率等双重指标，对各产业在发展低碳产业体系中的定位进行分析研判，区分限制、允许和鼓励类行业并实行不同的产业政策配套。

五是支持各类企业发展风能、太阳能发电和核电、水电项目。减少化石能源消费是在确保经济持续增长的同时实现碳减排目标的有效途径。建议海南加大清洁和可再生能源体系建设力度，鼓励企业投资风电、水电和光电项目，并给予必要的政府采购和配套设施建设资金支持。建议海南今后不再批准新的化石能源发电设施建设项目，已有燃煤电厂限期完成清洁能源转型，支持国内大型央企增强海南核能发电能力。

六是扩大优质消费品和高耗能产品进口。海南要充分发挥海南自由贸易港零关税政策优势，不断提升商品和服务市场开放水平，在满足国内消费升级需要的同时，扩大优质消费品和服务进口，减少高耗能产品岛内替代生产可能产生的能源消费。

七是加大对低碳型居民生活设施建设的政策支持力度。建议海南针对城市规模日趋扩大可能带来的生活能源消费增长压力做好工作方案，建立建筑开发商碳中和措施配套责任制度，分步骤实现新建和存量建筑碳中和。

八是尽快建立和完善能源消费、碳排放相关统计监测体系。缺乏详尽的产业经济以及能源消费总量、结构性统计数据是当前分析和把握碳排放基本情况、制定低碳产业规划、细化碳减排措施与责任等工作面临的主要制约因素。建议海南加大现有统计部门能力建设，充分利用互联网、大数据等信息化手段，建立科学合理的统计指标体系和数据库，定期发布相关信息和监测报告，为规划研究、政策制定、企业决策、社会监督提供科学依据。

第九章 RCEP的影响与海南自由贸易港建设新机遇

海南自由贸易港临近亚太区域的地理中心，与其他RCEP成员国距离相近、隔海互邻，具有畅联各方、融通内外的区位优势和开放条件。RCEP正式生效为海南自由贸易港叠加自由化效应、提升对外开放水平和加速高标准自由贸易港制度建设、发挥区域贸易投资平台枢纽作用带来了新机遇。

一、RCEP正式生效的全球性意义

2022年1月1日，《区域全面经济伙伴关系协定》正式生效，开启了亚太地区经济一体化的新纪元。RCEP谈判开始于2012年，经历了8年艰难谈判之后，在印度退出的情况下，中国、日本、韩国、澳大利亚、新西兰和东盟十国终于达成一致，在2020年11月成员国政府首脑会议上正式签署了协定。随着RCEP正式生效，中国和日本之间首次共同签署一个自由贸易协定（FTA）并建立制度性贸易关系；中国与其他13个成员国之间已有的自贸协定也实现升级。作为当前拥有22.7亿人口、26万亿美元GDP和5.2万亿美元贸易额的世界最大自由贸易区，RCEP正式生效实施对于促进世界经济繁荣稳定具有重大意义。

（一）RCEP为推动多边贸易体制改革和规则重构提供了成功范例

近几年，关于多边贸易机制改革和规则重构的大国博弈持续加剧，世界贸易组织（WTO）的权威性面临严峻挑战。长期以来，WTO功能弱化、争端解决机制效率低下等问题经常被诟病。由于缺乏针对数字贸易等现代议题的有效规则制定能力和在美国阻挠下争端解决机制陷于瘫痪等问题，改革的紧迫性明显增强。关于发展中国家地位、竞争中立政策、产业补贴限制、知识产权保护、数字贸易规则、公共卫生相关医药品贸易应急贸易机制等的议题成为各成员方博弈的焦点。美国针对中国的不实指责在其中起到了推波助澜的作用。美国贸易代表办公室（USTR）于2022年2月16日向国会提交了关于2021年中国遵守WTO规则的报告。这是美国的第20次对华审议报告，也是拜登政府公布的第一份评估报告，主要内容和核心观点主要有以下几个方面。一是关于中国作为WTO成员的地位，认为"中国入世以来坚持自主产业政策，未履行承诺"。二是关于迄今为止制衡中国问题的有效性，结论是"美国对中国提起27件争端诉讼，全部获胜，但中国并没有纠正这些政策"。三是关于调整WTO框架之外更有效对华战略的必要性，强调"保持长期关注和应对"的必要性。四是列举了中国不公平贸易行为的具体案例。结合美国迄今为止拒不承认中国的市场经济地位、否定中国的发展中国家身份和肆意绕过WTO多次采取对华加征关税等保护主义行为，不难看出美国对中国履行入世承诺在市场开放领域取得的巨大成果视而不见，罔顾世贸组织每次对华审议报告对中国履行承诺给予充分肯定的基本事实，把对华采取全面遏制和打压的单边主义做法延伸到了WTO的多边平台上。这是世贸组织多边进程日趋艰难的重要原因之一。

表9-1　世贸组织新任总干事就任演讲概要

题目	主要内容
新冠肺炎疫情对策	为了控制疫情蔓延，有必要尽早取得谈判进展和成果，促进有利于公共卫生建设的贸易活动。
渔业补贴	期待在第十二届部长级会议（MC12）上能够终结渔业补贴谈判，确定实施规则。结束渔业补贴谈判将能够签署一份对现在和将来都不可或缺的多边协定。

续表

题目	主要内容
争端解决机制	作为确保多边贸易体制稳定性和可预见性的关键因素，争端解决机制改革对WTO成员来说至关重要。为了真实反映这些改革的本质，将改革方案具体化并使其在第十二届部长级会议上得以实施，制定工作方案十分重要。
联合声明建议稿	WTO议定书已落后于时代，落后于许多卓有创新的区域或双边自贸协定，新的规则体系需要考虑电子商务和数字经济等21世纪的现代议题。更多成员的主动参与将为多边贸易体制注入新动能。
环境	WTO需要支持绿色和循环经济，广泛开展的贸易活动要适应应对气候变化行动的需要。WTO成员重启环境产品、服务谈判很重要。
农业	农业对于许多发展中国家和贫穷国家来说是特别重要的。改善这些国家关注的出口商品的市场准入和处理国内贸易救济政策同样重要。
公平竞争条件	为了给小规模农户提供机会，需要重新评估正在增加（加入WTO）的成员的国内支援资格，使竞争条件均等化。同样，需要强化产业补贴规则。重要的是，加入WTO的成员方在特定条件下给予国有企业的补贴不得损坏公平竞争。
特殊与差别待遇条款（SDT）	在WTO理事会讨论与SDT有关的问题可能损害成员间信赖关系并导致世贸组织分裂的结果。可借鉴贸易便利化协议采用的模式，对发展水平不同的经济体进行适当的分类，一些发展中经济体主动提出放弃特殊待遇，可能成为未来的方向。
通报义务	透明度是多边贸易体制的生命线，应尽一切努力帮助WTO成员履行通报义务。
秘书处	加强秘书处工作，以便能够在包括实施、监管、争端解决、谈判在内的所有WTO事务领域，向每一个成员国都提供最好的服务。

信息来源：WTO现任总干事恩戈齐·奥孔乔—伊韦阿拉关于WTO改革和规则重构的主要观点。

2021年2月16日，恩戈齐·奥孔约—伊韦阿拉正式就任新一届世贸组织总干事，并发表了关于下一步推进WTO改革的主要设想，内容涉及新冠肺炎疫情对策、渔业补贴、争端解决机制、部长级会议联合声明、环境、农业、公平竞争条件等广泛议题。

首先，就任演讲提到部长级理事会联合声明准备方案时强调，WTO议定书已落后于时代，落后于许多卓有创新的区域或双边自贸协定，新的规则体系需要考虑电子商务和数字经济等21世纪的现代议题，更多成员国的主动参与十分重要。RCEP包括了电子商务条款，对促进数字经济发展制定了各成员国需遵守的相应规则，在这一领域将为世贸组织提供有益经验。其次，关于特殊与差别待遇条款（SDT），总干事指出，在WTO理事会讨论与SDT有关的问题可能损害成员国间信赖关系并导致世贸组织分裂的结果。可借鉴贸易便利化协议采用的模式，对发展水平不同的经济体进行适当的分类，一些发展中经济体主动提出放弃特殊待遇，可能成为未来的方向。RCEP实行高水平自由化政策，但是考虑到一些发展中经济体产业竞争力薄弱的现实情况，对不同发展中成员采取不同的自由化标准和过渡期，很好地体现了适度有所区别的自由化要求，可以为多边体制改革发挥示范作用。关于通报义务和透明度等问题，新一届世贸组织总干事指出，透明度被称为多边贸易体制的生命线，要求尽一切努力帮助WTO成员履行通报义务。RCEP不仅强调成员国履行国民待遇、最惠国待遇等基本规则的义务，而且在透明度等方面也作出了更为严格的要求。总的来看，RCEP具有全面、现代、高质量、互惠等四大特征，能够有效维护多边机制及其规则的重要性和权威性，还能够以更高水平的自由化标准，为WTO主导的全球贸易投资自由化进程探索路径方向，积累有益经验。

（二）RCEP诠释了高标准区域经贸规则的深刻内涵

近10年来，在经济全球化严重受挫、区域经济格局加快演变背景下，双边和区域自贸协定成为引领全球经贸合作的主要潮流。截至2022年1月底，已向世贸组织通报并生效的FTA大约380个，其中，仅2020年一年就增加37个，比2019年多出30个。在WTO多边进程举步维艰、各国亟待通过更紧密合作保障产业链、供应链安全稳定的背景下，推进双边和区域自贸协定谈判已经成为引领全球经贸规则重构和经济格局演变的重要力量。

一是货物贸易自由化水平超过东亚地区以东盟为中心的五个"10+1"自贸协定。RCEP货物贸易零关税产品数整体超过90%，且主要是协定生效后关税立刻降到零和10年内关税降至零，各国仅保留少数实行配额管理的农产品。RCEP的原产地规则采取累积计算方法，生效后10年内实行第三方开具原产地证明和核定企业自主声明的并行模式，过渡期结束后实行企业自主声明制度，比FTA具有更强的开放性和便利性。二是服务贸易自由化提升到新的高度，包括市场准入承诺表、国民待遇、最惠国待遇、当地存在、国内法规等规则。RCEP部分缔约方采用负面清单方式进行市场准入承诺，对现在采用正面清单的缔约方设置了6年过渡期。三是投资自由化、便利化措施全面升级。协定专门设立投资章，各成员方承诺最惠国待遇、禁止业绩要求、采用负面清单模式并适用棘轮原则。此外，协定还包括了投资保护、投资促进、便利化、争端预防和外商投诉的协调解决等广泛内容。四是知识产权条款涵盖著作权、商标、地理标志、专利、外观设计、遗传资源、传统知识和民间文艺、反不正当竞争、知识产权执法、合作、透明度、技术援助等，内容十分广泛。除上述措施之外，RCEP还在电子商务、金融服务、电信服务、自然人流动等领域设立了较高水平的自由化规则，各成员方作出了有所区别但总体超过"10+1"自贸协定承诺的开放水平。

CPTPP的自由化标准明显高于RCEP。以货物贸易自由化为例，削减关税是货物贸易自由化的关键和标志性措施。CPTPP规定，各成员方最终取消关税的承诺虽然略有差异，但总体上达到了全面零关税水平。文莱、马来西亚、越南、新加坡、智利、澳大利亚、新西兰等7国承诺最终全面取消关税，不论是按照商品品目还是按照贸易额计算均实现100%的零关税。加拿大、秘鲁的零关税覆盖面从实际贸易额来看达到100%，但是对1%的商品品目仍然保留征收一定关税的权利。墨西哥和日本承诺的零关税覆盖率分别为99%和95%，并不会对CPTPP整体很高的贸易自由化水平造成实质性影响。CPTPP的原产地管理制度比RCEP具有更强的便利性和开放性。CPTPP生效后实行原产地自主申报制度，规定出口商、生产商、进口商都可以自主提供原产地声明，原有第三方机构仅允许在生效后10年过渡期内继续开具原产地证明。协定还引入进口商自主申报并开具原产地声明制度，对越南等5个成员国给予5年的过渡期安排。总体来看，虽然在自由化标准上与RCEP存在一定差距，但是CPTPP成员数量少于RCEP，经济和贸易总量仅相当于RCEP的三分之一。因此，从在全球经济中的地位来看，RCEP的影响力与示范作用尤为重要和明显。

（三）RCEP有利于破除供应链重组中单边规则泛化的消极影响

从长期来看，供应链稳定将成为全球主要经济体高度重视的战略问题，也会成为大国博弈的焦点。美国等西方国家出于与中国经济"脱钩"、遏制中国等新兴经济国家在全球经济中的上升势头等政治目的，也会把引导排除中国的供应链重组作为重要工具。不论是在国际上大搞"印太战略"、美欧贸易和技术委员会机制建设以及美日印澳联盟，还是在国内实行针对中国的贸易投资、企业合作和交流限制性措施，都含有从以美国为中心的供应链中排除中国的战略意图。因此，中国在全球供应链重组中将面临更加严峻挑战。

加强和世界主要经济体之间的更广泛合作，构建面向全球的高标准自贸区网络，通过更加紧密的制度性关系增强供应链的坚韧度，有利于破除供应链重组中面临的挑战和风险，实现互利共赢国际合作体系建设目标。RCEP将在其中发挥十分重要的作用。

表9-2　2020年东亚主要经济体间贸易占全球贸易额比重较2017年增减百分点

出口＼进口	东亚	中日韩	中国	东盟	日本	韩国	美国	欧盟	世界
东亚	0.52	0.18	0.12	0.34	0.03	0.02	0.33	-0.12	1.32
中日韩	0.59	0.09	0.01	0.51	0.06	0.02	-0.01	0.02	1.37
中国	0.72	0.11	—	0.61	0.04	0.07	0.14	0.13	1.98
东盟	-0.07	0.10	0.12	-0.17	-0.03	0.01	0.34	-0.14	-0.05
日本	-0.08	0.00	0.05	-0.07	—	-0.05	-0.09	-0.10	-0.30
韩国	-0.05	-0.02	-0.05	-0.03	0.02	—	-0.06	-0.01	-0.31
美国	0.00	0.00	-0.02	0.00	-0.02	0.04	—	-0.28	-0.56
欧盟	-0.09	0.05	0.06	-0.14	-0.04	0.02	-0.09	-2.77	-2.15
世界	0.66	0.48	0.74	0.18	-0.24	-0.03	0.57	-3.22	—

数据来源：根据日本贸易振兴机构《世界贸易投资报告》（2021年版）数据计算。

如表9-2数据显示，2020年东亚进口、出口占全球贸易比重比2017年分别提高了1.32和0.66个百分点，东亚的全球供应链中心地位明显上升。其中，区域内贸易占全球贸易比重提高了0.52个百分点，中国对东盟进口和东盟对中国出口占全球贸易比重分别提升了0.61和0.12个百分点，区域内主要经济体之间跨境贸易在全球贸易中的地位普遍有所提高。这一趋势既说明东亚地区成员国间相互贸易依存度进一步提高，也充分表明东亚供应链调整正在逐步向区域内集中，对全球供应链调整的影响不断增强。这种变化的深层次原因是中国企业为了回避疫情冲击和美国加征关税的贸易保护主义，加大在周边地区投资布局，使得区域内跨境产业分工体系逐步加强。

RCEP的高水平贸易投资自由化便利化措施会明显促进成员国之间贸易投资较快增长，有利于持续增强成员国间相互经贸依存度，提升区域供应链的韧性。

二、RCEP的主要规则和成员国自由化承诺

（一）货物贸易自由化承诺和原产地规则

RCEP第二章对货物贸易的规则和各成员方承诺作出了规定，使得这一章成为RCEP中最受关注的章节。货物贸易章分为两节。第一节是"总则和货物市场准入"，涉及的内容十分广泛，主要包括货物贸易的定义及范围、国内税和国内法规的国民待遇、关税削减或取消、加速关税承诺、关税差异、商品归类、海关估价、过境货物、货物的临时准入、集装箱和托盘的临时准入、无商业价值样品的免税入境、农业出口补贴、关税承诺表的转换、减让的修改等15条规定。第二节专门针对非关税措施作出了规定，包括非关税措施的适用、普遍取消数量限制、非关税措施的技术磋商、进口许可程序、进口和出口规费和手续、部门倡议等6条。除了这些涉及货物贸易的基本规则之外，实际反映成员方货物贸易自由化承诺水平的内容主要是协定的附件一，即各成员的关税承诺表。

根据附件一的说明，各国关税减让承诺主要基于2012年1月1日生效的《商品名称及编码协调制度》；另外，各国承诺表中列出的基准税率反映的是2014年1月1日生效的最惠国实施关税税率，和截至生效日前实行税率之间不尽相同。例如，我国的关税减让承诺基准关税率是9.48%，实际上截至2021年我国的算术平均关税率已降至7.4%。这一点有利于增大生效后立即降税幅度。中国关税承诺表由五个部分组成，分别适用于对东盟成员国、澳大利亚、日本、韩国、新西兰的关税减让承诺。从中国对东盟成员国的承诺来看，生效后第一年立即降税部分达到全部商品的67.91%；过渡期最后一年零关税比例达到90.5%，平均关税水平最终降至1.09%。对其他RCEP成员国的承诺水平与东盟略有差异，但零关税率接近90%。东盟和澳大利亚、日本、韩国、新西兰等成员方对中国也作出了相近水平的承诺。

表9-3 RCEP中中国货物贸易关税减让承诺情况

	零关税商品占比（%）			平均关税率（%）		
	基准	第一年	最后一年	基准	第一年	最后一年
东盟	8.45	67.91	90.50	9.7	3.83	1.09
RCEP成员	8.45	57.7	88.49	9.7	5.49	1.53

注：基准水平按照2014年实际水平极端，第一年即为2022年，最后一年指过渡期结束前一年，过渡期分别为10—20年不等。

数据来源：RCEP附件之中国关税减让承诺表。

原产地规则是确保货物贸易自由化措施有效执行的制度性安排，RCEP生效后实行完全累积计算的原产地规则，对同一商品可通过将其在相关成员国内加工增值部分累加计算结果作为是否达到原产地加工增值标准的依据，从而大大提升区域内加工商品获得原产地身份的可能性。RCEP规定的原产地管理制度有第三方机构开具原产地证明、核定企业自主提供原产地声明、企业自主声明等三种模式。根据第三章的规定，RCEP生效后的10年内，各成员方可采取第三方机构和核定企业自主声明等两种模式并行的原产地管理制度。但10年过渡期结束后，各缔约方必须实行企业自主声明原产地管理制度，其中柬埔寨、老挝的过渡期可延长至20年。关于自主声明的主体，按照协定规定，过渡期结束后，出口商、生产商均可通过自主声明方式获得原产地认可，但是进口商是否可提交自主声明需要在协定生效一年后经过谈判另行确定。

RCEP原产地规则与CPTPP的原产地管理制度相比，在便利性和开放性方面仍然存在一定差距。CPTPP要求协定生效后实行原产地自主声明制度，规定出口商、生产商、进口商都可以自主提供原产地声明，原有第三方机构仅允许在协定生效后10年过渡期内继续开具原产地证明。其中，对于进口商自主声明并开具原产地声明制度，对越南等5国给予5年的过渡期安排。

　　按照协定要求，我国在 RCEP 生效后的 10 年内实行第三方机构开具原产地证明和认证企业自主申报并行的原产地管理办法，现行管理办法在过渡期内可继续实行，但是对于在此期间实行的核定企业自主声明和过渡期结束后将要全面实行的自主声明制度，中国尚未开展管理实践，缺乏有效监管体系和经验支撑，协定实行的完全累积计算的原产地规则，以上这些也是中国面临的新问题。中国需要全面重构原产地规则认定标准体系和管理制度，在明显提升企业自主声明便利性的同时，加大企业行为规范和市场监管力度。

（二）服务贸易规则和不符措施

　　RCEP 关于服务贸易的规则主要集中在第八章服务贸易条款中。第八章第一条明确了服务贸易的定义，要点如下：一是自一缔约方领土向任何其他缔约方领土内提供服务（跨境交付）；二是在一缔约方领土内向任何其他缔约方的服务消费者提供服务（境外消费）；三是一缔约方的服务提供者通过在任何其他缔约方领土内的商业存在提供服务（商业存在）；四是一缔约方的服务提供者通过在任何其他缔约方领土内的一缔约方的自然人存在提供服务（自然人移动）。其中，商业存在指任何类型的商业或专业机构，为提供服务而在一缔约方领土内通过组建、收购或维持一法人，以及设立、维持一分支机构或一代表处等方式实现。

　　第八章中需要重点关注的条款主要有以下几条。

　　第四条对服务贸易项下的国民待遇作出了规定。任何缔约方的服务和服务提供者的待遇，应当不低于其给予本国同类服务和服务提供者的待遇。

　　第五条对市场准入作了规定。一缔约方，对任何其他缔约方的服务和服务提供者给予的待遇，应当不低于其在附件二（服务具体承诺表）中同意和列明的条款、限制和条件下的待遇。

　　第六条规定了最惠国待遇的内涵。缔约方给予另一缔约方的服务和服务提供者的待遇，不得低于其给予任何其他缔约方或非缔约方服务和服务提供者的待遇。

第十一条作出了本地存在的说明。依照不符措施承诺表作出承诺的一缔约方，依照该条款规定的不符措施，不得要求另一缔约方的服务提供者在其领土内建立或维持代表处、分支机构或其他任何形式的法人等。

第十四条提出了透明度要求。管理服务贸易的透明度措施对于便利服务提供者进入彼此市场并在其中开展业务的能力具有重要意义。每一缔约方应当促进服务贸易中管理的透明度。除紧急情况外，每一缔约方最迟应当在措施生效之时迅速公布有关影响服务贸易的普遍适用的所有相关措施，以及一缔约方为签订国的所有有关或影响服务贸易的国际协定。

第十七条对垄断和专营服务提供者作出了界定。每一缔约方应当保证在其领土内的任何垄断服务提供者在相关市场中提供垄断服务时，不以与其在本章第四条（国民待遇）或第五条（市场准入）下的义务不一致的方式行事。

第十九条是关于支付和转移的规定。除在第十七章第十五条（保障国际收支平衡的措施）中所设想的情况外，一缔约方不得对与其承诺相关的经常性交易的国际转移和支付实施限制。

第二十二条对补贴作出了界定。缔约方应当根据GATS第十五条约定的纪律，审议与服务贸易相关的补贴纪律问题，以期将其纳入本章。一缔约方如认为受到与另一缔约方服务贸易相关补贴的不利影响，则可以请求与该缔约方就此类事项进行磋商。被请求方应当对此类请求给予积极考虑。

总的来看，RCEP成员国在协定中作出的服务贸易开放承诺明显高于"10+1"自贸协定的承诺水平。日本、韩国、澳大利亚、新西兰、新加坡、文莱、马来西亚等7个成员国采用负面清单方式列出不符措施，我国等其余8个成员国采用正面清单承诺，并将于协定生效后6年内将正面清单承诺转化为负面清单。我国服务贸易开放承诺达到了已有自贸协定的最高水平，承诺服务部门数量在我国入世承诺约100个部门的基础上，新增了研发、管理咨询、制造业相关服务、空运等22个部门，并提高了金融、法律、建筑、海运等37个部门的承诺水平。与GATS相比，中国在RCEP

项下的新增承诺主要集中在商业服务，与健康相关的服务和社会服务，娱乐、文化和体育服务以及运输服务等四大类。其中，商业服务的分部门最多，包括自然科学研究与开发服务、市场调研服务、与管理咨询相关的服务、与采矿业有关的服务、人员安置与提供服务、建筑物清洁服务、印刷服务；与健康相关的服务和社会服务主要有医疗、养老服务两个分部门；娱乐、文化和体育服务中，新增承诺集中于体育和其他娱乐服务中的体育活动宣传服务、体育活动组织服务、体育设施经营服务、其他体育服务等分部门；运输服务则主要集中于公路运输以及航空运输中的空运服务的销售与营销、机场运营服务、机场地面服务和通用航空服务。其他成员在中方重点关注的建筑、医疗、房地产、金融、运输等服务部门都作出了高水平的开放承诺。

（三）自然人移动的规则和开放承诺

RCEP 第九章对自然人临时流动的相关规则和开放作出了规定，各成员在协定附件四发布了自然人临时移动（亦称作自然人流动、自然人存在）具体承诺表。自然人临时移动指一成员方的自然人（服务提供者）到任何其他成员方境内提供短期或临时服务的贸易方式。根据协定第九章的定义，自然人临时移动是一种国际服务贸易提供方式。服务具有无形性，因此不同于货物贸易；同时，也区别于通过资本流动的商业存在以及通过消费者流动提供服务的境外消费。根据 RCEP 附件四自然人临时移动具体承诺表的规定，自然人临时流动包括以下六种类型。一是商务访问者。为商业目的前往东道国的自然人，其不直接从东道国获得报酬，不得向公众直接销售或者直接提供服务。二是公司内部流动人员。公司内部流动人员指在东道国领土内已设立代表处、分公司或子公司的企业的高级雇员，通常包括经理、高级管理人员和专家。三是合同服务提供者。为履行其雇主与东道国服务消费者的服务合同，临时进入东道国以提供服务，其不能提供与合同标的的服务合同无关的服务。合同服务提供者应具备与所提供服务相关的适当的学历和技术（专业）资格。四是安装和服务人员。提供机器或产业设备的安装或维修服务的有资质的专家，该安装或维修服务须在均为法人的该机器或设备的制造商与该机器或设备的所有人之间存在费用或合同的基础上进行。五是随行配偶及家属，指被东道国准予临时停留的前述类别人员（各国准予的类别各不相同）的随行配偶及家属。六是其他各国根据自身情况规定的允许临时停留的自然人类别。

我国在RCEP中作出的承诺与在其他自贸协定的承诺相比存在以下几个方面的特点。一是自然人临时移动所涉及的人员类型更加广泛。例如，和中国－东盟协定相比，我国在RCEP项下对准予临时入境的自然人类型进行了扩宽，增加了包括货物销售者、投资者和投资者适当授权代表以及随行配偶及家属等类别。二是部分限制性条件被移除。RCEP减少了自然人临时移动的限制性条件，如不限制公司内部流动人员临时入境的数量，不进行劳动力市场测试或其他类似的程序等。

RCEP促进自然人移动的作用表现在以下两个方面。首先，RCEP国家的人口覆盖了全球人口的30%，经济总量占全球GDP的30%，RCEP有关自然人临时移动的承诺与实施有助于国际劳动力、技术的流动，促进缔约地区内的经济、文化交流，特别是在新冠肺炎疫情不断冲击的形势下，将为全球经济复苏提供有利环境。其次，从自然人输出国角度来看，自然人临时移动能产生大量外汇收入，有利于充分发挥输出国的劳动力资源优势，提高劳务人员的收入水平，扩大国际贸易范围。最后，自然人输入国同样可以获得巨大的经济利益，通过国外廉价的劳动力获取高额利润，通过引进技术劳务等专业技术人才提高本国技术和专业服务水平，促进本国的经济发展。因此，自然人移动开放承诺有利于中国吸引来自RCEP成员国的专业技术人才。

（四）RCEP投资条款的主要特点

RCEP第十章投资章共有十八条，涉及投资自由化、投资便利化、投资权益保护、投资促进等方面的规定，具体内容包括定义、范围、国民待遇、最惠国待遇、投资待遇、禁止业绩要求、高级管理人员和董事会、保留和不符措施、转移、特殊手续和信息披露、损失的补偿、代位、征收、拒绝授惠、安全例外、投资促进、投资便利化、工作计划等条款。其中，

第八条保留和不符措施主要涉及各成员方要求给予例外安排的敏感领域和承诺列表，对于评估各成员投资自由化承诺水平具有标志性作用。根据第八条的规定，成员方关于不适用国民待遇、最惠国待遇、禁止业绩要求、高级管理人员和董事会规定的不符措施须以负面清单形式列入协定附件三关于投票服务贸易不符措施表。因此，附件三实际上构成第十章"投资活动"不可分割的组成部分。

RCEP的投资条款成为亚洲最大的投资协定。不符措施列表采用负面清单，增加透明度和可预见性。此外，负面清单还采取了不可倒退的棘轮原则，为成员国不断提升投资自由化便利化水平提供了重要支撑。我国由于在服务贸易领域采用的是正面清单方式列表，无法与投资项下的负面清单统一列表。因此，我国投资项下的负面清单不包括服务业，仅限于在制造业、农业、林业、渔业、采矿业等五个领域的不符措施。服务业以商业存在形式纳入服务贸易开放承诺正面清单。

在RCEP中，我国首次对制造业、农业、林业、渔业、采矿业等五个领域作出高水平自由化承诺。中方承诺的负面清单共有23项不符措施；其中清单一有12项，清单二有11项。清单一实行棘轮原则，即承诺后开放措施不得倒退，通常不可加严，不符措施涉及领域主要有种子、渔业、专属经济区和大陆架勘查开发、稀土和稀有资源勘探开采、汽车制造业、通信设备制造业、药品制造业、政府授权垄断（烟草制造）、其他为所有部门涉及的许可管理、A股账户、外汇管理、个体工商户、个人私营企业等限制性措施。清单二可加严，共有11项不符措施，涉及原子能、生物资源保护、民族地区特色经济、特殊弱势群体保护措施、国际协定、港澳地区相关措施等。日本、韩国等RCEP成员也作出了和中国大致相同水平的投资自由化承诺。

RCEP生效后，投资自由化便利化措施将为巩固和提升中国与其他成员国之间的供应链坚韧性、促进东亚区域经济一体化注入持久动力。长期以来，日本、韩国、东盟等RCEP成员都是中国重要投资来源地，这些投资近10年在中国实际利用外资中的比重保持10%以上；其中2012年占比最高，达16%；2017年最低，但也有9.4%。另外，随着中国企业走出去的步伐加快，东盟、日本、澳大利亚、韩国等RCEP成员也成为中国对外投资的主要目的地。国家统计局数据显示，2016—2019年，中国对新加坡、泰国、越南等东盟三国的直接投资年均增长12.1%，该项政策占全部对外投资的比重也由2016年的2.6%提高到5.7%。根据东盟方面统计，中国对东盟的投资中制造业占比最高，达到30%左右，对促进中国和东盟之间跨境产业分工产生了积极影响，对RCEP投资自由化便利化政策的效应逐步显现，成员间相互投资的规模将会持续扩大，由此形成的区域生产网络将为提升区域供应链韧性、促进区域经济一体化提供有力支撑。

三、海南自由贸易港建设新机遇

（一）RCEP生效对海南自由贸易港产生的三大效应

海南自由贸易港和RCEP自贸区相比，既有相同之处，也存在很大区别。首先，都实行贸易投资等商品要素跨境流动自由化便利化政策，都具有以国家法律为基础的长期性制度型开放特征，都把建设和其他国家之间更加紧密的经济伙伴关系作为主要目标，这是二者的共同点。其次，二者不同之处在于以下几点：一是RCEP是主权国家之间经过谈判形成的协定，海南自由贸易港属于中国自主决定在局部地区设立的自贸安排；二是RCEP实行成员相互对等开放的自由化政策，海南自由贸易港采取单边主动开放政策，并不要求其他国家（地区）采取对等开放政策；三是RCEP成员以其海关关境整体为自由化政策实施范围，海南自由贸易港需要全岛封关单独设立海关监管的特殊经济区域。由于存在上述区别，海南自由贸易港作为中国关境内的一个组成部分，自动享有和关境内其他地区完全相同的RCEP制度和政策安排，但是我国关境内其他地区无法全面享受海南自由贸易港的制度和政策安排。

在此基础上，RCEP生效对海南自由贸易港建设将产生三大效应。

一是叠加效应。海南的高标准主动开放能够使包括RCEP成员在内的所有经济体各类市场主体获得低成本进入海南商品、服务和各种生产要素市场的机会；海南自由贸易港无法从尚未建立自贸关系的经济体获得相近水平的市场进入条件。RCEP正式生效之后，海南和RCEP成员国之间将形成双向高水平开放政策，并能够从这些经济体的自由化便利化政策中获得大于单边开放的更多机遇和利益。以货物贸易自由化为例，海南全岛封关运作、货物贸易自由化制度建成之后，日本企业生产的绝大多数产品可零关税进入海南市场，满足当地企业生产和居民消费需要，并降低企业和消费者进口成本，增加生产利润和消费者红利。RCEP生效之后，海南企业生产的90%的商品也可以按照自贸协定安排，获得零关税进入日本市场的机会。海南自由贸易港因此获得双向自由化叠加带来的巨大好处。

二是提升效应。海南作为我国对外开放新高地，为我国高水平开放型经济新机制建设探索新途径、积累新经验是一项长期的战略任务。从逻辑上看，作为局部地区先行开放的试验田，海南自由贸易港达到的贸易投资自由化水平理应高于我国签署的自贸协定，尤其是类似RCEP等多国参与的区域协定，否则就失去了试验田的功能和应有价值。这意味着，随着我国制度型开放水平的持续提升，海南自由贸易港只有不断提高开放水平才能适应我国更高标准开放试验的需要。RCEP生效将我国对外开放水平提升到了一个新的高度，正式申请加入CPTPP谈判彰显了我国对接更高标准经贸规则的决心和信心。这对海南自由贸易港的压力测试提出了更高要求，为进一步提升贸易投资自由化水平带来了新契机。

三是倒逼效应。海南自由贸易港是我国目前唯一一个对标国际成熟自由贸易港开放标准并由国家单独立法提供法律依据的特殊经济功能区，在实行高水平开放政策领域居于国内领先地位，与其他省区市相比具有独特政策优势，有利于提升对国内外各类要素的吸引力，促进开放型经济高质量发展。RCEP正式生效为我国其他省区市带来了共享区域范围内高水平贸易投资自由化便利化政策红利的重要机遇。随着我国面向全球高标准自贸区网络建设不断取得新进展，全方位对外开放格局基本形成，国内各省区市开放政策环境与海南自由贸易港之间的差距也会逐步缩小。在这不可多得的重要窗口期，海南自由贸易港要长期保持对外开放领先优势，关键在于扎实推进《总体方案》要求的各项制度建设任务，把高水平自贸协定下的国内外竞争压力作为开放创新发展的强大动力，不断对接国际高标准经贸规则，打造国际化、市场化、法治化营商环境，不断提升国际竞争力。

（二）服务业投资自由化制度创新的关键作用

对服务业实行高标准投资自由化便利化政策，有利于提升本地服务业国际竞争力，带动服务贸易持续较快增长。这是新加坡等国际成熟自由贸易港国际贸易中心建设的成功经验。新加坡实行高度自由化的投资准入政策，是全球最具吸引力的跨境直接投资目的地之一，外国投资成为当地固定资产投资的主要来源。新加坡固定资产投资统计显示，2018年和2019年两年，外国资本在新加坡投资中所占比重分别高达84.2%和91.8%。其中，来自美国的投资占比分别为50.3%和37.6%，来自欧盟的投资也占22.4%和47.4%，二者合计占比达到八成左右。外国投资者尤其是欧美投资者之所以十分青睐新加坡，在很大程度上与新加坡高度自由便利的投资准入制度有着直接关系。

新加坡在外商投资准入方面，除国防相关行业和个别特殊行业外（外资进入金融、保险、证券等特殊领域需向主管部门备案），没有外资准入行业限制，商业、外贸、租赁、营销、电信等市场完全开放。在新加坡，企业注册手续简便、条件宽松，允许中小企业使用家庭住址作为注册地址，除金融、保险、证券、通信等行业和对环境有影响的生产行业需向主管部门申请许可外，申请人仅需通过新加坡商业注册局网站注册即可开展业务，只要在合法的前提下，可自行变更经营范围，无须审批；实行企业年报制度，政府依靠完善的法律体系进行事中事后监管，不干预企业的日常经营管理。

中国香港的外商投资准入与新加坡一样高度自由便利。香港只对博彩业进行严格管控，在香港，所有现行法律允许经营的商业活动中，基本上没有一个行业是完全禁止私人和外来投资者参与的，也没有控股比例限制，港内港外的投资者都可以实现 100% 控股，仅保留了对电信、广播、交通、能源、酒制品销售、餐厅、医药和金融等行业的申请牌照要求。企业只需要经过 3 个步骤就可以拿到公司执照。经网上提交申请成立公司，一般会在 1 个小时内获得有关证书，以纸张方式提交申请到发出有关证书需 4 个工作日。香港特区法律对公司注册资本的金额没有任何限制，公司只需缴纳 0.1% 印花税，且不用验资，到位资金不限，公司成立后可以任意地增加注册资本，但前提是必须召开股东大会，并通过增加注册资本的决议案，然后把决议案连同填好的指定格式的表格以及适当的费用一并递交给香港公司注册处。

迪拜在自由区内实行投资自由便利制度，围绕服务业投资专门设立 23 个服务业自由区，外资入区投资不受阿联酋有关外商投资股权比例限制的法律约束。

投资自由便利是海南自由贸易港制度的重要内容之一。2021 年 6 月公布的《海南自由贸易港法》第三章（投资自由便利）第十八条至第二十四条对投资自由便利制度的内涵作出了明确规定，核心是对外商投资实行准入前国民待遇加负面清单管理制度。这一点与国际上自由贸易港的投资管理制度基本一致，关键在于负面清单的开放度和市场准入开放力度。2021 年国家已经发布了海南自由贸易港版外商投资准入负面清单，该清单的特别管理措施比全国版减少 3 项，但总的来看服务业领域还保留着较多的特别管理措施。随着自由贸易港制度逐步完善，负面清单预计会大幅度压缩，达到甚至超过目前高标准自贸协定框架下的投资准入负面清单的开放度。按照我国现行的投资管理制度，注册企业实际运营还需要符合市场准入负面清单的要求。尽管这一管理措施实行内外资一致的原则，但是采用两张清单管理有可能导致"准入不准营"问题。《海南自由贸易港法》第二十条规定，海南自由贸易港逐步实施市场准入承诺即入制，这将明显提升投资准入的自由化便利化水平。

《海南自由贸易港法》第十七条规定，海南自由贸易港对跨境服务贸易实行负面清单管理制度，并实施相配套的资金支付和转移制度。对清单之外的跨境服务贸易,按照内外一致的原则管理。第四十条规定,海南自由贸易港深化现代服务业对内对外开放,境外高水平大学、职业院校可以在海南自由贸易港设立理工农医类学校。总的来看,海南自由贸易港在服务业投资准入开放和服务贸易自由化领域的制度创新取得了部分领域优于RCEP承诺的新突破,将为促进海南和RCEP成员国之间的跨境服务贸易发展带来重大机遇。

(三) 促进海南自由贸易港新型国际离岸贸易发展的重要性

离岸贸易(Offshore Trade)指本国或本地区的商业贸易服务商在海外组织货源,寻找海外生产地,并将该货物直接由海外生产方销往海外客户而不经过该商业贸易服务商所在国家或地区的一种新型贸易方式。离岸贸易模式具有货物流、资金流和订单流"三流分离"的特点。

国际上一些成熟自由贸易港在离岸贸易中心建设领域积累了丰富经验。我国香港地区的国际贸易发展可划分为四个阶段:1951年之前主要开展转口贸易;20世纪50年代至80年代为以产品出口为主的世界贸易中心发展阶段;1988—2006年再次进入以转口贸易为主的发展阶段;2006年以后进入离岸贸易发展阶段。香港对外贸易模式向离岸贸易转型的背景,首先是中国2001年加入WTO后,内地外贸企业可以直接对接国际市场,经香港的转口贸易额大幅萎缩;再来是香港港口运营成本高昂,航运竞争力下降,与此同时内地港口基础设施不断完善,中低端物流和贸易业务已经越来越多地通过离岸贸易形式逐步转移到珠三角地区。转口贸易向离岸贸易的转型,促进了香港服务业的转型升级,加强了香港的亚太贸易中心地位,同时促进了香港人民币离岸结算中心发展。

国内许多人基于以往国际上部分自由港蜕变为"避税天堂"的教训,对发展离岸贸易业务心存疑虑。关于如何在激发市场活力的同时防范实质性经济活动空心化问题,开曼群岛的成功案例值得关注。开曼群岛是国际著名的离岸金融中心,与英属维尔京群岛、百慕大并称为三大离岸金融群岛。1978年,英国皇家法令规定,免除开曼群岛个人所得税、公司所得税、资本利得税、不动产税,只保留进口税、工商登记税、旅游者税等几个简单的税种。久而久之，开曼群岛成了许多企业的"避税天堂"，在这里进行实质性业务经营的公司少之又少。由于其他国家的税收流失严重，许多国家对这些自由港提出了批评，相关国家组织出台了相应规则。迫于国际压力，当地开始采取有力措施纠偏。2019 年 1 月 1 日生效的经济实质法规定，在开曼群岛注册的公司必须满足进行与其从事的业务相关的实质性经济活动的条件，否则将面临罚款处罚，直至公司被注销。至此，企业选择在开曼群岛注册公司不再是以避税为目的，而主要出于资产保障、财富规划、跨境交易或直接投资、股权持有及转让等目的，进而开曼群岛也就演变成了金融产品相对多元化的离岸金融中心。

《海南自由贸易港法》第五十二条规定，海南自由贸易港内经批准的金融机构可以通过指定账户或者在特定区域经营离岸金融业务。这一规定为海南自由贸易港离岸中心建设打下坚实基础，也为离岸贸易活动提供了有力支撑。2021 年 4 月 26 日，商务部等 20 部门联合发布《关于推进海南自由贸易港贸易自由化便利化若干措施的通知》，明确提出：支持海南自由贸易港内企业开展新型离岸国际贸易，支持建立和发展全球和区域贸易网络，打造全球性或区域性新型离岸国际贸易中心。作为配套措施，海南自由贸易港将新型国际贸易业态列入鼓励类行业目录，企业可享受 15% 所得税优惠政策。国家对海南离岸贸易结算的监管制度进行了改革，外管局将真实性审核委托银行办理，明显提升了企业开展离岸贸易的便利化水平。2020 年以来海南自由贸易港的离岸贸易保持快速增长势头，大批央企落户海南，发挥自身全球营销网络优势开展离岸贸易，为海南新型国际贸易发展注入了新动力。RCEP 生效后，区域生产网络有望进一步拓展和提升，将为海南和 RCEP 成员国间开展包括离岸贸易在内形式多样的贸易活动创造更加有利的政策环境。

（四）海南自由贸易港与 RCEP 成员经济合作重点领域

一是促进服务贸易快速发展。RCEP 关于服务贸易的定义与 WTO 中的 GATS 一致，包括跨境交付、境外消费、商业存在和自然人流动等四种模式，各国作出的自由化承诺都明显高于"10+1"自贸协定水平，为促进成员之间服务贸易活动持续发展创造了有利条件。其中，商业存在模式下的服务贸易活动随着成员之间跨境投资的持续发展，具有很大的增长空间，应当成为海南自由贸易港与其他RCEP成员国之间服务贸易合作的重点关注领域。服务贸易十二大部门中，海南自由贸易港在和商品有关的服务、分销服务、教育服务，和医疗有关的服务、运输服务、旅游服务、文化娱乐体育服务等领域，电信和互联网服务等重点领域的贸易投资自由便利制度建设得到积极推进，有望在自由贸易港制度体系形成之后，为海南自由贸易港和RCEP成员国间重点领域服务贸易提供有力支撑。

二是开展数字经济新规则先行先试。在数字技术快速发展和新冠肺炎疫情冲击背景下，我国的电子商务及其相关领域得到快速发展，分销商业的数字化水平在世界主要经济体中居领先水平，信息传输和计算机服务等在RCEP成员国中也具有较强竞争优势。但中国潜在的数字服务贸易领域和发达国家相比还存在较大差距。海南自由贸易港利用现代服务业高水平开放和数据安全有序流动的有利政策环境，扩大数字贸易发展空间，通过RCEP有关电子商务规则运用实践，为探索海南自由贸易港数字贸易制度创新路径积累经验。

三是在RCEP低碳绿色合作中发挥积极作用。今后，建立和完善覆盖区域的碳排放定价机制将成为RCEP环境合作的重要内容之一。海南自由贸易港已经在建立碳排放定价机制、提升碳汇能力建设等领域作出了规划和部署，对加强和RCEP成员之间的经验分享、推动覆盖区域的机制建设具有重要意义。另外，跨境贸易中碳排放调节机制建设受到许多国家的关注，欧洲在这一领域已经有所进展，但是在涉及如何确保WTO规则得到有效执行、保护发展中经济体正当权益等问题上尚未形成共识和具有可操作性的方法，目前仅限于研究讨论，尚未进入制度设计和实施阶段。海南自由贸易港和RCEP成员国可在这一领域加强合作，开展先行先试，为区域和全球相关规则制定积累经验。

第十章　服务贸易复苏新动向

　　受新冠肺炎疫情影响，全球服务贸易结束了持续多年的增长趋势，2020年出现近两成的大幅度下降。2021年随着世界经济的逐步复苏，全球服务贸易实现了恢复性增长，但尚未表现出重回疫情之前持续较快增长轨道的明确迹象。疫情和俄乌冲突爆发的影响相互叠加，使包括服务贸易在内的全球经济重新蒙上阴影。中国的服务贸易在疫情之前持续保持较快增长态势，并发展到体量仅次于美国，但发展质量与发达经济体相比还有较大差距，在疫情冲击的影响尚未完全消除背景下，加快培育国际竞争新优势的重要性和必要性日趋凸显。海南自由贸易港服务贸易目前仍是地区经济发展中的短板，存在起点低、体量小和结构性失衡等突出问题。随着自由贸易港建设不断取得新进展，外向型经济发展的制度和政策优势逐步显现，海南自由贸易港服务贸易将迎来长期持续高质量发展的历史新阶段。

一、全球服务贸易发展形势新变化

（一）新冠肺炎疫情暴发前全球服务贸易的主要特点

　　10多年来，全球服务贸易表现出较强的增长态势，在世界跨境贸易和经济发展中的积极作用日益受到关注。世界贸易组织曾经在2019年10月发布题为《2019世界贸易报告——服务贸易的未来》的报告，基于当时形势强调，服务业作为国际贸易中最具活力的组成部分，已经成为全球经济支柱。报告分析了服务贸易的以下三个特点。

　　一是全球服务贸易表现出持续较快增长趋势。根据GATS的定义，传统的服务贸易统计数据并未涵盖所有四种服务供应模式。但是新的WTO实验数据集首次包含了GATS的第三模式——商业存在（一成员的服务供应商在另一成员境内设置服务机构提供服务），并得出了服务贸易的总价值。根据新的估算结果，2017年服务贸易总价值为13.3万亿美元。2005年至2017年间，服务贸易平均年增长率为5.4%，增长速度快于货物贸易。

二是技术发展使服务贸易更加便捷。过去，许多服务贸易仍要求生产者和消费者之间保持相对较短的物理距离，但现在服务贸易正变得越来越便捷，这在很大程度上归功于数字化的发展进步。跨境服务贸易日益增长，为国民经济和个人都提供了新的机遇。新技术的发展促使中小微企业也参与到服务贸易中来。在发展中经济体中，服务业中小微企业的国际化程度不及制造业。发达经济体中服务型中小微企业在不同国家的贸易参与度有所不同。但在服务贸易部门开展服务出口业务更为容易，服务型中小微企业平均比制造业企业早两年开始发展出口贸易。技术进步和互联网的普及对服务型中小微企业更快地进入国际市场发挥了关键作用。数字化服务（如专业化服务和科技服务）是中小微企业最常参与的服务贸易类型。

三是服务业是贸易总额增值的重要来源。随着全球价值链的改变和技术变革，服务与商品贸易之间的区别日益模糊，衡量服务业在国际贸易中的作用变得更加复杂。增值贸易的统计数据显示了服务业作为所有经济部门的投入因素的重要性，这表明服务业在国际贸易中的作用要大于总的贸易统计数据所反映的情况。服务业增值约占国际商品和服务贸易总价值的一半。服务业在发达经济体的GDP占比从1950年的40%上升到目前的75%左右，而越来越多的发展中经济体也以服务业为经济基础。

表 10-1　全球服务贸易与货物贸易增长情况比较

年份	贸易额（亿美元）			服务/贸易总额（%）	同比增长率（%）		
	服务	货物	贸易总额		服务	货物	贸易总额
2012	44232	176680	220912	20.0	1.6	0.0	0.3
2013	47473	182542	230015	20.6	7.3	3.3	4.1
2014	50638	185006	235644	21.5	6.7	1.3	2.4
2015	47540	161124	208664	22.8	−6.1	−12.9	−11.4
2016	48792.9	156201	204993.9	23.8	2.6	−3.1	−1.8
2017	53512	173662	227174	23.6	9.7	11.2	10.8
2018	57697	190768	248465	23.2	7.8	9.9	9.4
2019	60254	185163	245417	24.6	4.4	−2.9	−1.2
2020	49098	172182	221280	22.2	−18.5	−7.0	−9.8
2021	56463	215227	271690	20.8	15.0	25.0	22.8

数据来源：日本贸易振兴机构《世界贸易投资报告》（2013—2021 年版）；2021 年数据来自 WTO 发布于 2022 年 4 月的相关报告。

上述三个结论充分展示了服务贸易在全球经济发展中的重要作用。首先，由于各国对服务的需求持续扩大，和货物贸易相比，服务贸易具有更值得期待的增长潜力，有可能在跨境贸易长期持续增长中发挥更加重要的带动作用。其次，互联网和数字技术快速发展使得服务贸易活动更加便利，同时使得服务贸易具有更强的包容性。发展中经济体、中小微企业甚至社会弱势群体因此能获得较快进入市场的机会。还有一点更为重要，扩大服务贸易更容易带来贸易附加值的增长，有助于提升全球价值链水平。就一个经济体而言，服务出口的持续扩大有利于提升自己在全球价值链中的地位。这一点也很好地说明了一些发达经济体能够在全球价值链中居于优势地位和其长期保持服务贸易顺差之间的内在联系。当然，服务贸易和货物贸易本身存在密切关联，服务于货物贸易需要的运输、金融、分销等服务交易活动是服务贸易的重要组成部分，货物贸易增长波动直接影响到服务贸易发展走向。例如，根据WTO统计，2017年和2018年全球货物贸易（按出口额计算）分别增长了10.7%和9.7%，服务贸易增长分别达到7.8%和7.7%，与货物贸易增速变化趋势相同。2019年，全球货物贸易增速下降2.9%，服务贸易虽然没有出现负增长，但增速回落到2.1%的较低水平。

（二）新冠肺炎疫情暴发后的全球服务贸易发展新趋势

2020年初突发的新冠肺炎疫情迅速在全球范围内蔓延并持续至今，将本来已经深受美国极端贸易保护主义之害的世界经济直接拖入了严重衰退困境，2020年出现-3.1%的有记录以来最大幅度负增长。随着疫情形势和管控措施的逐步放缓，2021年世界经济进入了强劲反弹阶段，在主要经济体经济全面复苏的带动下，当年全球经济增长率达到6.1%，市场预期和投资者信心有所上升，经济复苏的前景普遍被继续看好。2021年10月，国际货币基金组织对全球经济增长的预测值仍然相对乐观。但是，2022年2月俄乌冲突爆发，美国等西方国家采取了大量制裁行动，进一步加剧了地缘政治冲突的紧张局势，全球能源和粮食市场反应剧烈，大宗商品价格持续上涨，许多国家面临严重通货物膨胀和能源、粮食短缺的严重挑战，世界经济复苏的前景重新被蒙上阴影。2022年4月，国际货币基金组织发布新版世界经济展望报告，预测2022年世界实际经济增长率可能降至3.6%，比2021年10月预测值下调0.8个百分点；2023年世界经济增长率预测值保持3.6%不变。这表明国际货币基金组织对全球经济复苏持有悲观情绪，主要原因是受俄乌冲突和疫情持续影响。

新冠肺炎疫情对经济活动的持续影响，导致全球市场需求下降，尤其是在各国普遍采取严格管控措施干预下，产业链、供应链和物流链等三链中断，商品、交通运输工具和人员来往严重受限，接触性消费和服务需求萎缩，服务贸易遭受重创。根据WTO统计，2020年全球货物贸易下降7.0%，服务贸易下降了19.9%，降幅远超货物贸易。其中，旅行服务下降63%，运输服务下降18.8%，成为造成服务贸易额大幅度下降的主要因素。2021年以来，尽管新冠肺炎疫情的影响仍在持续，但随着全球经济加快复苏，货物贸易和服务贸易均出现明显的恢复性增长。根据WTO在2022年4月发布的报告，2021年全球货物贸易增长25%，服务贸易同比增长15%。对于服务贸易增长的原因，世界贸易组织认为是受到高涨的运输服务需求推动；旅游出口保持增长，但仍然很弱，因为全球旅行限制只在部分地区有所放松。其他服务类别，包括金融和商业服务，与前一年相比增长了12%。

2022年4月，WTO发布最新贸易数据预测：由于俄乌冲突，全球经济前景黯淡，预计2022年全球商品贸易量将增长3.0%，低于之前预测的4.7%；2023年全球贸易量将增长3.4%。WTO表示，俄乌冲突最直接的经济影响是大宗商品价格的急剧上涨。另外，海运贸易方面现在也面临干扰，这可能导致制造业再次面临短缺和通货膨胀压力，并出现供应链危机。WTO表示，西方国家对俄罗斯的制裁可能会对商业服务贸易产生强烈影响，今后两年的全球服务贸易增长前景仍然不容乐观。

综合上述分析，服务贸易的持续较快增长趋势由于新冠肺炎疫情暴发而中断，即便到2022年尚无法回归正常增长轨道。2021年，服务贸易在跨境贸易总额中的占比回落到了20.8%，与10年前水平相近。但从长期观察来看，2012—2021年的10年中，服务贸易年均增幅达到3.05%，比同期货物贸易年均增幅高0.57个百分点；2021年服务贸易占比仍然达到20.8%，比2012年提高0.8个百分点。更为重要的是，在接触性活动严重受限的背景下，互联网和数字技术快速发展，无实体接触方式的线上、网上服务活动大量增加，电子商务和数字服务贸易迎来了快速发展新契机。WTO 报告关注的服务贸易便捷性和包容性特征日趋凸显，这对在危机中稳定全球经济和民生发挥了积极作用。在这一基础上，一旦新冠肺炎疫情的负面影响得到全面有效控制，地区政治格局趋于稳定，全球服务贸易的爆发力将超出以往，推动世界经济贸易重回持续增长轨道。

二、中国在全球服务贸易格局中的地位

新冠肺炎疫情暴发之前，在服务市场需求形势持续稳定背景下，全球服务贸易国别结构也出现新的变化。中国不断保持高于全球平均水平的增长态势，服务进出口规模连续多年位居全球第二，在全球服务贸易中的比重持续上升。新冠肺炎疫情暴发后，中国的服务贸易尤其是进口同样受到巨大冲击。WTO 统计数据显示，2020 年中国的服务出口达到 2806 亿美元，同比下降 1.1%。但由于降幅远小于全球平均 19.9% 的降幅以及美国、英国、德国、法国等其他服务出口规模排名前十国家的降幅，在全球服务出口中的比重提高到 5.4%，超过法国，位居美国、英国、德国之后的全球第四位。2020 年，中国服务进口规模达到 3775 亿美元，同比下降 27.8%，降幅大于全球平均水平；占全球服务进口的比重也比 2018 年降低了 1.4 个百分点，但比重实际达到 8.1%，仍然高居全球第二位。经进出口综合计算可知，中国作为全球服务贸易第二大国的地位并没有改变。

2021 年，在全球经济强劲复苏背景下，世界主要经济体的服务出口实现较大幅度恢复性增长，同比增速达到 16.7%；中国的服务出口同比增速比全球平均水平高出 23.8 个百分点，使得中国出口在全球的比重上升到 6.6% 的历史新高。中国在全球服务出口规模最大的 10 个经济体中，由 2020 年的第四位前移到第三位，超过了德国，作为全球服务出口大国的地位进一步得到提升。

表10-2 2020—2021年服务贸易出口排名前十经济体主要指标

	服务出口额（亿美元）		同比增长率（%）		占世界服务出口比重（%）		
	2020年	2021年	2020年	2021年	2020年	2021年	增减
世界	51587	60188	−17.9	16.7	100.0	100.0	0.00
美国	7056	7712	−19.5	9.3	13.7	12.8	−0.90
英国	3862	4173	−7.5	8.1	7.5	6.9	−0.60
中国	2806	3943	−1.1	40.5	5.4	6.6	1.20
德国	3189	3866	−10.5	21.2	6.2	6.4	0.20
爱尔兰	2797	3372	8.6	20.6	5.4	5.6	0.20
法国	2551	3034	−13.9	18.9	4.9	5.0	0.10
荷兰	2251	2486	−18.3	10.4	4.4	4.1	−0.30
印度	2034	2371	−5.3	16.6	3.9	3.9	0.00
新加坡	2098	2298	−2.6	9.5	4.1	3.8	−0.30
日本	1619	1678	−22.7	3.6	3.1	2.8	−0.30

注：金额、增长率和前述WTO公布总额、增长率数据之间有差异。

数据来源：WTO贸易统计计算。

表 10-3　2018 年、2021 年各国服务贸易主要指标比较

	贸易特化系数 （%）		占世界比重变化 （百分点）		2021 年比 2018 年增长 （%）		各国增长对世界增长贡献 （百分点）	
	2018 年	2021 年	出口	进口	出口	进口	出口	进口
世界	2.3	4.0	0.00	0.00	−1.3	−4.4	−1.30	−4.43
美国	20.9	17.5	−1.32	0.04	−10.5	−4.0	−1.48	−1.23
英国	22.3	26.4	0.10	−0.18	0.2	−8.2	0.01	−0.81
中国	−32.6	−4.0	2.17	−1.34	47.8	−18.7	2.09	−0.05
德国	−2.5	0.1	0.57	0.49	8.4	2.8	0.49	−0.28
爱尔兰	−4.0	−0.4	1.95	1.96	51.2	40.8	1.87	0.04
法国	4.9	7.5	0.08	−0.01	0.3	−4.7	0.02	−0.27
荷兰	0.1	2.4	−0.13	−0.19	−4.3	−8.5	−0.18	−0.14
印度	7.6	10.6	0.58	0.42	15.7	8.8	0.53	−0.33
新加坡	1.2	1.4	0.45	0.57	12.0	11.5	0.40	−0.10
日本	−2.3	−10.4	−0.40	0.22	−13.7	1.6	−0.44	0.11

数据来源：根据 WTO 贸易统计计算。

　　统计分析结果表明，虽然我国服务贸易保持全球第二大规模，但服务贸易发展水平和发达国家相比，还存在以下三个方面的较大差距，具有巨大的提升空间和发展潜力。

　　一是中国的服务贸易长期存在巨额逆差。按照 2020 年的数据做统计计算，全年贸易逆差达到 994 亿美元，贸易特化系数（逆差率）为 −15.2%，和 2019 年相比逆差规模（−2452 亿美元）和逆差率（−27.7%）均大幅度缩减，主要是受新冠肺炎疫情影响，服务进口下降幅度远超出口所致。即便

如此，中国的逆差指标和美国2356亿美元的贸易顺差、21.4%的顺差率相比存在巨大差距，也是前十大经济体中服务贸易收支逆差最大的国家。2021年，我国的逆差率进一步压缩至−4.0%，主要是在坚持新冠肺炎疫情动态清零措施的背景下，旅行等服务进口仍然严重受限，总体服务进口增速远远低于出口增长水平，导致了服务逆差进一步缩小。但缩小仍然是短期性的，和货物贸易相比，我国的服务贸易长期缺乏国际竞争力的比较劣势并未改变。

表10-4　2020年全球服务贸易前十大经济体贸易依存度指标比较

	贸易依存度（%）		贸易特化系数		服务贸易国别占比（%）	服务贸易占全部贸易比重（%）		
	货物	服务	货物	服务		进出口	出口	进口
世界	41.1	11.3	−1.2	2.5	100.0	21.6	22.2	21.0
美国	18.0	5.3	−24.0	21.4	11.5	22.6	31.9	15.7
中国	31.6	4.5	11.5	−15.2	6.8	12.3	9.7	15.5
德国	66.3	15.9	8.2	−0.3	6.4	19.4	18.1	20.8
爱尔兰	66.4	131.7	29.0	−12.3	5.8	66.5	57.4	75.8
英国	37.1	19.0	−22.3	26.3	5.5	33.8	45.4	23.5
法国	40.7	18.6	−8.8	3.3	5.1	31.4	34.1	28.9
荷兰	139.8	53.3	6.2	2.0	5.1	27.6	26.8	28.5
新加坡	209.8	105.9	7.7	4.1	3.8	33.5	32.8	34.4
印度	24.6	13.3	−15.4	15.6	3.7	35.1	42.5	28.4
日本	25.2	6.8	0.5	−10.3	3.6	21.2	19.4	23.0

注：贸易依存度=贸易额/GDP。

数据来源：GDP根据IMF统计；货物贸易额和服务贸易额根据WTO贸易统计计算。

二是我国的服务贸易在全球的地位相对较低，与货物贸易相差甚远。按照2020年统计计算，我国服务贸易进出口额占世界服务贸易总额的比重为6.8%，虽然位居全球第二，但是与我国货物贸易占全球13.4%的水平相比差距较大。美国所占比重是11.5%，是我国的1.7倍。因此，提升我国服务贸易全球地位存在巨大空间。

三是服务贸易额占本国全部贸易额的比重偏低。2020年全球服务贸易额占全部贸易额的比重为21.6%，和2019年最高时24.5%的水平相比略有下降。中国的这一比例仅为12.3%，比同期全球平均水平低近10个百分点，和美国的22.6%之间同样存在较大差距。从出口和进口来看，中国服务贸易占全部贸易比重分别是9.7%和15.5%。服务出口相对规模偏小、对跨境贸易活动的支撑作用有限的问题十分突出。

综合来看，2020年，美国、英国、德国、中国、法国、荷兰、爱尔兰、印度、新加坡、日本等国是全球服务贸易出口规模前十的经济体。其中，美国是最大的服务贸易顺差国，中国是最大的服务贸易逆差国。就服务贸易依存度来说，中国仅达到4.5%，不及全球平均值的一半，在10个经济体中是最低的。服务贸易在跨境贸易和经济发展中的作用偏小，是我国经济发展中存在的一个结构性问题。不断提升服务贸易的国际竞争力和发展质量，将成为事关我国经济高质量发展大局的一项重要任务。

三、服务贸易的重点领域及其影响

近年来，旅行服务、运输服务和信息服务是影响服务贸易整体走向的关键领域。以2018年为例，全球服务贸易整体保持较高增长水平，同比增速达7.7%。分项目分析结果显示，十二大项的全部实现增长，其中增长较快的有通信、计算机和信息传输服务，商品相关服务，专业咨询服务保险服务；而对整体服务出口增长贡献最大的三项依次是旅行服务，通信、计算机和信息传输服务，运输服务，拉动当年全球服务出口增长都超过了1个百分点。2020年，新冠肺炎疫情暴发，全球服务出口下降了17.9%，其中旅行和运输服务成为受冲击最大的领域，全球旅行服务出口下降了 62.5%，运输服务出口减少 17.6%，仅这两项下降就使整体服务出口分别减少了 14.9 和 3.2 个百分点，成为 2020 年服务出口大幅度下降的主要原因。2021 年，全球贸易复苏使运输服务需求迅速反弹，供应链危机加剧了运价上涨。在这两个因素叠加影响下，运输服务金额同比增长达 34.3%，对提升全球服务出口回升起到了重要作用。由于受疫情持续影响，部分国家仍对人员往来采取限制性措施，全球旅行服务出口增长仅达到 7.4%，对拉动整体服务出口增长的作用十分有限。在受疫情影响接触型经济活动收缩的背景下，使用互联网和数字、现代通信技术的商业活动应运而生，对于稳定包括通信、计算机和信息传输服务在内的其他商业服务产生了积极影响。WTO 统计显示，2020 年和 2021 年，全球其他商务服务分别增长了 0.5%、14.1%，通信、计算机和信息传输服务增长的支撑作用令人瞩目。

长期来看，旅行服务，运输服务，通信、计算机和信息传输服务等三大跨境服务有可能成为支撑服务贸易不断增长的关键领域。原因首先在于这三项服务在服务出口中占比最大。2018 年，旅行服务占比达 24.9%，运输服务占比 17.6%，通信、计算机和信息传输服务占比达 10.5%，单位增长的拉动效果十分明显。其次是在全球跨境经济活动活跃时期，伴随着商品贸易快速增长，运输服务、人员流动和信息服务需求会大量增加，具有长期增长的潜力。最后，交通基础设施、互联网、数字化等技术水平不断提升，将明显增加人员、信息和运输工具往来的便利性。

表 10-5　2018 年全球服务贸易情况

	金额 （亿美元）	比重 （%）	增长率 （%）	拉动增长 百分点
商品相关服务	2110	3.7	11.8	0.4
委托加工服务	1106	1.9	11.2	0.2

续表

	金额 （亿美元）	比重 （%）	增长率 （%）	拉动增长 百分点
维护和维修服务	1003	1.7	12.5	0.2
运输服务	10166	17.6	7.3	1.3
旅行服务	14365	24.9	7.2	1.8
其他服务	31056	53.8	7.8	4.2
保险服务	1439	2.5	8.3	0.2
金融服务	4899	8.5	5.6	0.5
知识产权使用费服务	4035	7.0	5.5	0.4
通信、计算机和信息传输服务	6061	10.5	14.7	1.5
通信服务	934	1.6	4.4	0.1
计算机服务	4748	8.2	17.0	1.3
信息服务	378	0.7	15.1	0.1
其他商业服务	12654	21.9	6.2	1.4
研发服务	1794	3.1	5.3	0.2
专业咨询服务	4995	8.7	9.2	0.8
技术和贸易相关服务	5865	10.2	4.0	0.4
个人、文化和娱乐服务	555	1.0	6.4	0.1
公共服务	754	1.3	5.3	0.1

数据来源：根据WTO贸易统计计算。

表10-6　2018年、2021年全球服务贸易变化情况

	出口金额（亿美元）		2021年比2018年增长（%）	各项增长对总额增长贡献点	中国各项增长对世界该项增长贡献点	各项占比（%）		
	2018年	2021年				2018年	2021年	增减
服务出口	57697	60188	4.3	4.3	2.2	100.0	100.0	0.0
商品相关服务	2110	2193	4.0	0.1	1.7	3.7	3.6	0.0
运输服务	10166	11502	13.1	2.3	2.8	17.6	19.1	1.5
旅行服务	14365	5937	−58.7	−14.6	0.1	24.9	9.9	−15.0
其他服务	31056	40556	30.6	16.5	0.3	53.8	67.4	13.6

数据来源：根据WTO贸易统计计算。

表10-7　2018年、2021年中国分项目服务贸易情况

	贸易特化系数（%）		服务出口同比增长（%）		出口占总出口比重（%）	
	2018年	2021年	2018年	2021年	2018年	2021年
服务贸易	−38.5	−11.5	9.7	42.8	100.0	100.0
加工服务	97.0	90.4	−3.6	7.3	7.5	4.2
维护和维修服务	47.8	34.7	21.2	2.6	3.1	2.3
运输服务	−43.8	−2.4	14.0	124.7	18.2	37.5
旅行服务	−75.0	−81.4	1.7	−31.3	17.0	3.4
建筑服务	22.4	22.1	11.1	21.3	5.8	4.5
保险服务	−41.4	−51.1	21.7	−3.4	2.1	1.5
金融服务	24.3	−3.6	−5.8	18.8	1.5	1.5

续表

	贸易特化系数（%）		服务出口同比增长（%）		出口占总出口比重（%）	
	2018 年	2021 年	2018 年	2021 年	2018 年	2021 年
知识产权使用费服务	−73.0	−59.9	16.8	35.6	2.4	3.5
通信、计算机和信息传输服务	13.3	11.9	11.7	31.4	12.9	15.0
其他商业服务	16.6	24.1	13.4	24.1	28.4	25.7
个人、文化和娱乐服务	−55.5	−38.5	27.9	44.4	0.4	0.4

数据来源：国家外汇管理局国际收支平衡表。

根据我国国际收支平衡表，2018 年和 2021 年，我国服务贸易发展具有以下几个特点。

一是总体保持了较大贸易逆差，部分行业收支失衡有所改善。2018年，我国的服务贸易贸易特化系数达到−38.5%，在全球服务贸易快速增长背景下，逆差规模有所扩大；2021 年受新冠肺炎疫情冲击，服务出口增幅明显大于进口，贸易逆差率收窄到−11.5%，并未改变整体失衡状态。分项目来看，2018 年，加工服务、金融服务、建筑服务、其他商业服务、维护和维修服务等实现了不同程度的顺差，尤其是加工服务收支顺差率超过97%，展现了制造业优势的有力支撑作用。保险，运输，个人、文化和娱乐，知识产权使用费，旅行等服务项目都是逆差；其中旅行服务逆差规模最大，贸易特化系数为−75.0%。2021 年，各项目收支平衡程度有所变化，但失衡的方向并没有发生逆转，延续了长期以来的竞争格局。值得注意的是，除了旅行服务的相对逆差率有所扩大之外，其他项目的逆差率大多有所缩小，收支失衡情况有所改善。

二是整体服务出口受外部环境影响增长波动较大，运输服务，通信、计算机和信息传输服务出口保持较快增长。2018年，在全球服务出口较快增长背景下中国服务出口同比增长了9.6%，比全球平均增长率提高1.9个百分点。2021年受经济复苏的叠加影响，中国的服务出口和全球的一样实现较大幅度增长，增幅高达42.8%。分项目来看，2018年，除了金融服务、加工服务出现小幅下降之外，其他项的服务出口均实现较快增长。其中，个人、文化和娱乐服务，保险服务，维护和维修服务，知识产权使用费服务，运输服务出口增长最快；另外，运输服务，通信、计算机和信息传输服务，其他商业服务出口增长有效拉动整体服务出口增长，对2018年服务出口增长作出了突出贡献。2021年，整体服务出口出现大幅度增长，分项目来看，运输服务增长1.2倍；其他各项中，除旅行服务、保险服务出现负增长之外，维护和维修服务，知识产权使用费服务，通信、计算机和信息传输服务，金融服务均实现增长，对促进服务贸易出口强劲复苏、提升中国在全球服务贸易格局中的地位产生了积极作用。

三是旅行服务出口占比明显降低，其他商业服务，运输服务，通信、计算机和信息传输服务出口的重要性逐步显现。2018年，按照各项目占比高低排序，其他商业服务、运输服务、旅行服务位居前三，通信、计算机和信息传输服务名列第四。2021年，旅行服务占比由2018年的17.0%下降到3.4%，排名也由第三位退居第七位；运输服务的比重提升到37.5%，由2018年的第二位提高到第一位；通信、计算机和信息传输服务出口占比由12.9%升至15.0%，从第四位提升到第三位，在服务出口中的重要性进一步提升。其他商业服务中包括了研发服务、专业咨询服务、技术和贸易相关服务，具有知识密集型行业特点；运输服务，通信、计算机和信息传输服务代表了供应链和数字经济相关服务的发展方向。这三项服务出口地位的上升，对于我国服务贸易结构优化升级具有重要意义。

2021年，由于我国始终坚持动态清零的严格疫情防控政策，受以境外旅游为代表的服务进口持续低迷等短期因素的影响，服务贸易同比增速仅达到 12.0%，与出口回升幅度相比存在较大差距。总体来看，我国服务贸易的国际竞争力和发达国家相比还存在较大差距。但是随着中国经济综合实力，特别是研发创新能力的逐步提升，这种落后局面会持续发生转变。首先，部分传统领域的国际优势不断得到巩固，体现出较强的发展韧性。例如，委托加工服务、维护和维修服务是我国传统优势行业，这几年的出口增长虽然有所波动，但传统优势并没有改变，在全部出口中的份额相对稳定，为供应链稳定提供了有力支撑。其次，在一些新兴领域，我国服务贸易竞争优势正在逐步形成和加强。例如通信、计算机和信息传输服务业是全球数字经济的新兴领域，该行业近年来保持了持续增长，在新冠肺炎疫情背景下市场机遇明显增多，相对比较优势不断凸显，其在全球以及中国服务出口中的重要性和增长引擎作用进一步增强。另外，在部分长期处于相对劣势的服务领域，虽然贸易失衡尚未出现根本改变，但是我国的出口增长明显提速，与发达国家之间的差距不断缩小。例如，在知识产权使用费服务，个人、文化和娱乐服务，运输服务，保险服务等领域，我国迄今为止长期保持较大贸易逆差，但这几年出口明显加快，尤其是 2020 年实现较大幅度增长，在全部服务出口中的占比均明显上升，其中运输服务和知识产权使用费服务出口增长都在两位数以上，拉动整体服务出口增长分别达 5.5 和 1.1 个百分点。

四、服务和制造融合发展新趋势

(一) 第五种形态服务贸易的内涵

根据 GATS，服务贸易存在跨境交付、境外消费、商业存在、自然人流动等四种形态。随着实际经济领域制造和服务相互融合的产业形态的不断变化，所谓第五种形态的服务贸易日益受到关注。相对于 GATS 中服务贸易的四种形态，第五种形态的服务贸易主要指附加在商品上的服务的跨境贸易。欧盟委员会贸易总司首席经济学家塞尔纳德在一篇研究报告[1]中最早提出第五种形态服务贸易概念。报告中列举的案例提到，给矿山挖掘机装上物联网接收装置和传感器，可以提高挖掘机使用效率并降低维修和运转成本，这就是附加在商品上的服务。矿石如果出口了，这一部分服务业就成为服务贸易出口。他认为，在这样的例子中，第五种形态的服务贸易不仅提高了效率，而且有可能成为企业提高竞争力的源泉和动能。因为第五种形态的服务贸易附加在商品上获得的数据可以用于商品的改良和开发，这几年，第五种形态的服务贸易活动快速增加，在汽车、电气机械、食品加工、纺织业等领域得到广泛应用。报告还认为，第五种形态服务贸易的产生，将对经贸规则的制定产生一定影响。长期以来，货物贸易和服务贸易分别在 GATT、GATS 项下管理，并制定相应的关税减免和市场准入开放标准。第五种形态服务贸易很难和原有分类型对应，由于服务和货物是一体的，其出口时被归入 GATT 项下。这些分析表明，制定新的规则对服务贸易创造的增加值削减关税，可以进一步促进第五种形态服务贸易出口的持续增加。

从跨境贸易实践来看，所谓第五种形态服务贸易早已成为一种现实存在并受到重视。传统意义上的货物贸易总价值实际上也包括了部分服务价值，如商品价值中包含的产品设计和研发服务、金融服务、运输服务的价值。这部分价值和商品制造过程创造的价值一起成为商品定价的主要依据，在最终产品交易过程中无须也无法区分，海关统计的货物贸易额实际上已经计入了一定服务的价值，并含在商品总价值中。各国为了提升货物贸易的附加值，普遍实行鼓励开展研发、设计等相关活动的政策。这部分服务价值的跨境交易就可以看作第五种形态的服务贸易。就此来看，实际的服务贸易金额应当比现有统计的还要高。在人工智能、物联网、现代通信技术快速发展的背景下，制造和服务尤其是制造加工和数字技术的融合

---

[1] Alessandro and Lucian, "Liberalizing Global Trade in mode 5 Services: How Much Is It Worth?" (2018).

成为新的产业形态，附加在产品上的服务类别迅速增加，如5G和卫星导航系统在矿山开采、零部件配送、流水线智能化上的应用场景迅速增加。第五种形态服务贸易作为跨境贸易新增长点和转型升级的方向，越来越受到政府和市场的关注。通常情况下，制造业实力雄厚的经济体在发展第五种形态服务贸易方面具有较强的优势。欧盟委员会贸易总司发布的报告预测，到2025年全球第五种形态服务贸易出口将达到5000亿美元的规模。其中，中国在主要国家中名列第一，约1000亿美元；第二位的东盟也会形成500亿美元左右的规模；美国和日本分别以381亿美元和288亿美元的规模位居第四、第五。伴随着社会的不断发展，服务业的新产业、新业态和新商业模式不断出现，跨境贸易领域形成更高水平的自由化便利化规则的重要性和必要性日益凸显。

（二）制造业跨国投资对服务贸易的促进作用

商业存在是跨境服务贸易的重要形态之一，无论跨境投资主体的产业属性如何，为东道国提供的服务都是商业存在服务贸易的组成部分。随着制造业智能化、自动化水平的不断提升，制造业服务化趋势日趋明显，制造业公司总部越来越多地承担起为公司内部甚至更广泛合作伙伴提供服务的功能。从国际经验来看，制造业企业跨国投资不断为服务贸易增长注入强劲动力。联合国贸易和发展组织2016年的一份报告就认为，全球跨境服务贸易中至少有三分之一是由制造业跨国公司所在地在投资东道国的分支机构所从事的服务相关业务构成，包括后台功能、金融、研发、售后、分拨中心等商务活动。

新加坡的经验进一步印证了制造服务化对服务贸易发展的促进作用。根据新加坡2019年固定资产投资统计，制造业投资所占比重达71.7%，其中91.8%来自外国资本投资。新加坡国土面积仅有700多平方千米，并不具备大规模布局制造工厂的条件。这些制造业投资公司在新加坡当地实际开展的很多业务是和服务贸易有关的，这也是新加坡服务贸易规模在2020年超过日本跻身全球第九位、服务贸易依存度超过100%的重要原因之一。

根据东盟国家统计，中国对东盟的投资中制造业投资占比30%左右，属于第一大类投资行业。

（三）总部型公司的服务贸易提升效应

中国香港、新加坡和迪拜等国际成熟自由贸易港的经验表明，实行高度自由化便利化的自由贸易港政策有利于加大地区总部聚集效应，培育服务贸易国际竞争合作优势。自由贸易港具有资金自由便利流动、低税率等独特优势，成为吸引全球跨国公司，尤其是发达经济体设立区域性总部的理想目的地，对促进服务贸易快速增长有十分重要的作用。以迪拜、中国香港和新加坡等三大自由贸易港为例，这三个自由贸易港除了均实现资本项目可兑换制度之外，资本利得税和企业所得税率或为零，或明显低于其他国家水平，有利于显著提升跨国公司的盈利水平，便捷投资利润、利息、知识产权收益以较低成本在更大范围内跨境流转和进行资金要素配置，带动金融、保险、信息传输、科技研发等服务贸易需求快速增长。

新加坡是全球最具吸引力的跨国公司投资目的地之一。虽然其本身国土面积有限，难以承受企业投资对土地空间的大量需求，但其所具有的高水平开放政策和亚太地区物流枢纽地位，极受地区总部型公司的青睐。日本贸易振兴机构2020年4月一项面向日本在新加坡投资企业的问卷调查结果显示，受访企业中有超过一半的制造业企业和43.8%的服务业企业具有地区总部功能，还有11.7%的服务业企业和9%的制造业企业称虽然其目前没有地区总部功能，但是计划今后增设这一功能。调查结果还显示，企业设立时间越长，持有的增设地区总部功能计划越多。日资企业在新加坡设置地区总部功能的原因是什么？这项问卷调查面向具有总部功能的108家企业开展，结果表明，最重要的三个原因分别是更容易进入周边地区市场（86.1%），英语广泛通用（58.3%），容易收集商业信息（53.7%）。这三项满足了地区总部对区域市场配置资源、国际化水平和信息中心功能的关键需求。另外，超过40%的受访企业选择的答案还包括政治局势稳定（51.9%），行政程序透明高效（46.3%），物流、运输、信息传输基础设施完备（45.4%），良好的外国人生活环境（43.5%），能够确保地区总部业务所需要的人才（42.6%），具有金融管制宽松、资金筹措市场完善等金融市场优势（41.7%），具有对地区性总部型企业的优惠税制（40.7%），等等。由此可见，打造适应总部型公司业务特点的一流营商环境以提高对跨国公司总部型业务的吸引力，是新加坡的成功经验。

表10-8　面向日本在新加坡投资企业关于地区总部功能的问卷调查结果

问卷提出的问题：目前贵公司在新加坡设立的企业具有地区总部功能吗？		
可选择答案	选择各类答案的企业占比（%）	
	2015年设立的企业（185家）	2019年以前设立的企业（226家）
以前有，后转移到其他国家	0.0	1.3
目前没有，国内有增设计划	23.2	40.3
目前没有，计划今后增加地区总部功能	28.1	10.6
具有地区总部功能	48.6	47.8
未回答	0.1	0.0
合计	100.0	100.0

注：2020年4月，日本贸易振兴机构面向新加坡当地日商投资企业进行了问卷调查。

数据来源：日本贸易振兴机构官网（www.metro.go.jp）

五、海南自由贸易港服务贸易形势和特点

2018年以来，海南持续推进自贸试验区和自由贸易港建设，开放型经济新体制建设取得积极进展，为发展跨境贸易创造了十分有利的制度和政策环境，服务进出口经受了新冠肺炎疫情冲击的严峻考验，迎来了持续快速发展新契机。

（一）海南自由贸易港服务贸易增长形势

根据2021年海南省国民经济和社会发展统计公报的数据，2021年海南省服务贸易进出口总额达287.8亿元，比2020年增长55.5%，比2019年增长26.9%（2020年和2021年两年年均增长12.7%）。这说明海南自由贸易港的服务贸易进出口经受住了严峻考验，重归快速增长轨道。

2015—2019年，海南服务贸易具有以下几个特点。一是保持持续快速增长趋势。根据海南省统计年鉴数据的分析结果，2015—2019年，服务贸易进出口总额保持了两位数以上增长，短短5年时间就翻了一番，年均增速达20.1%，显著高于全国平均水平，彰显了海南服务贸易增长的强劲动能。二是出口增长明显快于进口。数据显示，海南服务贸易出口年均增速为33.0%，比进口年均增速高出21.8个百分点。其中，出口连续4年保持增长，进口在2017年曾经出现小幅下降。三是服务贸易失衡状况明显改善。2017—2019年间，随着服务贸易出口增长明显快于进口，原有贸易失衡状况有所好转，尤其是2019年服务贸易由逆差转为顺差。总体来看，受国际旅游岛、自贸试验区建设以及2016年开始的服务贸易创新发展试点工作等多重政策叠加的影响，这一时期海南服务贸易起步较快，展现了较强发展势头和良好前景。

2020年是海南自由贸易港建设的起步之年，但是突如其来的新冠肺炎疫情对服务贸易发展环境造成了巨大冲击。这一年，海南服务贸易总额同比下降15.8%，主要受出口额大幅度下降的影响，进口额不降反升，这和离岛免税购物以及其他自由贸易港早期安排开放政策的不断落地实施，带动运输服务、商业服务进口增长等因素有着直接的关系。2021年，海南自由贸易港和服务贸易有关的制度设计方案及政策措施陆续推出，提高了投资者和境外服务提供商的市场预期，对促进服务业外商投资和各形态跨境服务贸易发展起到了积极作用。服务贸易进出口和货物贸易同样实现了大幅度回升，实际规模也超过了2019年的水平，服务贸易有望重回持续快速增长轨道。

表10-9　2015—2021年海南省服务贸易基本情况

年份	服务贸易金额（亿元）				同比增长速度（%）		
	进出口	出口	进口	贸易差额	进出口	出口	进口
2015	105.7	36.1	69.6	−33.5	—	—	—
2016	126.1	40.9	85.2	−44.3	19.3	13.3	22.4
2017	156.3	74.9	81.4	−6.5	23.9	83.1	−4.5
2018	182.6	85.6	97.0	−11.4	16.8	14.3	19.2
2019	219.7	113.1	106.6	6.5	20.3	32.1	9.9
2020	185.1	49.9	135.2	−85.3	−15.8	−55.9	26.8
2021	278.8	—	—	—	50.7	—	—
平均					17.5	6.7	14.2

注：进出口平均增速为2015—2021年年均增长速度，出口和进口为2015—2020年年均增速。

数据来源：海南省统计局年度统计数据。

（二）服务贸易在地区经济中的重要性

以贸易依存度为标准可以综合评估地区经济的外向型水平，客观反映跨境贸易对当地经济发展的影响。统计分析结果显示，2015—2020年，海南自由贸易港全部贸易（货物贸易+服务贸易）依存度大致在19%—26.1%的范围内波动，尤其是2020年受外部环境急剧变化影响，贸易依存度有所降低；2021年回升到27.8%的水平，与全国平均水平十分接近。总体来看，当前海南地区经济的外贸依存度仍然低于全国平均水平，但是差距逐步缩小，外向型经济体量小、发展水平偏低的结构性问题正在逐步缓解，预计在自由贸易港政策实施的影响下会逐步接近甚至超过全国平均水平。

从服务贸易依存度来看，2018 年海南仅 3.7%，低于 4.5% 的全国平均水平，与全球 11.3% 和新加坡 105.9% 的平均水平相差甚远。但是，从发展趋势上看，除了 2020 年之外，2015 年以来海南的服务贸易依存度保持逐年提升态势，尤其是在 2021 年服务贸易重回快速增长轨道背景下，服务贸易依存度回升到 5.1% 的 2015 年以来最高水平，首次高于同期全国平均水平。贸易特化系数和服务贸易在总体贸易中占比变化也在一定程度上显示了服务贸易的提升空间和潜力。2015 年，海南省服务贸易特化系数为 −31.6%，随着服务出口增长持续加快，特化系数缩减到 2018 年的 −6.2%；2019 年甚至由逆差转为顺差。另一方面，服务出口占全部贸易出口的比重也由 2015 年的 13.5% 提高到 2019 年的 24.8%，服务出口对经济增长的贡献不断提升。

毫无疑问，外向型经济是目前海南自由贸易港地区经济中的短板，服务贸易发展水平整体也低于全国水平。但随着海南自由贸易港制度建设不断取得实际进展，外向型经济将迎来快速发展的新时期，服务贸易对地区经济发展的带动作用将会明显提升，并有望成为推动自由贸易港经济持续增长和转型升级的新引擎。

表 10-10　2015—2021 年海南省服务贸易、服务贸易主要指标

年份	贸易依存度（%）			贸易特化系数（%）			服务贸易占全部贸易比重（%）		
	全部贸易	货物贸易	服务贸易	全部贸易	货物贸易	服务贸易	进出口	出口	进口
2015	26.1	23.3	2.8	−44.9	−46.5	−31.6	10.8	13.5	9.9
2016	21.5	18.4	3.1	−58.7	−62.6	−35.2	14.4	22.5	12.2
2017	19.1	15.6	3.5	−13.7	−15.9	−4.2	18.2	20.2	16.7
2018	21.0	17.3	3.7	−25.6	−29.8	−6.2	17.7	22.3	15.0

续表

年份	贸易依存度（%）			贸易特化系数（%）			服务贸易占全部贸易比重（%）		
	全部贸易	货物贸易	服务贸易	全部贸易	货物贸易	服务贸易	进出口	出口	进口
2019	21.1	17.0	4.1	−18.8	−24.1	3.0	19.5	24.8	15.9
2020	20.2	16.9	3.3	−41.6	−40.8	−46.1	16.5	15.3	17.0
2021	27.8	22.8	5.1	—	—	—	16.3	—	—
2021（全国）	31.0	26.3	4.6	11.7	14.5	−4.0	15.0	10.5	13.7

注：贸易依存度=贸易额/GDP（均按照当年价格计算），全部贸易指货物贸易与服务贸易之和，贸易特化系数=（出口−进口）/（出口+进口）。

数据来源：作者根据海南省统计局数据和《2021年中国国民经济和社会发展统计公报》数据计算。

（三）服务贸易行业结构主要特点

2021年海南省统计年鉴首次公布了海南服务贸易的相关统计数据，其中包括了2020年度分项目服务贸易数据，为准确把握海南自由贸易港服务贸易行业结构提供了有力支撑。通过对相关数据的统计分析，可以观察到关于海南自由贸易港服务贸易行业结构的以下几个特点。

一是运输服务业成为海南自由贸易港服务贸易中进出口规模最大的行业。统计显示，2020年运输进出口额占全部服务贸易额的比重达23.4%，位居第一；第二位是其他商业服务，占比为19.0%；知识产权使用费服务位居第三，旅行服务位居第四，通信、计算机和信息传输服务位居第五。五大领域合计占服务贸易进出口总额的近九成。其中，通信、计算机和信息传输服务占比达13.7%，比全国平均水平略低。另外，和全国服务贸易行业结构相比，海南自由贸易港服务贸易的行业集中度较高，五大领域以外的服务贸易进出口比重均低于6%，保险服务、建筑服务、金融服务等甚至低于1%。在总体规模较小的情况下，行业分布不够平衡，是海南自由贸易港服务贸易行业结构上的一个突出问题。

二是加工服务在扩大服务出口中的作用较为明显。按照出口规模排列，运输服务仍然高居第一位，占比达39.5%，在海南自由贸易港服务出口中的规模优势十分突出。

通信、计算机和信息传输服务以18.0%的比重高居第二位，比按照进出口规模排序结果上升了3位，充分说明了数字服务出口对于促进服务贸易出口增长的重要性。旅行服务、加工服务和其他商业服务分别居第三、第四和第五位。其中加工服务出口占比达14.6%，比按照进出口计算的比重提高了10.7个百分点，作为出口型服务贸易行业对促进服务贸易出口增长发挥了十分重要的作用。另外，服务贸易出口的集中度更高，仅前五大领域占比合计就高达97.5%；其他领域出口占比很小，尤其是金融服务以及个人、文化和娱乐服务，难以形成一定出口实力是这两个领域面临的难题。

三是知识产权使用费服务属于典型的服务进口型项目。按照各项进口在服务进口中的比重排序，其他商业服务，知识产权使用费服务，运输服务，旅行服务，通信、计算机和信息传输服务居于前五位，并占服务贸易进口近九成的份额。其中知识产权使用费居第二位，比重达22.4%，和出口1.3%的比重相差较大，属于典型的进口依赖型项目，知识产权主要依赖于进口，严重缺乏国际竞争力。

四是仅有加工服务和保险服务2项实现收支顺差。按照各项服务贸易差额占全部服务贸易差额的比重排序，知识产权使用费服务，其他商业服务，旅行服务，维护和维修服务，通信、计算机和信息传输服务所占比重居前五位，五大领域的逆差总额之和超过了服务贸易逆差总额。在统计列出的12项服务贸易收支中，仅有加工服务和保险服务2项是顺差，其他10项都是逆差，其中7项的贸易特化系数表现的贸易失衡程度大于46.1%的平均水平。总体来看，海南自由贸易港的服务贸易具有明显的进口型特征；提升服务出口竞争力，促进收支平衡具有巨大的提升空间；在加工服务、保险服务的基础上，维护和维修服务，通信、计算机和信息传输服务，旅行服务，运输服务等都具有实现持续收支顺差的潜力。

表10-11　2020年度海南省服务贸易分项目数据

项目	各项目金额占服务贸易总额的比重（%）				贸易特化系数（%）
	进出口	出口	进口	差额	
运输服务	23.4	39.5	17.4	4.5	−8.9
旅行服务	15.5	16.3	15.3	14.7	−43.5
建筑服务	0.1	0.1	0.1	0.1	−64.5
保险服务	0.4	1.0	0.1	−0.4	49.1
金融服务	0.1	0.0	0.1	0.1	−60.6
通信、计算机和信息传输服务	13.7	18.0	12.1	8.6	−29.1
知识产权使用费服务	16.7	1.3	22.4	34.8	−95.9
个人、文化和娱乐服务	1.4	0.0	1.9	3.0	−98.8
维护和维修服务	5.7	0.1	7.8	12.2	−99.3
加工服务	3.9	14.6	0.0	−8.5	99.7
其他商业服务	19.0	9.1	22.7	30.7	−74.3
政府事务和服务	0.1	0.1	0.1	0.1	−62.7

注：各项目贸易差额占比正（负）值表明该项目收支差额和总体差额（顺差或者逆差）方向一致（相反）。

数据来源：作者根据海南省统计局2021年海南省统计年鉴数据计算。

（四）服务出口市场和进口来源分析

首先，香港是海南自由贸易港最大的服务贸易伙伴和服务出口市场。海南省2021年统计年鉴数据显示，2020年海南和香港之间的服务贸易额占总额的19.8%，在与所有服务贸易伙伴的服务贸易额中名列第一。与此同时，香港还是海南第一大服务出口市场和第四大进口来源地，其中出口占比达37.7%。从2020年来看，海南对香港服务出口大于服务进口，实现贸易顺差。香港是海南的前五大服务贸易伙伴中唯一一个实现顺差的经济体。加强和香港之间的合作对于促进海南自由贸易港服务贸易持续较快发展具有十分重要的意义。

其次，东盟是海南自由贸易港第二大服务贸易伙伴、第二大出口市场和进口来源地。按照贸易额计算，东盟和中国香港服务贸易额占比仅相差0.03个百分点，对海南发展服务贸易同样十分重要。另外，东盟作为海南的出口市场和进口来源地同样具有规模排名第二的优势地位；2020年海南对东盟的服务贸易逆差较大，占海南全部逆差额的近四分之一，贸易特化系数达−53.5%。这表明海南对于东盟在进口方面的依赖性远超出口，海南和东盟在服务贸易领域的持续往来可以为东盟带来更多服务出口和就业机会。

最后，欧盟、美国、日本等三大发达经济体分别名列海南服务贸易伙伴第三、第四和第五位。从海南的服务出口来看，这三大发达经济体都不是海南最重要的市场，占比加在一起不到20%。但是，海南从三大发达经济体的服务进口加在一起占全部进口的比重超过四成。其中欧盟为海南服务进口第一来源地，美国为第三大来源地，2020年仅来自这三大经济体的服务贸易逆差就占海南全部服务贸易逆差的一半还多。海南在许多服务贸易领域依赖于从发达经济体进口，明显缺乏国际竞争力。这和我国服务贸易总体上与发达国家存在较大差距的基本特征完全一致。需要强调的是，海南自由贸易港作为中国最为重要的开放门户，承担着通过贸易投资自由化便利化政策吸引国际国内生产要素聚集以满足国内发展需要的重要功能。因此，不能简单地将是否实现传统意义上的贸易平衡作为评价海南自由贸易港竞争力的唯一标准和依据。

表10-12　2020年海南省服务贸易伙伴结构

	各项目金额占服务贸易总额的比重（%）				贸易特化系数（%）
	进出口	出口	进口	差额	
中国香港	19.8	37.7	13.2	−1.1	2.5
日本	3.6	1.5	4.4	6.0	−77.5
美国	13.5	8.8	15.3	19.1	−64.9
中东	0.9	1.4	0.7	0.4	−17.8
欧盟	18.2	8.6	21.8	29.5	−74.6
东盟	19.8	17.1	20.8	23.0	−53.5
非洲	0.0	0.1	0.0	0.0	65.7
其他	24.1	24.9	23.8	23.2	−46.7

注：各项目贸易差额占比正（负）值表明该项目收支差额和总体差额（顺差或者逆差）方向一致（相反）。

数据来源：作者根据海南省统计局2021年海南省统计年鉴数据计算。

六、促进海南自由贸易港服务贸易发展的政策建议

一是实行更高水平的服务业投资准入和市场准入政策。大幅度缩短涉及服务业的投资准入负面清单，参照CPTPP制定具有较强国际竞争力的服务贸易负面清单，在内外资一致原则基础上加强商业存在服务贸易内容监管，防范可能出现的意识形态安全风险。

二是着力推动服务贸易自由便利制度集成创新。落实海南自由贸易港服务贸易制度建设要求，和贸易、投资、资金、运输工具、人员以及数字移动制度建设紧密关联，甚至互为条件，通过加强不同管理部门之间的协调机制创新协同推进。建议设立专班，在科学制定方案的基础上充分利用领导机制加强沟通协调。

三是充分利用金融、科技研发、教育、医疗等现代服务业在数据生成和数字化技术应用领域的有利条件，提升服务商品开发能力，打造有利于中小微企业发展服务进出口的平台，增强数字服务贸易国际竞争力，提升服务数字化水平和质量。

四是打造有利于吸引地区性总部聚集的一流营商环境。重点集中在以下几个方面：首先是建设法制完善、行政程序透明高效的政务管理体系；其次是形成物流、运输、信息传输基础设施完备，地区总部业务所需要人才聚集，金融管制宽松、资金筹措市场完善的良好市场条件；再次是实行较低企业所得税率和地区性总部型企业优惠税制；最后是促进法律、会计、咨询等专业服务企业聚集，提升生产和服务配套能力。

五是促进企业双向投资，扩大商业存在方式的服务贸易出口和离岸贸易，实现贸易和投资活动相互融合，形成中资企业主导的跨境产业分工，维护产业链、供应链安全稳定，助力双循环新发展格局建设。提升服务贸易国际合作质量和水平。在CEPA和中国签署的自贸协定框架内，以海南自由贸易港更高水平贸易投资自由化便利化政策争取合作伙伴更高水平开放承诺。如在国家授权条件下和香港签署专业技术服务资格相互认证协定，促进双边专业技术服务人才聚集。

第十一章　培育数字贸易国际竞争新优势

突如其来的新冠肺炎疫情在对各国经济造成巨大冲击的同时，进一步加剧了全球产业链和供应链布局调整的深层压力。应对后疫情时代更趋复杂严峻的国际经济环境，抢抓新一代产业技术革命的新机遇，加快形成数字贸易国际竞争合作新优势是关键。

一、数字化和数字基础设施建设的重要性

世界正在进入数字化时代。数字化具有的突出特点主要表现在以下几个方面：一是实现基于互联网的万物互联（IoE），二是不断生成和积累的大数据云，三是进化出基于大数据的人工智能（AI），四是可自动进行多样化和复杂化工作的机器人，五是使用3D打印技术替代传统制造，六是计算平台的作用无处不在。

关于数字化的经济影响，目前研究储备还很不充分，但是至少有以下几点值得关注。第一，数字化会显著提高劳动生产率。由于数字复制边际成本为零、机器代替人工可从事复杂工作、数字技术企业使用人工较少并且劳动分配率较低、大量使用泛用技术等原因，数字化有利于降低生产和服务成本、显著提升全社会效率。第二，数字化将创造巨大规模效应。在数字化条件下计算平台服务需求剧增，网络化效应扩大，企业快速成长，对市场的支配能力提升，容易导致市场垄断。第三，数字化将带来生产、贸易和投资方式变革。使用3D打印技术改变传统制造方式，能够很好地适应个性化、多样化、分散化和智能化产品的制造需要，减少大批量货物贸易和物流周转。但通过电子商务可大量增加小规模贸易，为中小微企业和个人提供贸易便利性，增加服务贸易。数字技术企业投资将由更多关注有形资产投资，以获得市场机会和降低成本为目的转向更多关注无形资

产，以获取知识和避税等为目的。数字技术企业海外营业收入增长远大于海外资产的扩张，社会无形资产大量增加，有利于促进开放式创新。第四，数字化将改善民生、增加消费者剩余。数字技术企业使用人工较少，但大量的服务需求和新产业、新业态、新生产模式的形成会创造新的就业机会，并通过效率提升的规模效应扩大就业；共享经济成为社会消费主流，可以为消费者节约时间，提供生活和获取信息的便利。

在数字化技术持续发展的背景下，新冠肺炎疫情暴发后，数字化有了更多应用场景，加速了数字和互联网技术升级和相互融合。以互联网为依托的数字化在解决生产和生活中面临的许多问题、提升效率和便利性等方面的优势充分展现，数字化转型成为所有领域都必须面对的一个新课题，由此衍生出大量新产业、新业态和新消费模式。我国的互联网利用状况统计显示，截至2021年6月，我国网民规模已经达到10.11亿，较2020年12月增加2175万，互联网普及率达71.6%。十亿用户接入互联网，带动了大量生产和服务的数字化转型，形成了全球最为庞大、生机勃勃的数字社会。

表 11-1　中国互联网利用状况

项目	利用人数（万人）	增长率（%）	利用率（%）
网络通信	98330	0.2	97.3
网络视频（包括短视频）	94384	1.8	93.4
短片视频	88775	1.6	87.8
在线支付	87221	2.1	86.3
网上购物	81206	3.8	80.3
互联网搜索	79544	3.3	78.7
网络新闻	75987	2.3	75.2
网络音乐	68098	3.5	67.4
即时直播	63769	3.4	63.1

续表

项目	利用人数（万人）	增长率（%）	利用率（%）
在线游戏	50925	−1.7	50.4
网络输送	46859	11.9	46.4
网络文学	46127	0.2	45.6
网络出租车	39651	8.5	39.2
远程工作	38065	10.1	37.7
网上旅行预约	36655	7.0	36.3
在线教育	32493	−4.9	32.1
在线医疗	23933	11.4	23.7
网络理财	16623	−2.1	16.4

注：增长率的计算以 2020 年 12 月调查结果为基数，利用率指各项利用人数占互联网利用总人数的比重。

数据来源：中国互联网络信息中心（CNNIC）第 48 次《中国互联网络发展状况统计报告》（2021 年 8 月）。

互联网和新型通信系统是数字化社会最重要的基础设施。从国际比较来看，长期以来，我国的数字基础设施建设整体水平和一些高收入国家相比仍然存在一定差距。以互联网使用率、移动通信工具（手机）签约率、固定宽带使用签约率、宽带使用收费标准等指标来看，截至 2018 年，西欧、中东等地区和美国、日本、韩国等国家相对发达，非洲、南亚、西亚等最差。按照 2019 年可比统计，中国的每百人互联网使用率达 60%，与巴西、墨西哥（60% 以上）相近，高于印度（30%）、泰国（50%）等发展中国家。但是，即便是当前已经提高到了 70% 以上，中国的每百人互联网使用率仍然明显低于欧洲发达国家（90% 以上）、日韩（90% 以上）、美国（79%）。从每百人拥有移动设备（手机）数来看，中国为 100%，高于大多数发展中国家，但低于日本、韩国、美国、泰国、巴西、俄罗斯等国。从每百人固定宽带使用签约率来看，中国是 23%，低于日本（31%）、韩国（40%）、美国、新加坡和欧洲发达国家。关于宽带使用收费标准，中国是每月 16 美元，高于印度、俄罗斯，但是低于其他大多数国家，相对处于较好水平。由此可见，我国的现代网络、通信工具普及率虽然明显高于多数发展中国家，但是与发达国家和部分新兴经济体相比仍然存在较大差距，这与我国的人口众多、地域广阔和仍处于发展中的经济发展水平等基本国情有关，也充分说明我国在加强数字化基础设施领域的投资建设方面还有很大空间和潜力。面对受新冠肺炎疫情冲击下我国经济稳增长困难的形势，加大数字经济新基建，不仅有利于稳定和扩大投资需求、刺激经济企稳回升，还有利于弥补我国在数字基础设施上的短板，为数字经济奠定长期向好发展基础，注入强劲动力。

近年来，我国加大了数字基础设施建设力度，在新一代通信技术、互联网、计算中心建设等领域取得显著进展，尤其是 5G 技术及其应用已经居于全球领先水平。根据工信部 2022 年 5 月发布的数据，截至 2022 年 4 月末，我国 5G 基站总数达 161.5 万个，占移动基站总数的 16%，基站规模和覆盖率显著高于主要发达国家水平。同期，三大运营商的移动电话用户总数达 16.6 亿户，比上年末净增 1827 万户。其中，5G 移动电话用户达 4.13 亿户，比上年末净增 5771 万户，占移动电话用户的 24.8%，占比较上年末提高 3.2%。在地区分布上，东部、中部、西部和东北地区 5G 基站数分别达到 79 万个、33.5 万个、38.6 万个、10.4 万个，占本地区移动电话基站总数的比重分别为 18.1%、15.2%、13.5%、15.2%；5G 移动电话用户分别达 18569 万户、9545 万户、10517 万户、2624 万户，占本地区移动电话用户总数的比重分别为 25.7%、24.9%、24%、22.4%。

二、电子商务的经济影响与国际比较

电子商务是商业服务数字化转型的重要成果，也是数字经济最为活跃的应用场景之一。近年来，中国的电子商务快速发展，在促进经济增长、改善民生和带动创业创新中的重要作用日趋凸显。一是电子商务成为经济增长的新引擎。2020年我国电子商务交易额达37.2万亿元，比2015年增长70.8%，年均增长11.3%，高于经济增长年均水平；网上零售额年均增速高达21.7%，带动居民消费、快递业、非银行支付网络支付增长。2020年以来，电子商务在防疫保供、复工复产、消费回补等方面发挥了重要作用，显著提升广大人民群众的获得感和幸福感。二是电子商务为促进融合创新注入新动能。电子商务新业态新模式不断涌现，社交电商、直播电商、生鲜电商产业链日趋完善。电子商务加速线上线下融合、产业链上下游融合、国内外市场融合发展。传统零售企业数字化转型加快，全国连锁百强企业线上销售规模占比达23.3%。服务业数字化进程明显加快，在线展会、远程办公、电子签约日益普及，在线餐饮、智慧家居、共享出行便利了居民生活。三是电子商务促进了国际经济联系。跨境电商蓬勃发展，2020年跨境电商零售进出口总额达1.69万亿元，占全国外贸总额的比重提高到5.3%。"丝路电商"加快全球布局，与22个国家建立双边电子商务合作机制，通过政企对话、联合研究、能力建设等方式推动多层次合作交流，营造良好合作环境。其中包括与自贸伙伴共同构建区域高水平数字经济规则。电子商务国际规则构建取得突破，RCEP中电子商务章节成为目前覆盖区域最广、内容全面、水平较高的电子商务国际规则。四是电子商务畅通了工业品下乡、农产品进城渠道，农业数字化加速推进。2020年全国农村网络零售额达1.79万亿元，是2015年的5.1倍。电子商务以数据为纽带加快与制造业融合创新，推动了智能制造发展。五是服务民生成效显著。电子商务成为扶贫助农新抓手，电子商务进农村实现对832个原国家级贫困县全覆盖，农村电子商务公共服务体系和物流配送体系不断完善。农产品"三品一标"认证培训、全国农产品产销对接公益服务平台等有效助力特色农产品品牌推介和产销帮扶常态化，带动地方产业快速发展，实现农民增收。电子商务成为便民服务新方式，在线教育、在线医疗、在线缴费等民生服务日益普及。六是电子商务促进了相关服务业快速发展，成为创新创业、灵活就业、普惠就业新渠道。根据产业信息网数据，2020年中国电子商务服务业营业收入达 5.45 万亿元，较 2019 年增加了 0.98 万亿元，同比增长 21.9%。目前，电子商务相关从业人数超过 6000 万人，比 2015 年增加约 2700 万人，年均增长 13%。

在数字技术快速发展和新冠肺炎疫情冲击背景下，电子商务及其相关领域快速发展，世界主要经济体的商业数字化水平明显提升。根据联合国贸发会议统计，2020 年中国、美国、英国、韩国、加拿大、澳大利亚、新加坡等 7 国的电子商务交易额都有明显增加。其中中国增加到 1.4 万亿美元，净增近 2000 亿美元，规模居全球第一。国际著名自由贸易港新加坡的电子商务交易额也由 2019 年的 19 亿美元增加到 32 亿美元，增长近七成。中国和新加坡均跻身商业数字化国家前列。从线上零售占全部商品零售总额的比重来看，这 7 个国家的平均水平由 2019 年的 15.6% 提高到 19.2%，其中中国由 20.7% 上升到 24.9%，仅次于韩国，居全球第二位；新加坡由 5.9% 提升到 11.7%。

表 11-2　线上商品零售占比的国际比较

国家	线上商品零售额（亿美元）		线上零售占商品零售额比重（%）	
	2020 年	同比增长（%）	2019 年	2020 年
中国	14143	14.6	20.7	24.9
美国	7917	32.4	11.0	14.0
英国	1306	46.7	15.8	23.3
韩国	1044	23.8	20.8	25.9
加拿大	281	70.3	3.6	6.2
澳大利亚	229	59.0	6.3	9.4
新加坡	32	68.4	5.9	11.7

数据来源：联合国贸发会议。

表11-3 全球营收规模前13电商企业

排序	企业	国籍	营业额（亿美元）	同比增长（%）
1	阿里巴巴	中国	11450	20.1
2	亚马逊	美国	5750	38.0
3	京东	中国	3790	25.4
4	拼多多	中国	2420	65.9
5	Shoppers	加拿大	1200	95.6
6	eBay	美国	1000	17.0
7	美团	中国	710	24.6
8	沃尔玛	美国	640	72.4
9	Uber	美国	580	−10.9
10	乐天	日本	420	24.2
11	Expedia	美国	370	−65.9
12	Booking holding	美国	350	−63.3
13	Airy and bee	美国	240	−37.1

注：营收总额指消费者购买商品或服务的总金额。

数据来源：联合国贸发会议。

电子商务的快速发展，助推了一大批跨国电商企业迅速成长。根据联合国贸发会议公布的数据，在全球零售额规模最大的13家公司中，中国的阿里巴巴名列第一，美国的亚马逊居第二位。其中阿里巴巴电商营收规模相当于第二名亚马逊的2倍；阿里巴巴、京东、拼多多、美团等四家中国电商企业营收总额占13家公司总和的63.5%，凸显了中国电商企业在全球电商服务业中的优势地位。

三、数字贸易和我国数字贸易的全球地位

数字贸易指数字技术发挥重要作用的贸易形式，其与传统贸易最大的区别在于贸易方式数字化和贸易对象数字化。其中，贸易方式数字化指数字技术与国际贸易开展过程深度融合，带来贸易中的数字对接、数字订购、数字交付、数字结算等变化；贸易对象数字化指以数据形式存在的要素、产品和服务成为重要的贸易标的，使国际分工从物理世界延伸至数字世界。目前，关于数字贸易活动的具体定义较多，核算结果也存在较大差异。本文涉及的数字贸易采用国际上普遍认可的 OECD 明确的定义和划分方法。

根据 OECD 作出的定义，数字贸易指可用于数据处理的商品和可数字化服务的跨境交易，主要包括数据相关产品贸易、数据相关的服务贸易、跨境电子商务交易、跨境数据流量等四个类型。数字贸易的总规模不能简单地通过将四个类型相加获得，因为其中的跨境电子商务交易和数字产品贸易、数字服务贸易存在重合，跨境数字流动本身以宽带流量为尺度计算，与其他类型同样存在重合。一般来说，数字商品贸易和数字服务贸易之和即为数字贸易，电子商务服务包括在数字服务贸易中。因此，数字化贸易和数字贸易的内涵并不相同，前者主要指运用数字化手段开展商品和服务跨境交易。

（一）中国在数字产品贸易领域具有较大规模优势

长期以来保持上升势头的数字产品贸易，即便在新冠肺炎疫情冲击严重的 2020 年也未出现整体负增长，反映出当前各国经济对数字产品的依赖性仍在持续上升。从进出口贸易额来看，2020 年世界数字产品贸易出口总规模达 3.35 万亿美元，进口总规模达 3.53 万亿美元。中国数字产品出口、进口占全球比重分别达 25.7% 和 18.7%，按照进出口总额、出口和进口计算均居全球第一，具有显著规模优势，而且 2020 年仍然保持了 13.2% 的顺差率。但是分商品来看，2020 年中国的最终产品顺差率很高，达

58.7%，零部件相对逆差率达19.0%，说明数字产品零部件尤其是核心零部件较大程度依赖进口，这是中国数字产品零部件缺乏国际竞争力的主要表现。

表11-4　全球数字产品贸易规模前十经济体

出口					进口				
2020年				2010年	2020年				2010年
国家和地区	金额（亿美元）	比重（%）	增长（%）	比重（%）	国家和地区	金额（亿美元）	比重（%）	增长（%）	比重（%）
世界	33530	100.0	4.3	100.0	世界	35338	100.0	3.7	100.0
中国	8618	25.7	7.6	21.7	中国	6614	18.7	11.0	14.3
美国	2442	7.3	−0.7	9.2	美国	4695	13.3	1.3	142
中国台湾	1822	5.4	19.3	4.0	德国	1639	4.6	−0.7	5.9
韩国	1743	5.2	5.1	4.7	荷兰	1522	4.3	5.1	4.0
德国	1702	5.1	−4.9	6.3	新加坡	1346	3.8	11.4	4.1
荷兰	1655	4.9	5.8	5.0	中国台湾	1253	3.5	13.9	2.8
越南	1445	4.3	20.7	0.3	日本	1251	3.5	−0.0	4.2
日本	1404	4.2	0.8	6.7	韩国	1225	3.5	10.1	3.0
墨西哥	1008	3.0	−2.5	3.1	越南	946	2.7	21.3	0.4
马来西亚	1002	3.0	4.7	3.2	英国	759	2.1	−3.9	2.9

数据来源：根据各国贸易统计数据计算。

表 11-5　全球主要经济体数字产品贸易的全球地位及变化

国家和地区	进出口额比重（%）	贸易特化系数（%）	同比增长贡献率（%）		2020年较2010年占全球比重变化（%）	
			出口	进口	出口	进口
世界	100.0	—	100.0	100.0	0.0	0.0
中国	22.1	13.2	44.0	52.0	4.0	4.4
美国	10.4	−31.6	−1.2	4.8	−1.9	−0.9
德国	4.9	1.9	−6.3	−0.9	−1.2	−1.3
荷兰	4.6	4.2	6.6	5.9	−0.1	0.3
中国台湾	4.5	18.5	21.3	12.1	1.4	0.7
日本	3.9	5.8	0.8	0.0	−2.5	−0.7
韩国	4.3	17.5	6.1	8.9	0.5	0.5
越南	3.5	20.9	17.9	13.2	4.0	2.3

　　从全球主要经济体数字产品贸易的全球地位及变化来看，2020年中国出口和进口占全球比重分别较2010年提高了4.0和4.4个百分点，其次升幅较大的是越南，分别提高了4.0和2.3个百分点。越南在全球数字产品贸易中的地位上升很快，2020年出口位居全球第七，进口位居第九，数字产品顺差率高达20.9%，成为继我国大陆、台湾之后对全球数字产品贸易增长贡献最大的经济体之一。另外，台湾数字产品出口为全球第三，进口为第六，在全球数字产品供应链中处于重要位置，尤其是集成电路等零部件出口具有较强优势。

（二）中国的数字服务贸易还存在较大提升空间

根据OECD的定义，数字服务贸易指可数字化服务的跨境交易，在国际收支表中主要由通信、计算机和信息传输服务和数字处理设备检测维修服务项目组成。2018年世界数字服务贸易总额达6061亿美元，占全部服务贸易的10.5%。中国同期数字服务贸易出口为471亿美元，比2017年增长69.5%，规模在全球十大经济体中居第三位，占比达7.8%。中国数字服务贸易出口较快增长势头已经持续多年，2010—2018年复合年均增长率达20.7%，中国也是数字服务贸易前十大经济体中复合平均增长最快的国家。另外，中国当年服务贸易进口仅有238亿美元，相对顺差率（贸易特化系数）达32.8%，明显高于美国、德国、英国、荷兰、瑞典和日本的水平，总体来看具有一定的国际竞争力。

表11-6　全球数字服务贸易出口规模前十经济体

	2018年数字服务贸易			2010年比重（%）	2010—2018年复合年均增长率（%）
	金额（亿美元）	比重（%）	同比增长（%）		
世界	6061	100.0	14.7	100.0	7.9
爱尔兰	1011	16.7	28.3	11.3	13.2
印度	582	9.6	7.1	12.3	4.6
中国	471	7.8	69.5	3.2	20.7
美国	440	7.3	4.1	7.6	7.3
德国	408	6.7	9.5	6.3	8.8
英国	281	4.6	8.2	5.7	5.1
荷兰	272	4.5	8.5	—	—
法国	207	3.4	13.0	4.3	4.9

续表

	2018年数字服务贸易			2010年比重（%）	2010—2018年复合年均增长率（%）
	金额（亿美元）	比重（%）	同比增长（%）		
瑞典	150	2.5	5.4	2.6	7.0
以色列	144	2.4	17.6	1.3	15.9

数据来源：日本贸易振兴机构2020年版世界贸易投资报告。

表11-7 全球潜在数字服务贸易出口规模前十经济体

	2018年潜在数字服务贸易			2010年比重（%）
	金额（亿美元）	比重（%）	同比增长（%）	
世界	16989	100.0	8.9	100.0
美国	3066	18.0	1.7	21.4
英国	1619	9.5	6.5	13.0
爱尔兰	1446	8.5	22.2	6.0
德国	1027	6.0	7.4	5.7
荷兰	942	5.5	10.9	—
卢森堡	782	4.6	7.5	4.5
印度	689	4.1	8.6	4.7
瑞士	662	3.9	1.8	4.8
日本	647	3.8	6.8	3.2
中国	622	3.7	51.7	1.4

数据来源：日本贸易振兴机构2020年版世界贸易投资报告。

区别于国际收支统计项下的数字服务收支，国际上还普遍用"潜在的数字服务贸易"评价可数字化服务贸易的竞争力。所谓潜在的数字服务贸易收支包括了金融、保险、知识产权、科技研发等服务的国际收支。理由是这些领域同样在生成大量的数据，服务的跨境交易就是大量数字传送的过程。这种观点认为，潜在的数字服务贸易能够更加全面反映可数字化服务的发展状况，也能够较好反映一个经济体数字相关服务的综合实力。经过调整的潜在数字服务贸易统计结果显示，中国的潜在数字服务贸易出口规模虽然比狭义的数字服务贸易额有所扩大并进入全球前十，但是排名却由原来的第三位降至第十位，出口规模小于美国、英国、爱尔兰、德国、荷兰、卢森堡、印度、瑞士、日本等国，占全球出口比重降低到3.7%。另外，就潜在数字服务贸易而言，根据联合国贸发会议的统计，中国的进口大于出口，相对逆差率（贸易特化系数）达到−10.6%，和日本相近，低于美国、英国、爱尔兰、德国、荷兰、卢森堡等国。综合来看，中国的数字服务贸易虽然实现了较快增长，在全球占比明显提升，但是综合实力和主要发达国家相比差距较大，不论是总量规模还是竞争力都存在较大提升空间。

过去几年，中国的数字化商业活动进一步加快。2015年起，中国以移动支付为代表，在互联网应用领域出现多领先于世界的商业模式。新冠肺炎疫情暴发后，政府和数字技术企业加强合作，将最新的数字化技术应用到疫情防控和医疗服务领域，取得了明显成效。由于人员流动受限，线上教育、线上会议、线上娱乐、电子商务、移动支付的利用人群迅速扩大，5G、数据中心、人工智能等将会推动数字化商业活动持续快速增长，跨境数字服务贸易发展潜力巨大。

（三）跨境电子商务和数据跨境流动发展水平

跨境电子商务是中国数字贸易发展成效最为显著的领域之一。根据2018年联合国贸发会议的数据，在全球跨境电子商务销售金额最大的10个经济体中，中国名列第一，其次是美国。中美两国金额合计占全球的45.8%，再次是英国、中国香港、日本、德国、法国、意大利、韩国、荷兰等。但是按照销售额占外贸出口额比重来看，第一位是英国，中国居第四，达到4%，尚低于美国的5.1%。另外，从全球跨境电子商务进口来看，中国的规模与美国相近，大约占全球交易额的20%，比货物进口10%的比重高出许多。但是中国境外电子购物者占国内电商购物者比重仅26%，除了高于日本、印度之外，低于其他多数国家和地区。

根据国际电信联盟（ITU）的统计，跨境互联网流量带宽已经由2015年的153兆比特每秒增加到2019年的486兆比特每秒。从全球主要经济体来看，2018年中国的总带宽流量小于中国香港、中国台湾、美国、印度、英国，居第六位，略显落后。根据总流量、互联网用户跨境流量在2015—2018年期间的年均增长速度，中国总流量增速低于中国香港和印度，但人均流量增速高于印度，实现了较快增长。中国的宽带流量目前占全球5%左右。其中，宽带流量流向美国、欧洲和亚洲的比例分别是63%、10%和26%；境外流入7.3%来自美国，13%来自中国台湾，其他的很少。总体来看，中国的数据跨境流动存在较多的数字信息跨境流动限制，具有较大提升空间和潜力。

四、数字产品制造和数字服务业跨境投资新格局

数字产品制造和数字服务业是全球化分工特征最为显著的行业之一，也是跨境直接投资活动十分活跃的领域。在美国推行以加征关税、限制对美高技术领域投资为代表的贸易投资保护主义政策之前，世界数字技术企业海外投资出现过快速发展时期。2017年，数字产品制造领域的绿地投资额达897亿美元；跨境并购投资同期也增加到1289亿美元，平均规模超过10亿美元。分国别来看，绿地投资中美国的投资占比最大，达35.1%，中国居第五，达4.9%；并购投资中中国占比3.4%，明显低于美国的23%和日本的12%。分产业来看，绿地投资投向数字服务行业的占70%，投向数字制造行业的占30%；跨境并购投资进入数字服务业的占比达50%。

2017—2020年，全球跨境投资先后受到美国贸易保护主义政策和新冠肺炎疫情的冲击，大多数领域的跨境直接投资深受其害。但是，和数字经

济有关的领域仍然保持一定增长。以跨境并购投资为例，2020年总体上比2017—2019年平均额下降了21.4%，仅有食品、机械设备和电气通信等三个领域实现增长。其中，电气通信服务并购投资比2017—2019年平均规模扩大了1.7倍，足以说明即便在新冠肺炎疫情等因素的冲击下，数字制造和服务相关领域跨境直接投资活动仍然保持活跃，数字经济日趋受到投资者青睐。

表11-8　2020年全球分产业跨境并购投资的变化

	并购投资金额（亿美元）		2020年比2017—2019年平均增减（%）
	2017—2019年平均	2020年	
全部	12302	9670	−21.4
第二次产业	1030	471	−54.3
石油天然气炼化	714	309	−56.3
矿业	272	134	−50.8
农业	45	28	−37
制造业	4897	4106	−16.1
食品	781	1338	71.4
纺织品	41	13	−68.2
木制品、纸制品加工	104	34	−67.2
非金属矿物	94	28	−70.0
化工	1966	890	−54.7
金属	142	125	−11.7
机械设备	1066	1134	6.4
建筑	122	108	−11.7
软件	544	432	−20.6
其他制造业	37	4	−88.4
服务业	6375	5093	−20.1
电力供热供水	696	435	−37.5

续表

	并购投资金额（亿美元）		2020 年比 2017—2019
	2017—2019 年平均	2020 年	年平均增减（%）
运输	579	244	−57.9
电气通信	330	893	170.5
商业	509	451	−11.4
金融保险	2307	1440	−37.6
酒店宾馆	175	126	−28
其他服务业	1780	1504	−15.5

　　加大数字产业跨境投资不仅有利于提升我国数字技术企业投资的全球地位，获得更多和制造技术、服务网络、营销渠道、跨国公司股权等有关的战略性资源，而且有利于我国稳定数字产品制造和服务供应链。从 2020 年我国对外贸易形势来看，在疫情严重冲击下我国的进出口同比仅增长 1.9%，但是对东盟的贸易增速达 7.0%，东盟也一跃成为我国第一大贸易伙伴。其原因在于，前几年中国企业加快面向对这些国家的投资，和东盟国家之间形成了较稳定的跨境产业分工和供应链布局，中资企业主导的公司内贸易成为双边贸易的重要支撑。跨境直接投资对于稳定产业链、供应链发挥了积极作用。

五、全球和区域数字贸易规则制定新进展

　　跨境电子商务规则制定正在多边平台上逐步展开。2017 年，71 个世贸组织成员方联合发表声明，决定启动有关电子商务贸易规则的诸边谈判。2018 年 3 月，中国等成员加入，参与谈判的国家增加到 80 个。目前涉及的议题主要集中在消费者保护和对跨境电子商务征关税以及推进建立适度规则等方面。但是由于对适度规则的理解不同，谈判还是有很大难度。在谈判过程中，中国需要发挥更加积极的作用，以彰显我们主动参与和推动包括数字贸易在内的贸易投资自由化便利化的决心和信心，为参与全球竞争合作营造良好国际环境。

在具有更广泛内涵的数字贸易领域，关于规则制定的大国博弈明显加强。美国具有较强竞争力，主张实行数字跨境贸易自由化，并且主张自由化的范围应当逐渐由跨境电子商务向其他数字贸易领域拓展。欧盟由于内部企业缺乏竞争力，担心自由化带来冲击，所以实行一定限制。过去一段时间，中国本土企业竞争力较弱，对外资实行一定限制，这有利于本土企业的迅速成长。这一政策选择对作为发展中国家的中国来说具有现实意义。但是随着中国数字经济的不断成长，许多领域已开始具有一定的国际竞争力，一个更加开放的数字贸易环境正在成为中国企业长期健康发展的重要基础和必要条件，中国今后应当在推动数字贸易自由化方面扮演更加积极的角色。

和WTO等多边机制下跨境电子商务规则谈判进展缓慢的情况相比，区域自贸协定现已取得了许多进展。RCEP包括了电子商务章，经过参与方谈判形成了基本规则，各成员方作出了较高水平的开放承诺，为多边和区域数字贸易规则制定积累了经验。RCEP电子商务章对成员方开展电子商务的相关规则作出了规定。其中四点具有较大创新意义。一是第六条关于电子认证和电子签名的规定。一缔约方不得仅以签名为电子方式而否认该签名的法律效力，除非其法律和法规另有规定。不对电子认证技术和电子交易实施模式的认可进行限制；允许电子交易的参与方有机会证明其进行的电子交易遵守与电子认证相关的法律和法规。二是第十一条关于海关关税的规定。每一缔约方应当维持其目前不对缔约方之间的电子传输征收关税的现行做法。三是第十四条关于计算设施的位置的规定。缔约方不得将要求涵盖的人使用该缔约方领土内的计算设施或者将设施置于该缔约方领土之内，作为在该缔约方领土内进行商业行为的条件。实施方认为事关公共利益和安全的措施且措施本身不涉及歧视和贸易限制的情况除外。四是第十五条关于通过电子方式跨境传输信息的规定。一缔约方不得阻止涵盖的人为进行商业行为而通过电子方式跨境传输信息。实施方认为事关公共利益和安全的措施且措施本身不涉及歧视和贸易限制的情况除外。综合来看，这些规定明确了跨境电子商务自由化的方向，对成员国提出了较高标准的开放要求。但是，RCEP 也为各成员国维护网络信息安全预留了一定空间，允许采取必要的特别措施。

我国已经作出了申请加入数字贸易协定谈判的部署，实现高水平数字贸易自由化便利化是其中的主要目标之一，必将面对如何弥补现有短板、提升数字跨境流动自由便利水平的制度型开放问题。由于数据跨境流动涉及网络运行和意识形态安全等重大问题，统筹开放和风险防范的重要性、紧迫性和复杂性日趋凸显。海南自由贸易港在数据安全有序流动方面的创新探索和实践经验，对于促进我国数字经济领域国际化法治化便利化环境建设、加快培育数字贸易国际竞争合作新优势，具有重要示范和引领作用。

六、海南自由贸易港发展数字贸易的有利条件

数据安全有序流动是海南自由贸易港制度建设的重要组成部分，也是海南自由贸易港发展数字经济最为有利的制度和政策条件。《总体方案》的制度设计要求，在确保数据安全有序流动的前提下，扩大数据领域开放，创新安全制度设计，实现数据充分汇聚，培育发展数字经济。为确保这一制度建设取得实际成效，《总体方案》要求有序扩大通信资源和业务开放，具体包括开放增值电信业务，逐步取消外资股比等限制。允许实体注册、服务设施在海南自由贸易港内的企业面向自由贸易港全域及国际开展在线数据处理与交易处理等业务，并逐步面向全国开展业务。安全有序开放基础电信业务。明确要求开展国际互联网数据交互试点，建设国际海底光缆及登陆点，设立国际通信出入口局。

根据《总体方案》的部署，海南自由贸易港数据安全有序流动制度建设有两个阶段性目标。一是到 2025 年前形成便利数据流动的制度和政策环境，在国家数据跨境传输安全管理制度框架下，开展数据跨境传输安全管理试点，探索形成既便利数据流动又能保障安全的机制。这一阶段的试点具有为推进更高水平开放开展压力测试的重要功能。通过在总体风险可

控条件下对部分重点园区先行实行国际互联网数据交互连接，逐步探索数据安全有序流动制度创新的有效路径；同时还可为网络和数据安全风险识别及防控积累必要经验。二是2035年前实现数据安全有序流动。需要创新数据出境安全的制度设计，探索更加便利的个人信息安全出境评估办法；探索加入区域性国际数据跨境流动制度安排，提升数据传输便利性；积极参与跨境数据流动国际规则制定，建立数据确权、数据交易、数据安全和区块链金融的标准和规则。这一阶段的数据流动开放要提升到可与国际协定、高标准国际数字经济规则相对接的水平上。

数据跨境流动制度区别于商品、服务、资金、交通运输和人员等要素跨境流动制度，并没有把自由便利作为制度设计的基本要求。这是因为数据和其他要素相比，跨境流动对于国家安全尤其是意识形态安全的影响更为直接和关键。错综复杂多变的外部环境和敌对势力攻击挑衅的现实影响充分说明，在海南自由贸易港坚持有序和高水平开放的同时，加强数据流动安全风险防控十分重要。《总体方案》对此提出了明确要求。一是要深入贯彻实施网络安全等级保护制度，重点保障关键信息、基础设施和数据安全，健全网络安全保障体系，提升海南自由贸易港建设相关的网络安全保障能力和水平。二是要建立健全数据出境安全管理制度体系，健全数据流动风险管控措施。

《总体方案》发布以来，海南自由贸易港的数字基础设施建设加快推进，数据安全有序流动制度建设取得积极进展，重点园区国际互联网交互连接等各项试点工作逐步展开，数字经济发展成效初步显现。2022年的海南省政府工作报告列举了2021年数字基础设施建设和产业数字化领域的卓越成果，包括：多个机器人、无人机等先进制造业项目落地投资；5G网络实现市县主城区室外连续覆盖、重要区域热点覆盖；9个重点园区开通国际互联网数据专用通道，海南至香港首条国际海底光缆建成商用；数字型智慧金融综合服务平台累计放款实现新突破，数字人民币试点全省展开；在全国率先实现5G远程诊疗体系覆盖所有村（居）卫生机构；依托医保信息平台建成运行全省"三医联动一张网";社会管理信息化平台整体进入实战化运行;等等。海南自由贸易港多维度、多领域的数字化建设和数据安全有序流动制度试点,为数字化发展奠定了良好基础和政策环境,数字经济营业收入连续两年实现30%左右的快速增长。

海南自由贸易港以旅游业、现代服务业、高新技术产业、热带特色高效农业为主导的现代产业体系将为产业数字化创造巨大发展空间,为发展广义(潜在)的数字服务贸易提供有力支撑。海南自由贸易港在打造智慧城市领域作出的科学规划和行动方案,将进一步夯实海南数字经济高质量发展的基础,创造更加有利的条件。

2020年8月,海南发布《智慧海南总体方案(2020—2025年)》,其中包括5个方面的重点任务。一是建设国际信息通信开放试验区。具体涵盖5G和物联网等新型基础设施建设工程、国际信息通信服务能力提升工程等两个方面,重点是建设国际信息高速通道、优化国际信息通信服务能力、培育国际数据服务业务。二是打造精细智能社会治理样板区。持续实施现代化治理和智慧监管建设工程、立体防控智慧生态治理工程,从而加强大数据驱动的市场监管、加快推进全岛智慧交通一张网,进一步完善生态环境全要素监控体系。三是创建国际旅游消费智能体验岛。重点是推进国际旅游消费服务智慧升级工程、数字政府和智能公共服务建设工程。重点推动旅游综合管理服务"精致化"发展、创新数字新零售服务模式,开展"国际智慧医疗+康养示范"、探索多元化智慧教育服务新模式,等等。四是构筑开放型数字经济创新高地。重点是推进优势产业数字化转型工程、数字产业体系做优做强工程。以智慧园区为抓手发展新型工业、热带特色农业、海洋产业等优势产业,培育国际大数据服务新业态、完善创新创业服务载体,等等。五是统筹部署智慧海南大脑支撑体系。重点推进智慧大脑和能力中台建设工程、可持续运营支撑体系建设工程。实现数据资源体系枢纽、数字孪生模型平台等建设目标,建立市场化运营服务体系,完善智慧海南建设标准规范体系。

七、海南自由贸易港培育数字贸易国际竞争新优势的政策着力点

（一）充分发挥电子商务在促进消费增长方面的重要作用

2022 年 1—4 月，中国的社会消费品零售总额同比下降 0.2%，其中 3 月、4 月分别同比下降 3.5% 和 11.1%。海南省该指标 1—4 月累计下降 4.5%，降幅大于全国平均水平，受各地疫情频发导致入岛旅游人数下降等短期因素冲击较为严重。4 月 20 日，国务院办公厅印发《关于进一步释放消费潜力促进消费持续恢复的意见》（以下简称《意见》），其中多项政策举措对电子商务促进消费回升产生积极影响，也为海南省电子商务促进消费能力提升提供了政策支撑。一是围绕保市场主体加大助企纾困力度。深入落实扶持制造业、小微企业和个体工商户的减税退税降费政策，中小微型电商企业有望获得更多支持。二是《意见》提出创新消费业态和模式。有序引导网络直播等规范发展，深入开展国家电子商务示范基地和示范企业创建。三是充分挖掘县乡消费潜力。建立完善县域统筹，以县城为中心、乡镇为重点、村为基础的县域商业体系。深入实施"数商兴农""快递进村"和"互联网+"农产品出村进城等工程，进一步盘活供销合作社系统资源，引导社会资源广泛参与，促进渠道和服务下沉。鼓励和引导大型商贸流通企业、电商平台和现代服务企业向农村延伸，推动品牌消费、品质消费进农村。

从长期来看，海南需要在电子商务产业发展提质增效方面加强政策支持，逐步实现《"十四五"电子商务发展规划》提出的各项目标，进一步深化创新驱动，塑造高质量电子商务产业；加大引领消费升级力度，创造高品质数字生活；推进商产融合，助力产业数字化转型；服务乡村振兴，带动下沉市场提质扩容；倡导开放共赢，开辟国际合作新局面；推动效率变革，优化要素资源配置；统筹发展安全，深化电子商务治理。

（二）加快培育数字产品贸易国际竞争优势

一是通过更高水平开放培育数字贸易国际竞争合作优势。事实上，我

国目前在数字产品领域的国际竞争力就是在开放条件下通过本土企业和跨国公司合作形成的，今后这一点尤其重要，海南要在数字产品制造和数字服务业扩大外商投资准入开放，弥补薄弱环节，提高关键技术和模式创新能力。二是加快推进数字新基建，改善数字经济基础条件，在为企业提供重要平台、载体的同时，增进人民群众的福祉，并且可以增加投资，助力数字产业资本长期积累。三是把数字产品零部件生产技术创新作为鼓励创新的重要着力点。四是将数字产品供应链的下游逐步向周边发展中国家布局调整。向周边发展中国家主要转移最终产品加工部分，国内要长期保留零部件等核心环节。五是鼓励中国企业海外并购和通过绿地投资方式进行产业链延伸，加大对发达国家数字制造和服务的上游企业投资并购力度，获取技术等战略性资源。六是积极参与数字贸易规则制定，为中国等发展中国家争取有利条件。七是加强跨境电子商务平台建设，为企业应对各种风险冲击提供数字化渠道和工具。

（三）开辟数字服务贸易发展新空间

一是加快推进服务数字化基础设施建设，为新一代通信技术和互联网运用打好坚实基础。尤其要重视融合型基础设施和创新基础设施建设，拓展互联网和数字技术应用场景，提升数字产业化和产业数字化发展水平。二是加快推进数据安全有序流动的制度体系建设，确保数据作为经济发展要素的顺畅便利运用，增强数字贸易长期持续增长新动能，助力国际化、便利化、法治化营商环境建设。三是扩大服务业投资准入开放，充分利用金融、科技研发、教育、医疗等现代服务业在数据生成和数字化技术应用领域的有利条件，提升服务商品开发能力，增强数字服务贸易国际竞争力。四是加强政策支持和引导，促进数字化服务和农业、制造业、其他服务业活动的融合发展，扩大第五种形态的数字服务贸易，提升产品和服务附加值率，服务于经济社会高质量发展的长远需要。五是积极推动数字服务贸易规则制定的区域和全球合作。将数字贸易自由化便利化纳入双边、区域和多边协定谈判的重点内容，坚持实行高水平开放政策，形成包括跨境电子商务、数据流动在内的数字贸易自由便利环境。

附 录

直播间对话海南自由贸易港

1. 自贸云观｜自由贸易港建设《总体方案》解读（一）：乘风破浪立潮头　扬帆启航创新篇（海南卫视《直通自贸港》/播出时间：2020-06-10）

主持人：近日，中共中央、国务院正式公布《海南自由贸易港建设总体方案》，对建设海南自由贸易港做了全面部署和具体安排。方案明确了海南自由贸易港的实施范围为海南岛全岛，提出了贸易自由便利、投资自由便利、跨境资金流动自由便利等11个方面共39条具体政策。赵老师，您认为海南自由贸易港未来将对周边经济和国内经济起到什么作用？

赵晋平：首先，对中国经济而言，这几年中央始终强调要用改革开放的办法来培育新的经济增长动力，实现新旧动能的转换。实际上，正如习近平总书记在重要批示中所强调的，建设海南自由贸易港是我国改革开放的重大实践，通过市场化的改革和扩大开放，会极大地激发出市场活力，带动经济增长，国际经验和国内长期发展的经验足以证明这一点。所以，海南建设自由贸易港不仅可促进海南的经济增长，并且也会通过海南经济和内地经济之间的联系和辐射带动作用带动中国经济增长。此外，今年以来的新冠肺炎疫情可以说对全球经济造成了巨大冲击，由于疫情影响，全球经济格局的演变也在加剧，单边主义和贸易保护主义进一步抬头，经济全球化的逆流汹涌不断。在目前背景下，对地区经济而言，需要通过深化改革、扩大开放的方式来进一步彰显持续改革开放，用实际行动来推动经济全球化的决心和信心。现在各国都面临比较大的困难，单边主义和贸易保护主义也为各国发展对外贸易及发展跨境直接投资带来了很大的阻碍，

注：本部分内容为作者从2020年6月至2022年6月的近200期电视访谈中摘录，做适当改动，保留口述的语言特征。

中国扩大开放的举措实际上会提振经济发展信心，促进贸易和投资稳定，促进全球经济增长。

综上所述，海南建设自由贸易港这样一个重大的事件，意义不仅仅在于当前，从长期来看，也是中国未来推进改革开放的一面新的旗帜。海南自由贸易港建设不断取得成效，海南自由贸易港作为重要枢纽和国际竞争合作的平台，将会发挥越来越大的作用。这有助于加强地区经济，特别是和"一带一路"沿线国家之间的经济联系，从而为推动彼此之间的经济增长产生长期的深远的影响，意义非常重大。

2. 自贸云观 | 自由贸易港建设《总体方案》解读（二）：从"区"到"港"更加开放（海南卫视《直通自贸港》/播出时间：2020-06-11）

主持人： 赵老师，从自贸区升级为自由贸易港，对于海南来说又意味着什么？

赵晋平： 这个问题也是大家非常关注的一个问题。首先，自贸区的全称为自由贸易试验区，这是 2013 年后国家在特殊经济功能区方面的一个重大的创新。推动贸易投资自由化便利化，扩大开放，是自贸区建设的重要内容。但是，自贸区更重要的使命，是深化改革、扩大开放、探索新路径、积累新经验，也就是说，制度创新成果要不断地在更大范围内得到复制和推广。自贸区是改革开放的试验田，这是自贸区的主要特点。虽然强调的是扩大开放、推动贸易投资自由化，但自贸区本身不具备全域封关运行的条件，在真正实行高度的自由化方面，无法通过物理围网或者"电子围网"的方式来提高区域内的贸易投资自由化水平，因而无法实现全域封关运行。一方面，海南自由贸易港承担的是推进深化改革开放的重大使命；另一方面，建设一个全域性自由贸易港要在全岛范围内设立海关监管特殊区域，这是海南自身作为相对独立地理单元的一个非常重要的优势。正是具备这一条件，建立海关监管特殊区域后，在监管区域内是可以按照国际经验提高开放的水平和程度，实现全球最高水平的贸易投资自由化，而且对标国际最先进的规则去做，可以充分地发挥海关监管特殊区域的重要作用。这样一个覆盖全岛的海关监管特殊区域，还有助于加强对商品、资金、人员跨境流动的监管，防止可能对其他地方带来的不利影响和冲击，这是自由贸易港和自贸区之间一个很大的差别。

主持人：保税区一直被称作国家对外开放的窗口，比如海南的洋浦保税区就是自由贸易港建设的先行区，那么保税区、自贸区、自由贸易港三者的区别又是什么？赵老师，请您再给我们分析分析。

赵晋平：回顾我国自贸区的发展历程，比如我国在20世纪90年代以后，建设了许多的保税区、综合保税区、保税港区。实际上这些都是自贸区，主要是在发展对外贸易特别是保税加工、展示、中转以及加工贸易的结转方面发挥了重要作用，是中国企业参与国际竞争合作的一个重要平台。但是，由于规模小，只限于贸易活动，因此只能说是中国对外贸易开放的一个重要窗口。自贸试验区具有更多制度创新的功能，最突出的功能在于它对涉及经济社会的制度和政策进行先行先试，取得经验后在全国范围内复制推广。因此，自贸试验区被称为中国改革开放的试验田。自由贸易港是自贸试验区向更高水平开放形态转变的一次新的跨越。正如前面所说的，通过封关在岛内可以实现高度的贸易投资自由化，可以按照全球开放水平程度最高的政策和制度体系去推进海南自由贸易港的制度和政策建设。因此，在提升开放水平方面是按照全球最高水平的形态来作为标准去推进，这可以简单理解为自由贸易港和自贸试验区之间的差别。

3. 自贸云观 | 自由贸易港建设《总体方案》解读（三）：既对标又超越 引领新时代对外开放（海南卫视《直通自贸港》/播出时间：2020-06-12）

主持人：赵老师，《总体方案》也提到了海南自由贸易港与国际知名自由贸易港存在一致的地方，对标中国香港、迪拜、新加坡等国际知名自由贸易港，海南建设自由贸易港的优势体现在哪里？

赵晋平：习近平总书记的重要批示讲得非常清楚，为海南自由贸易港建设提供了重要的指引和遵循。海南建设的自由贸易港，首先是中国特色自由贸易港，什么是中国特色？中国特色自由贸易港建设，要坚持党的领导、坚持社会主义道路，也要践行中国特色社会主义核心价值观，发挥中国的制度优势。与此同时，还要对标国际上最先进的规则，按照国际上最高开放水平的形态去设计自由贸易港政策和制度体系。这是海南建设自由贸易港的一个最大的特色，是中国特色和国际上高水平开放形态的一个很好的结合。与新加坡以及中国香港相比，海南存在两个方面的优势。

第一个优势，海南和内地经济上紧密相连，未来也是如此。中国内地是全球最具成长性、体量最大的市场，和内地之间的紧密联系一定会为海南带来更多的发展机遇，带来更大的辐射带动作用。同时，这样一个巨大的经济体也需要海南去发挥窗口和门户作用。从这一点来说，这是海南自由贸易港所具有的一个区别于新加坡和中国香港的很重要的特点。

第二个优势，按《总体方案》的部署，海南自由贸易港要全岛封关运行，海南岛全岛的国土面积是3.39万平方千米，从国土面积来说是中国香港的30多倍甚至是新加坡的40倍以上，规模效应远远超过了新加坡和中国香港。因此，在促进经济全球化和周边国家的经济合作方面，海南自由贸易港所产生的规模效应也远比其他一些自由贸易港要大得多。

以上两个方面是海南自由贸易港与中国香港及新加坡相比所具有的优势。当然，在经济发展水平、开放程度、营商环境以及很多和贸易投资自由化的制度和政策设计方面，海南自由贸易港还与中国香港和新加坡等国际知名自由贸易港存在着比较大的差距，未来可能需要通过逐步地去落实《总体方案》所要求的各项任务和举措，逐步地提升海南经济发展、产业发展水平，尤其是要在推进贸易投资自由化以及其他方面自由便利的政策和制度体系建设方面取得更大的进展。到2025年，海南自由贸易港的政策和制度体系基本建立之后，可以说国内已经在开放型经济体制建设方面取得了一定的进展。到2035年，经过10年左右的运行，海南的开放型经济体制和营商环境在国内要居于一流或者领先的水平。到21世纪中叶，要跻身于全球开放型经济体制的前沿，在全球具有较大的影响力，到那个时候，海南应该和中国香港、新加坡一样，在全球具有较大的影响。

4. 自贸云观 | 自由贸易港建设《总体方案》解读（四）：释放政策红利 让发展成果惠及人民（海南卫视《直通自贸港》/播出时间：2020-

06-13）

主持人：让发展的成果惠及人民，是建设海南自由贸易港的应有之义和最大目标。那么赵老师，从《总体方案》来看，您认为海南自由贸易港的建设会给岛内居民的生活带来哪些变化？

赵晋平：从《总体方案》中可以看出，目前所提出的自由贸易港政策和制度体系的逐步建立和完善，会给海南经济发展带来巨大的作用。同时，也会给海南的居民带来很多实实在在的好处。第一，海南自由贸易港全岛封关运行，这意味着大部分进口商品进入海南岛时实行零关税制度，有利于降低岛内居民购物消费成本和提高岛内居民购物可选择性，使居民能在全球范围内选择心仪商品，满足不断提高的居民消费和生活需求，这对老百姓来说是实实在在的好处。第二，海南还会实行特殊的税收安排和政策，比如降低企业所得税。未来海南自由贸易港的企业所得税要比国内现有税率水平低得多，企业和个人所得税均降至15%。对企业来说，在海南经营所获得的收益水平会显著提升，因为税负水平下降，成本在降低。企业收益增加，显然会给企业员工带来实实在在的好处。更重要的是，按照《总体方案》部署，海南自由贸易港最高级别的个人所得税税率仅15%，与国内现行的个人所得税最高税率45%左右相比，是非常优惠的。由于个人所得税税率较低，在海南工作的劳动者和创业者可享受到许多实实在在的好处。第三，随着海南自由贸易港建设的推进，按照国际经验，来海南投资的企业会大量增加，工作岗位也会随之增加，海南居民通过参加各种类型的工作，既可以提升个人能力，也可以提高自我的社会认可度、提高收入、改善生活水平。第四，《总体方案》充分地考虑了如何通过建立自由贸易港政策和制度体系，让老百姓能更多地享受海南自由贸易港建设红利。比如在自由贸易港政策和制度体系还没有完全形成之前，通过早期安排、正面清单和负面清单等方式，对一些商品实行零关税，对于鼓励性产业企业的投资实行税收减免政策，个人所得税和企业所得税分步骤按自由贸易港制度和政策逐步调整。在海南尚未实现全岛封关运行之前，免税购物是国际消费建设的重要内容。对于普通群众来说，不论是当地居民还是岛外游客，如何能够在免税购物方面获得更多实惠，是大家非常关注的问题。在这次方案中，离岛免税购物的额度也有明显提升。另外，逐步推进经营网点设立，扩大参与市场主体范围。这些政策的实施，既能为未来全岛封关运行后的免税购物制度创新积累经验，更能在自由贸易港建设开启之年让群众能够享受到贸易投资自由化的政策红利。

5. 自贸云观｜税收制度新颖 突出制度集成创新（海南卫视《直通自贸港》/播出时间：2020-06-16）

主持人：根据《总体方案》，海南无疑走在了中国开放最前沿，全岛封关、零关税、个税封顶15%、税制简并等多项在中国开放史上前所未有的制度设计彰显出这份方案的力度。赵老师，如何理解全岛封关、零关税、个税封顶15%、税制简并这四个词的具体内涵？

赵晋平：第一，零关税。零关税是自由贸易港的本质属性，自由贸易港在具备海关监管区和海关监管条件下，对进入这个区域的绝大多数进口商品实行零关税，甚至实行进口环节税免征。在一定的过渡期，会大大降低海南岛内使用和消费进口商品的税负成本，会大大促进岛内和岛外之间的贸易，尤其是和境外之间双边贸易的发展，作用是非常显著的。海南自由贸易港要在服务贸易、货物贸易中转等方面发挥更加重要的作用，成为国际贸易枢纽和重要平台，这会大大提升海南自由贸易港的吸引力。

第二，低税率。比如在企业所得税、个人所得税方面实行优惠税率，按照《总体方案》中提到的"企业所得税15%"，这和新加坡、中国香港等国际知名自由贸易港相比较低，中国香港是16%和16.5%两种，新加坡是17%，海南略低一点，这显然会大大提升海南参与国际合作竞争的优势。海南自由贸易港的个人所得税最高征收15%，和现行的国内个人所得税税率相比较低，这有助于海南吸引自由贸易港建设急需的人才。对于未来的海南自由贸易港建设而言，人才是非常重要的资源和必要条件。如何能够在吸引人才方面取得实际效果，事关自由贸易港建设的成败。在吸引人才方面，根据各国的经验，实行比较低的个人所得税，包括在个人工作、生活、医疗、教育等方面提供更加优惠的条件，都是吸引人才的重要政策内容。从这一点来讲，个人所得税实行低税率对于海南吸引人才具有非常重要的意义。

第三，简税制。有许多税种可能会取消甚至合并，这对企业和纳税者来说会更加直观、更加便捷，这在保障税收的同时也便利了纳税者，是一种非常有效的手段，也会大大提升财政运行效率。这进一步彰显海南为建设全球领先的开放型经济制度在制度安排和政策方面所做的努力。

主持人： 制度集成创新也是海南自由贸易港政策和制度体系最鲜明的特点。习近平总书记强调，要把制度集成创新摆在突出位置，高质量高标准建设自由贸易港。赵老师，我们要把制度集成创新摆在突出位置的原因都有哪些？

赵晋平： 首先，要深刻理解和把握制度集成创新的重要意义，这是习近平总书记在批示中强调的。制度创新的重要性可以从三个方面来认识。

第一，建设海南自由贸易港是扩大开放的一个重要举措。扩大开放，不仅是对商品、资金、人员，即所谓的要素流动开放，而且是要实行制度型开放。比如，实行自由贸易港制度和政策，就是制度性和规则性开放的重要体现，其受法律保障，有法可依。

第二，在建设海南自由贸易港高水平开放方面，从适应高水平开放需要角度来看，不仅要在开放水平上有大幅度提升，在制度上有许多创新，而且要对标国际上的高标准、高质量要求去设计政策和制度体系。从这一点来说，制度创新就显得尤其重要，仅仅依靠过去的经验远远不够，需要更多的制度创新。

第三，从海南自由贸易港的建设本身来说，其涉及海南自身经济社会制度的方方面面。不仅是贸易和投资局部领域的制度创新，而且要在经济发展、社会发展、生态环境保护、公共卫生安全、国家安全维护、风险防范等许多领域进行制度创新。对这些制度需要进行系统的集成创新，以便发挥制度集成创新的巨大力量。

因此，从海南自由贸易港建设来说，需要从这三个层面看待制度集成创新的重要性。

6. 自贸云观｜自由贸易港建设《总体方案》解读（六）：以制度集成创新建设高水平自由贸易港（海南卫视《直通自贸港》/播出时间：2020-06-17）

主持人： 自由贸易港是当今世界最高水平的开放形态，加快建立高水平开放型经济新体制，高质量高标准建设海南自由贸易港，要把制度集成创新摆在突出位置。赵老师，请您为我们分析一下：《总体方案》在制度集成创新方面有哪些突破？海南在自由贸易港建设过程中如何始终突出制度集成创新？

赵晋平：《总体方案》已经在制度集成创新方面作出了重要部署。比如《总体方案》要求，海南自由贸易港的政策和制度体系不仅涉及贸易自由化、投资自由化，而且涉及更深层次、更重要的关键领域，包括金融开放、数据安全有序流动，基本上生产所需要的各种生产要素流动方面的制度和政策都有涉及。因此，这需要综合地去推进贸易投资自由便利的政策和制度体系建设。此外，在自由贸易港的制度设计中，还包括如何维护生态环境安全、确保公共卫生安全、确保国门生物安全等重要内容。这些制度创新也必须符合海南自由贸易港建设总体目标和总体要求，必须系统地去设计和考虑。另外，《总体方案》还对未来海南自由贸易港社会治理体系作出了全面部署，也就是说自由贸易港的制度集成创新不仅涉及经济制度和政策问题，还涉及社会治理等重要制度建设层面，从这一点来说，要确保这种制度集成创新能够取得预期成效。法治环境建设也是制度集成创新的一个重要内容。全国人大已经作出决议，要开展有关海南自由贸易港的立法，《海南自由贸易港法》实际上就是以上位法的方式为海南自由贸易港的法治化体系建立提供重要基础和原则性法律依据。另外还要通过特区立法的方式加强地方立法方面的建设，这是海南自由贸易港法治体系建设的一个重要组成部分。还有，在法治环境建设方面，要把建立多元化商事纠纷解决机制作为法治体系的一个重要组成部分。这不仅体现了制度集成创新的深刻内涵，更为重要的是体现了海南在建设国际化、便利化、市场化、现代化的营商环境方面做的通盘考虑和精心设计。从这一点来讲，把《总体方案》在制度集成创新方面一些举措和任务落实好，是推进自由贸易港建设的重中之重。反观自贸试验区建设也同样如此，虽然许多自贸试验区在各领域制度创新取得了成功经验，并且在更大范围内复制和推广，但是各个自贸试验区普遍认为，在制度集成创新方面还需要进一步深化和提升，这是各自贸试验区在认真总结进行制度创新方面工作所取得的成绩和不足之处后，提出的制度集成创新重要部署。

7. 自贸云观 | 自由贸易港建设《总体方案》解读（七）：集聚澎湃新动能 共享发展新机遇（海南卫视《直通自贸港》/播出时间：2020-06-18）

主持人：海南自由贸易港建设的开局对很多人来说是一个窗口期，赵老师，对于企业来说，可以享受的政策都有哪些？后续发展的潜力和空间有多大？

赵晋平：自由贸易港建设的一些特殊制度安排和优惠政策，对企业和个人来说，都存在着巨大的发展机遇。

首先，在企业层面，和内地相比，自由贸易港是一个更加开放的环境。无论是国内企业还是国外企业，在海南自由贸易港做生意，是不需要考虑关税或者投资准入方面的限制条件的，甚至在岛内进行生产和提供服务时，还会有非常便利的政策安排。企业在岛内生产需要进口一些料件，对这些料件也实行零关税。企业生产的产品在岛内进行中转可以充分地享受到优惠的税收制度安排。这些制度安排均为企业开展境外合作创造了非常有利的条件。对当地投资来说，各种各样的限制也会相应地取消。企业注册登记是按照"市场准入承诺即入制"，这是在投资管理制度方面一个高水平的创新。比如，只要企业承诺在维护安全、维护生态方面遵守生态、竞争秩序和法律规定，很快就能办理注册登记等开业手续。从这一点来说，"承诺即入"的投资管理制度，目前在国内，对企业来说是最为便捷的一种管理制度，企业所得税税率相对比较低，也可以大大降低企业税负。

其次，从海南未来产业发展定位来看，海南独特的气候和优美的生态环境非常适宜发展旅游、教育、医疗、文化以及金融等现代服务业，也适合发展像航天、深海科技、农业科技等高新技术产业。因此，到海南投资现代服务业和高新技术产业，具有非常好的发展前景。由于高水平的开放政策，未来的海南将会成为地区甚至全球各种要素聚集的枢纽和平台，企业到这来整合各种各样的生产要素和资源，吸引各种专业层次的人才，具有非常便利的条件。

8. 自贸云观｜自由贸易港建设《总体方案》解读（八）：以钉钉子精神推动自由贸易港建设行稳致远（海南卫视《直通自贸港》/播出时间：2020-06-19）

主持人：《总体方案》明确提出，海南自由贸易港的发展目标是到2025年，初步建立以贸易自由便利和投资自由便利为重点的自由贸易港政策和制度体系；到2035年，成为我国开放型经济新高地；到本世纪中叶，全面建成具有国际影响力的高水平自由贸易港。应当说，《总体方案》对自由贸易港制度建设作了全面安排，但要具体落地并有效率地推进，赵老师，您认为关键在于什么？

赵晋平：第一，《总体方案》对建设海南自由贸易港政策和制度体系的落地实施既提出了时间表也给出了路线图，规划是非常明确的。但要落地推进，更重要的在于海南自由贸易港未来的法治体系建设。除了全国人大通过的《海南自由贸易港法》作为重要基础和原则性法律依据之外，地方性法规也是其中重要的组成部分。作为特区，海南要很好地利用特区立法权限，在相关配套法律制度的建立方面扎扎实实做好工作。另外，未来海南自由贸易港的法治体系还包括多元化商事纠纷解决机制。这种制度设计真正落地，实际上到2025年就应该实现。所谓多元化商事纠纷解决机制，在国际上有很多成功经验，国际上许多国家在改善自身营商环境方面，都把如何建立国际化、有效的商事争端解决机制作为重要内容。通过仲裁的方式来解决问题、解决矛盾是非常常用且有效的国际惯例。引进包括中国香港、新加坡这样比较成功的自由贸易港在商事纠纷和仲裁方面的法律体系和办法，是2025年前要做好的一项工作。比如，深圳前海蛇口自贸试验区片区，从前几年开始就引入了中国香港的商事法院制度标准和仲裁办法。

第二，从 2025 年到 2035 年这个时期，为自由贸易港政策和制度体系全运行阶段（以下简称"全运行阶段"），这个阶段中两个方面的工作非常重要：一方面是通过实际运行、建设纠错机制，并且对运行的情况不断地进行跟踪、评估，发现问题、发现偏差，并及时进行纠正。这是要做好的一个重要方面。《总体方案》中，有一点是和以往类似的总体方案有很大不同的，就是专门提出了要对海南自由贸易港政策和制度体系的建立进行全过程评估，并且由国务院发展研究中心承担这项工作，由国务院发展研究中心牵头，组建海南自由贸易港专家咨询委员会。这种创新说明了在运行阶段，要通过经常性、常态化的跟踪及评估发现问题并且纠正政策和制度体系设计的不足。另一方面，全运行阶段，海南已经成为全岛封关运行的海关监管特殊区域，贸易投资自由化便利化水平非常高，开放水平也非常高。随着开放水平的全面提升，各种各样的风险也会进入海南，甚至会危及国家安全、生态环境安全、公共卫生安全，带来金融风险的冲击、市场垄断、供应链和产业链中断等各种风险。因此，在全面落实《总体方案》的过程中，需要及时发现这些风险，并且通过建立应急体制及时地作出反应，将这种风险可能带来的实际危害降到最低。

第三，2035 年到本世纪中叶为海南自由贸易港的强特色阶段，即自由贸易港在中国特色、高水平开放方面的许多优势和特色将要在这期间逐步显现。尤其是要体现中国特色的自由贸易港。其一，要坚持中国共产党的全面统一领导，不要将中国共产党的全面统一领导看作一个政治化的目标，这是海南自由贸易港建设坚强有力的保障。其二，要坚持社会主义制度。其三，要体现以人民为中心的发展理念。其四，要践行社会主义核心价值观。其五，要发挥中国集中力量办大事、上下齐心的特殊优势。

同时，有一个中国特色的重要体现，就是要服务于国家重大战略建设的需要。海南自由贸易港除了要建设国际旅游消费中心之外，还要在建设全面深化改革开放试验区、国家生态文明试验区、国家重大战略服务保障区这些方面取得实实在在的成效，而这是服务国家重大战略的需要。

9. 自贸云观｜聚焦贸易自由便利：建设全岛封关运作的海关监管特殊区域（海南卫视《直通自贸港》/播出时间：2020-06-20）

主持人：《总体方案》提出的"海关监管特殊区域"首次在中央的正式文件中出现，而且没有官方的正式定义。赵老师，传统的海关监管特殊区域与刚刚张老师为我们解释的海南自由贸易港的海关特殊监管区域相比，两者有何不同？

赵晋平：这两者之间还是存在着较大的差异。传统的海关特殊监管区域需要满足四个方面的条件：第一，需要物理围网；第二，在保税区、综合保税区、出口加工区等海关特殊监管区内不能有居民居住；第三，以前设立的海关特殊监管区域，相对来说规模比较小，功能较有限；第四，作为海关特殊监管区域，海关监管的功能和现在强调的海南自由贸易港的海关监管特殊区域有着很大区别。在传统的海关特殊监管区域，监管不仅仅涉及"一线"，涉及安全问题，同时还涉及许多货物进入。在"一线"也需要履行必要的申报和相应手续，这是传统意义上的海关特殊监管区域的特征。

而海南自由贸易港全岛封关运行的海关监管特殊区域有以下四个显著特征。第一，在物理围网上，和传统意义的海关特殊监管区域一致。第二，海南自由贸易港的海关监管特殊区域，面积远远超过了传统意义上的海关特殊监管区域，传统意义上的海关特殊监管区域最大的也就十几平方千米或者二三十平方千米，而海南将会形成一个三万平方千米以上的海关监管特殊区域，规模上有很大差异。第三，在监管内容上，和传统模式也有所不同。在未来的海南自由贸易港海关监管特殊区域内，国家安全、生物安全以及生态环境安全、生物流入安全等安全因素的监管在"一线"同样需要加强。但货物进出的"一线"监管将会大大放宽，这是一种特殊的海关监管模式。目前上海的洋山保税港区已经在进行这项特殊综合保税区试点。以安全监管为主，其他监管相对比较宽松，这是海南自由贸易港的一大特点。第四，海南自由贸易港的海关监管特殊区域不仅有居民居住，而且有城市基础设施，具备综合型特殊经济功能区的功能。这一点和传统意义上的海关特殊监管区域有很大的区别。

10. 自贸云观｜聚焦贸易自由便利："一线"放开 "二线"管住（海南卫视《直通自贸港》/播出时间：2020-06-23）

主持人：实际上，国内有很多其他自由贸易区的政策原则是"一线"放宽、"二线"管住，而海南自由贸易港的是"一线"放开、"二线"管住。赵老师，您认为这一字之差，意味着什么？

赵晋平："一线"放开是指在海南自由贸易港内，实行高水平的贸易投资自由化便利化政策。除限制进口的特定商品外，绝大多数来自境外的商品进入海南自由贸易港不需要缴纳关税和进口环节增值税。"一线"放开是对境外货物、人员、投资实行高水平开放政策。"二线"管住中的"二线"主要指海南岛和内地之间的连接部分。在海关监管特殊区域内的贸易和投资都是高度自由化便利化，为了防止大量境外商品通过海南中转直接进入内地市场，在"二线"还需要按照内地现有的海关制度和政策，对经由海南进入内地的商品和人员及其他要素进行必要的监管，这是"一线"放开、"二线"管住的重要内涵。特别是"二线"管住，即防止大量境外商品通过海南岛进入内地，对内地市场造成冲击，这是"二线"安全守住的重要原因。只有这样才可以实现"一线"高度放开的政策。二者之间是相互联系的。

主持人：赵老师，"二线"要想充分管住、高效管住，关键在于什么？

赵晋平：海南岛的海岸线相对比较长，加强"二线"监管需要在没有设立口岸的地方进行必要的常态化监管，防止有些走私商品在海岸线上通过船舶运输流向内地。海南全岛封关运行之后，这种防走私监管不仅要在口岸以及沿海周边进行，在一些重要商品地区也要采取一定的加强措施。

11. 自贸云观｜聚焦贸易自由便利：适时启动全岛封关运作（海南卫视《直通自贸港》/播出时间：2020-06-24）

主持人：在建设时间上，海南自由贸易港建设将分步骤分阶段进行。2025年前围绕贸易投资自由化便利化，适时启动全岛封关运作；第二阶段，2035年前，进一步优化完善开放政策和相关制度安排，全面实现"六个便利"，推进建设高水平自由贸易港。赵老师，启动全岛封关运作需要哪些基本条件？为什么选择在2025年之前适时启动全岛封关运作？

赵晋平： 在2025年之前，海南一方面要为全岛封关运行之后实行零关税、贸易投资自由化便利化政策积累经验，另一方面要让企业和居民更早地享受自由贸易港建设红利。2025年之前的阶段实际上叫作早期安排阶段。在这个阶段，只能在局部的具备海关监管条件的区域先实行境内关外政策，同时按照负面清单和正面清单管理方式，对企业和个人实行自由贸易港政策安排。洋浦经济开发区的保税港区所承担的任务，就是要先对封关运行之后的监管和贸易投资自由化进行先行先试，另外让区内的企业在全岛封关运行之前，就可以享受到海南全岛封关带来的直接好处。

12. 自贸云观｜聚焦贸易自由便利：特殊区域率先实行原产地规则（海南卫视《直通自贸港》/播出时间：2020-06-25）

主持人： 近日，海关总署副署长李国在国新办召开的新闻发布会上表示，要把洋浦保税港区打造成自由贸易港建设的先行区。赵老师，为什么说洋浦保税港区要成为自由贸易港建设的先行区？建设好洋浦保税港区，对启动全岛封关运作能够发挥哪些重要作用？

赵晋平： 洋浦保税港区为什么要承担这样一种重要的先行先试责任？主要是这几个方面的原因。

第一，洋浦保税港区是很早之前建立的一个海关特殊监管区域，所以在实行海关监管方面已经积累了非常丰富的经验，同时也具备物理围网的条件。

第二，洋浦保税港区以港口为依托，货物在经过海上进入港口又进入中国领海以后的安全可以通过安全方面的监管来实现。这样可以大大地便利进入保税港区的货物和人员。

第三，洋浦港从规模、设施条件和自然条件来说，是海南岛最具备发展物流和港口条件的一个港口，有助于海南未来建立一个通往太平洋和印度洋的入海大通道。因此，在洋浦保税港区先行"一线"放开、"二线"

管住，是境内关外的政策，进行先行先试，显然有助于充分发挥洋浦港的优势，同时也为海南自由贸易港建设提供了一个有力的支撑。当然，在海南全岛封关运行之后，洋浦保税港区作为海关特殊监管区域的功能也将随之结束。那时海南岛全岛都属于海关监管特殊区域，就没有必要通过局部园区进行物理隔离和实行不同的海关政策。

13. 自贸云观｜聚焦贸易自由便利：建立健全与自由贸易港相适应的海关监管模式（海南卫视《直通自贸港》/播出时间：2020-06-26）

主持人： 要做好风险防控就绕不开海关监管这个话题，海关监管制度是海南自由贸易港建设一项必不可少的制度安排，自由贸易港海关监管制度应体现自由化便利化的鲜明特征。赵老师，在海关监管方面我们应该实现哪些转变、争取哪些突破？

赵晋平： 第一，在"一线"放开方面，未来在封关运行之后，除了必要的安全监管之外，海关的查验手续会相应地在"一线"撤销。大量的货物进入海南，只要不违反安全监管条件，就可以自由进出海南岛。从海关角度来说，首先要在"一线"放开的监管方面做相应的调整，且调整须适应监管功能的变化。

第二，过去，对进入海关特殊监管区域内的商品，要求其经过全过程的查验和监管，对企业来说，这意味着货物进入海关特殊监管区域之后需要不断地向海关提供货物状态和情况报告。从改善海南营商环境的角度来说，按照《总体方案》的要求，未来海关不再对进入岛内的货物进行常态化的跟踪式监管，海关可能需要在这方面进行相应的调整。

第三，在"二线"管住方面，一般意义上的"二线"管住，如内地海关会加大对走私的监管，这和海关的职责是密切结合的。由于海南和内地之间存在特殊的经济联系，未来内地设在"二线"的海关实际上是前移设在了海南岛内，也就是说海南岛内的海关还要为内地海关代行货物进入内地承担一些监管职能。在这种条件下，海关需要对监管的方向作出相应的调整。

综上所述，要加强海关在"二线"的监管，首先要完善必要的海关监管设施，特别是口岸设施。其次要使用信息化、智能化手段，这对提升监管效率非常有帮助。比如可以通过检索大数据的方式，为从境外进入岛内的每一个商品提供一个电子码，利用信息化手段进行全覆盖的海关监管。因此，海关需要在提升智能化和数字化水平，特别是利用互联网进行监管方面加大力度，这是海关在未来海南自由贸易港建成之后所面临的重要职能调整。

14. 自贸云观｜聚焦贸易自由便利：实现零关税瞄准零壁垒（海南卫视《直通自贸港》/播出时间：2020-06-27）

主持人：《总体方案》提出，货物在海南自由贸易港内不设存储期限，可自由选择存放地点。赵老师，您认为这条政策解决了货物贸易当中哪些痛难点？

赵晋平：一般来说，在重要的国际贸易中转港口，都设有一些自由贸易港或者自由贸易区，一些国家或者经济体的货物在进入自由港之后，由于集拼、加工展示等业务的需要，要停留一段时间。另外，在遇到国际市场或者运输条件发生变化的时候，货物储存的时间也会相应地有所调整，为了促进中转贸易更加自由便利，国际上一些自由港对货物进入自由港内之后停留及存放的时间不做限制。这样可以充分地满足商品持有方或者企业的需要，比如德国汉堡自由贸易港，一些国际中转的货物进入该港区内停留超过45天的，需要向海关报告，在45天之内停留和存放不需要报告。中国香港也实行货物在15日之内中转到其他港口或者其他关税区不需要向海关申报的规定。《总体方案》也明确规定内地的一些货物进入海南岛之后如要储存一定的时间，除了需要按照海关规定的场所和储存方式进行储存之外，储存的时间不受限制。这是一个非常重要的制度创新，为促进海南自由贸易港的中转贸易快发展提供了非常有利的制度和政策环境。

15. 自贸云观｜聚焦贸易自由便利：放宽市场准入 建立"一负三正"清单（海南卫视《直通自贸港》/播出时间：2020-06-30）

主持人：为进一步突出贸易投资自由化便利化，海南自由贸易港将建立"一负三正"清单，在制定这四张清单时会重点支持高新技术、生态环保和有海南特色的产业。赵老师，对于这个"一负三正"清单我们应该怎么去理解？

赵晋平："一负三正"清单目前指国家有关部门正在制定的负面清单和正面清单。企业一定希望设备免关税的负面清单更短，因为负面清单越短，意味着企业进口自用设备，可以享受更多免关税的待遇，这是一个非常重要的有利条件。对于三张正面清单，采取逐步增加清单内容的方式，扩大零关税的范围。比如对企业自用交通工具，目前在早期安排阶段是采用正面清单的方式，即凡是列在正面清单里的企业可以免关税和增值税，清单越长，企业可选择的空间和余地也就越大。在早期安排阶段，凡是列在正面清单里的料件可以减免关税和进口环节增值税，这对企业降低日常使用的零部件原材料的成本具有非常重要的影响。当然，从高水平开放的角度来说，正面清单越长企业享受到这种红利的机会就越多。第三张正面清单指向零关税和零增值税的进口日用消费品，清单越长，消费者享受到的红利会越多，选择和购买零关税的进口日用消费品的倾向也会明显上升。

16. 自贸云观 | 聚焦贸易自由便利：构建现代化产业体系 引领高质量发展（海南卫视《直通自贸港》/播出时间：2020-07-01）

主持人：海南自由贸易港建设两年以来，在吸引外资、扩大市场主体方面下足了功夫。两年间，海南的市场主体增加了44.4万户，增长了66%，每年都以30%以上的速度增长。赵老师，全岛封关、零关税等制度安排未来又将催生出哪些产业链条？

赵晋平：第一，将会增加临港的加工制造企业。在港口有很多的中转贸易货物，这些中转贸易货物需要在港口进行分装，甚至要进行反复的储存。这些货物在港口或者港区的加工制造需要一定的维修和维护服务，因此，临港的加工制造企业也会明显增加。

第二，大量的货物在海南岛全岛范围内聚集，对现代服务业的需求也在不断扩大。比如说企业的经营主体需要一定的金融服务的支持，企业的货物和人员的移动也需要诸如交通服务的支撑。这些生产性的发展带动了物流业、金融业、批发零售业等的发展。这些生产性服务业企业的大量增加，将会带动旅游业的发展。企业和旅游人数的大量增加，又会进一步带动海南生活性服务业的快速增长。大量的人员进出，对餐饮、零售、医疗、健康等服务的需求也会大大增加。

第三，海南如今已经形成了深海科技、航天科技、农业科技等产业。这些产业还具有提升的空间，特别是在自由贸易港优惠的制度安排条件下，这些从事科研、教育和高新技术产业的研发制造、加工等的企业进入海南岛显然会发挥高新技术产业在整个海南产业发展中的重要作用。

17. 自贸云观｜聚焦贸易自由便利：放宽离岛免税购物额度（海南卫视《直通自贸港》/播出时间：2020-07-02）

主持人：《总体方案》明确提出，放宽离岛免税购物额度至每年每人10万元，扩大免税商品种类。赵老师，与国际上的离岛免税店相比，海南离岛免税购物10万元的额度吸引力如何，对于吸引境外消费回流会产生哪些作用？

赵晋平：10万元离岛免税购物额度较之前实行的3万元额度有了大幅度的提升，从这一点来说，通过离岛免税购物的方式，更多的游客享受到海南岛作为购物天堂的好处，对促进海南国际旅游消费中心建设有积极的影响。10万元的免税购物额度，从严格意义上讲，和国外的其他经济体比，特别是和具有离岛免税政策的地区相比，还是具有一定的优势。比如说内地居民要到海外旅游，在海外的机场或者免税商店购买商品确实没有限制。但是现行海关政策对此是有规定的。比如作为个人，对其一次性携带入境的价值超过5000元的商品征收关税和行邮税。从这一点来说，和国内其他地区现行的海关政策相比，海南10万元额度的离岛免税购物政策具有很大的吸引力，对游客来说具有很大的好处。

主持人：赵老师，有了这么多政策大礼包，未来海南是否有可能成为亚洲下一个消费天堂？

赵晋平：海南要把建设国际旅游消费中心作为一个重要的发展目标，

在旅游购物方面会作出很好的制度安排，比如说零关税和其他一些低税率的制度安排，显然这对吸引游客到海南来购物具有非常重要的意义。因此，海南成为与中国香港、新加坡相媲美的消费购物的天堂，这种可能性是存在的，但需要作出长期不懈的努力，需要进一步优化营商环境，完善免税购物的政策和制度，等等。随着自由贸易港的建成并且逐步走向成熟，海南将具备成为全球重要的购物天堂、消费天堂的条件。

18. 自贸云观｜聚焦贸易自由便利：推动服务贸易创新发展（海南卫视《直通自贸港》/播出时间：2020-07-03）

主持人：谈到服务贸易，可能很多人没有一个准确的概念，请问赵老师，服务贸易到底是什么，有哪些表现形式？

赵晋平：服务贸易实际上指服务的跨境交易。世贸组织的《服务贸易总协定》将服务贸易分为以下四种类型。

第一种类型叫作"跨境交付"，主要指一方提供商通过跨境的电信、邮政、互联网通信的方式为另一方的消费者提供的服务。比如说有一封邮件要传递到美国去，这一过程实际上就是由中方的快递或邮政部门为美方邮件接收人提供邮政或者快递服务，由对方承担快递的费用。这是跨境交付服务的一种体现。

第二种类型叫作"境外消费"，是一个国家或者经济体的个人或者企业在另外一个国家或经济体享受到的当地的服务。比如：留学生离开中国到美国留学，在当地接受了美国教育机构提供的教育服务；国内的自然人到国外去旅游，接受当地提供的包括旅游服务在内的各种服务。

第三种类型叫作"商业存在"，主要指一方的服务提供商在对方所在地投资设立机构，以商业存在的方式为当地消费者提供服务。比如国外的教育机构在海南投资设立了教育机构，这个教育机构为海南当地的受教育者提供教育服务，从提供商来说，其所提供的便是商业存在方式的服务。

第四种类型叫作"自然人移动"。比如有些服务提供者在美国或者其他经济体拥有医生或律师的专业技术资格和身份，现在来海南旅游，在海南认可这种资质的条件下，他们可以为海南的消费者提供医疗或者法律方面的服务。

一般来说，服务贸易主要有这四种类型。但现在国际上也在关注一种被认为是"第五种形态的服务贸易"的服务贸易新类型。这种服务贸易伴随着货物的生产和流通而产生。比如一个产品的设计研发，包含在了商品的价值中，并且通过货物贸易交易的方式实现，研发和设计实际上应该属于服务的性质；又如维护和修理本身是服务，但是这种服务依附在一些物体或者货物之上，便被称为"第五种形态的服务贸易"。这种类型的服务实际上应该是服务贸易，但是一般情况下依附在货物贸易上，很难单独剥离出来，形成一种专门的服务贸易类型，所以还是按照货物贸易、跨境交易的处理方式对这种服务贸易进行核算。

19. 自贸云观｜聚焦贸易自由便利：扩大服务贸易开放 实现既准入又准营（海南卫视《直通自贸港》/播出时间：2020-07-04）

主持人：《总体方案》提出，对服务贸易实行以"既准入又准营"为基本特征的自由化便利化政策举措。赵老师，我们应该如何理解《总体方案》提到的"既准入又准营"这个基本特征？这一系列自由化便利化政策力度如何？

赵晋平：这个力度还是非常大的，它也是服务贸易自由便利的一种重要体现。"既准入又准营"是一个什么概念？就是国外服务提供商在进入海南的时候享有国民待遇，按照投资准入规定，可以直接到海南来投资、设立机构，在海南当地为消费者提供服务。但是在市场准入之后，还有大量准入后的规则。比如，一个外国投资者在内地或者在海南设立教育机构，教育部门对外来投资者提供的教育服务有一定的限制条件。在这种情况下，就有可能造成准许设立机构，但该机构的一些业务会受到限制的结果。而"既准入又准营"的概念是只要允许国外的服务提供商来投资设立机构，该服务提供商和当地的服务提供商就具有同样的待遇，只要经过允许，就可以经营和开业。这就是"既准入又准营"的内涵，"既准入又准营"是高水平的服务贸易自由便利的重要体现。

主持人：服务贸易是高度依赖人际流动与国际交往的贸易形态。疫情之下，服务贸易的发展也面临着新的考验。我们如何把握服务贸易发展的着力点，加快服务贸易创新发展步伐？

赵晋平：在疫情的冲击下，全球的供应链、物流的中断成为影响各国经济发展的一个非常重要的因素，特别是对线下的贸易活动造成了非常大的冲击。对于服务贸易来说，服务贸易也受到了直接的影响。比如跨境消费，在这一方领土向另外一方企业提供的服务，如果企业因为疫情停工，服务的对象实际上就减少了，对跨境交付方式的服务贸易而言显然是巨大的冲击。对境外消费造成的直接冲击更大，在疫情之下，各国之间人员的往来基本中断，特别是对游客来说，其无法到境外去享受当地的教育、旅游或其他方面的服务。但是这四种类型的服务贸易都含有线上提供的服务，如跨境交付，可以为境外的企业和消费者编制相应软件，通过线上传输的方式交易，不会直接受疫情影响。再如境外消费，虽然消费者无法直接到境外去享受各种服务，但是可以享受服务贸易为其提供的线上服务，可以购买其他国家的商品，这也是跨境电子商务在疫情之下发展如此迅速的一个重要原因。商业存在方式也同样如此，大量的线下活动可以通过线上方式来尽可能避免疫情对经济活动造成的影响。

所以，在这四种类型的服务中，凡是使用了电子商务或者数字、互联网等现代化、信息化、智能化手段的服务，跨境交易的机会大大增加。从今年来看，包括中国国内，线上商品的零售额增长非常迅速，其在整个社会消费品零售总额中的比重也是迅速上升。另外，我国和其他国家之间的商品贸易，凡是使用了线上交易等方式的，其零售额增长也比较快。从这一点来看，服务贸易虽受到了疫情的直接影响，但由于使用了线上或者跨境电子商务的方式，许多的服务贸易业务还可以照常进行，并且具有了进一步增长的机会和空间。

20. 自贸云观｜聚焦贸易自由便利：以服务贸易为重点 打造对外开放新高地（海南卫视《直通自贸港》/播出时间：2020-07-07）

主持人：在经济全球化与我国改革开放新阶段的背景下，不断提升海南服务贸易自由化水平，是加快自由贸易港建设的重要内容。赵老师，我们应该如何打造高水平的服务贸易自由便利?

赵晋平:服务贸易的自由便利,特别是高水平的服务贸易自由便利,需要制度环境和制度条件支持。

第一,需要对各种经济类型的主体建立完全相同的市场准入机制。在这种市场准入机制下,不论是外资还是当地投资,不论是国有企业还是民营企业,都享有相同的准入条件。另外,准入的市场须是一个规范的、完全符合国际通行规则要求的市场。

第二,在服务贸易中有商业存在方式的跨境服务贸易,商业存在方式的跨境服务贸易的自由便利指国外的服务提供商可以到海南来投资设立商业服务机构,为当地消费者提供服务。这一投资可能需要一些设备,而且在提供服务的过程中也会产生相应的耗材。

第三,服务商和消费者在进行服务活动之后,它的资金结算是自由便利的,所以跨境交付特别是资金跨境流动也应该具备自由便捷的制度条件。

第四,在四种类型服务贸易里,自然人移动是以一定的专业技术服务的自由便利为基础提供服务。而专业技术服务须建立在人员自由便利流动的基础上,从这一点来说,打造高水平的服务贸易自由便利需要具备人员自由便利进出的制度条件。

除此之外,有些服务需要一定的载体,比如说邮轮、游艇。国外的游客可乘坐邮轮来海南,但邮轮这种交通工具是否可以自由便利地进出海南?这实际上也须考虑是否有相应的服务贸易自由便利的制度条件。

综上,高水平的服务贸易自由便利所需要的制度环境和制度条件是全面的、综合的。

21. 自贸云观 | 聚焦贸易自由便利:放宽市场准入 简化审批流程(海南卫视《直通自贸港》/播出时间:2020-07-10)

主持人:《总体方案》要求实施市场准入承诺即入制,对外商投资实施准入前国民待遇加负面清单管理制度,大幅减少禁止和限制条款。这可以用一个概念进行概括,即"非禁即入"。赵老师,什么叫市场准入承诺即入制和准入前国民待遇加负面清单管理制度？二者之间的区别是什么？

赵晋平：二者之间有一定区别，市场准入的承诺即入制是一个高水平的市场准入开放，即投资者要进入一个国家或者地区进行投资，比如投资者来到海南自由贸易港进行投资，只要投资者承诺不有悖公序良俗，不有损当地的生态环境，不进行有可能造成公共卫生风险、国门生物风险的经营活动，承诺遵守当地法律，合法开展经营活动，就可以直接进行投资注册，然后开业运营。所以市场准入的承诺即入制的限制性和准入性条件非常少，只要投资者作出承诺，就可以进入市场。这种制度安排需要加大政府或者监管部门的事中事后监管力度，保证不会在投资者进入市场的环节因资格和各方面的条件进行严格审查，而是在投资者进入之后，根据其承诺或者法律有关规定以及当地对投资行为的限制对其进行监管。投资者一旦违反承诺或法律规定及当地的限制，监管部门可以通过事中事后监管发现这些问题并且及时进行纠正。所以，承诺即入的市场准入制度是高水平开放的一种体现，是一种投资自由化水平比较高的制度安排。

准入前国民待遇加负面清单的含义就更为广泛。实际上，我国目前针对外商投资，实行的就是准入前国民待遇加负面清单管理制度，即给予准入的国外投资者以国民待遇，但该国民待遇具有一定的条件限制。比如哪些领域不允许外商投资，或者不允许独资进入，有各种各样的限制，这就是通常所讲的负面清单。负面清单越长，对外商投资享受到国民待遇的限制就越多。负面清单非常短说明对外商的限制非常少，是高水平开放的体现。实际上，这几年实行的准入前国民待遇加负面清单制度，不论是在自贸试验区还是在全国范围内都已经取得了初步的经验，这是中国逐步推进对外开放水平的重要体现。按照《总体方案》，2025 年之前是自由贸易港的政策和制度体系尚未完全建成的过渡期，即早期安排阶段，海南要继续使用准入前国民待遇加负面清单的管理方式对外商投资进行必要的管理。虽然这种管理的制度和方式与国内现行的制度和方式相同，但是限制性的条件不同，和国内现行的负面清单相比，该负面清单更加体现了高水平开放。

综上所述，这两个制度安排适用于不同的阶段。从海南自由贸易港建立本身来说，目的是达到投资便利，就是实行承诺即入的市场准入管理体制。在 2025 年之前的早期安排阶段，海南需要通过准入前国民待遇加负面清单的管理方式来逐步提升投资自由便利水平。

22. 自贸云观 | 聚焦贸易自由便利：以过程监管为重点 促进要素自由流动（海南卫视《直通自贸港》/播出时间：2020-07-11）

主持人：赵老师，您认为基础电信领域开放这项制度安排会给投资市场带来哪些积极意义？

赵晋平：不断提升基础电信领域的开放水平，有助于逐步提升海南在电信服务、数据跨境交互方面的自由化水平。

第一，信息或者跨境交互的数据实际上是一种生产要素。在数字化时代，特别是在数字经济快速发展的阶段，获取更多的数据和信息，实际上可以直接获得更多的生产价值和收益。逐步放开这种要素的自由流动，是实现贸易投资自由便利的一个重要内容，它的目的就是促进各种生产要素的自由流动。

第二，完善国际化的信息服务，是优化营商环境的一个重要内容。比如企业入驻海南，需要同国际国内的各个企业进行快捷便利的联系，如果海南有一个高水平开放的电信、互联网通信体系，将十分便于企业在岛内开展各种生产经营活动，这是企业评价海南自由贸易港营商环境的一个重要标准。

第三，实际上，基础电信领域本身面向的服务主体，除了企业之外，还有大量的消费者，只有打造更加开放的信息通道，才能拓宽消费者掌握信息的渠道，提高消费者了解信息的便利程度，因此开放基础电信服务对改善民生、提高消费者的生活质量具有积极的作用。

主持人：《总体方案》要求实行以过程监管为重点的投资便利制度，建立以电子证照为主的设立便利，以"有事必应""无事不扰"为主的经营便利，以公告承诺和优化程序为主的注销便利，以尽职履责为主的破产便利等政策制度。那么赵老师，实施以过程监管为重点的投资便利制度会给市场主体带来哪些好处?

赵晋平:全过程的监管指对有些企业的准入,特别是企业在开业运营之后,监管部门需要经常对企业进行事中事后监管,以防止出现一些相应的风险。但海南自由贸易港所确定的监管原则恰恰在这一点上有所创新和突破。在非必要的情况下,由企业按照自身的承诺,依照法律去进行正常的生产经营活动,如果没有相应的要求,政府的监管部门或提供公共管理的部门都不会主动地去找企业。只有在通过事中事后监管发现问题之后,才有可能去和企业进行协商、纠正,履行相应的监管和执法权力。从这个角度来讲,海南自由贸易港要尽可能简化全过程的跟踪和常态化的监管,加强事中事后监管,更多地运用科学的方法,尽量为企业减少各种各样事务的干扰,这是营造高水平的营商环境的重要内容。在提升便利化水平方面,海南需要在可能出现问题比较多的领域不断采取新的措施。

23. 自贸云观 | 聚焦贸易自由便利:坚持底线思维 完善风险防控体系(海南卫视《直通自贸港》/播出时间:2020-07-14)

主持人:投资自由便利制度是以守住不发生系统性风险为前提的,这也是海南自由贸易港包括投资自由便利制度在内的制度创新的底线。随着海南自由贸易港建设的不断推进和投资自由化便利化水平的不断提升,赵老师,您认为有哪些风险点是需要我们注意的?

赵晋平:生产要素自由流动的过程中必然存在一定的风险,比如贸易自由便利可能会导致假冒伪劣商品或有损生态环境和人体健康的商品流入,这是贸易自由便利的风险。跨境资金流动自由便利可能会引发系统性的外来金融风险,直接对海南或境内的金融体系造成一定的冲击。随着开放力度的不断加大,这种风险发生的可能性和概率也在提升。运输来往和人员进出自由便利同样存在这样的问题,比如可能会有一些违法分子借机混入岛内,对生产生活环境造成一定的威胁,这种风险是存在的。所以,各种生产要素或者制度型开放都会面临风险扩大的问题。投资自由便利可能带来的风险主要体现在以下几个方面。

第一,有些投资项目是生产危险的商品或者与提供有悖公序良俗的服务直接相关，这或许有损国家安全或者意识形态安全。对于这些投资项目，需要加大风险防控力度，杜绝系统性金融风险的发生。

第二，还有一些投资项目，比如说从事非法活动，或者制造危险产品、提供危害社会的服务，对这类威胁到公共卫生安全和国家生物安全的投资项目，同样需要加大风险防控力度。

随着自由化便利化管理制度的不断深入实施，风险进入的可能性也在明显上升，如何提升应对风险的能力显得非常重要。投资准入可能带来的风险还包括市场秩序、市场竞争可能带来的风险。比如有些跨国公司具有比较先进的技术和比较高的市场垄断地位，如果这些跨国公司到海南来投资设立相应的机构，利用这些市场优势，对市场进行垄断，就有悖市场竞争原则。这些跨国公司的投资项目还可能伴随一些不正当的竞争行为，因此海南需要提升应对这种风险的能力，即加大对造成市场垄断和不正当竞争的风险的防范力度。

24. 自贸云观｜聚焦贸易自由便利：让营商环境成为海南的核心竞争力（海南卫视《直通自贸港》/播出时间：2020-07-15）

主持人：营造法治化、国际化、便利化的营商环境，是进一步吸引外资的落脚点。那么赵老师，在自由贸易港环境下，怎么做好营商环境的法治化、国际化、便利化这三篇文章？

赵晋平：法治化的含义非常明确，就是整个涉及市场、涉及各种各样的投资和贸易的行为，包括企业和自然人的活动，都是在遵守法律的基础上进行，包括事中事后监管也是依法进行。所以，法治化的营商环境有助于进一步提升投资环境的透明度。比如，作为投资者，在选择未来的投资项目的时候，要熟知当地的法律，明确什么能做、什么不能做，这是法治化一个重要的体现。同时，法治化的营商环境也为监管者和执法者提供了重要的法律依据，纠正错误的行为依法有据，这样可以使整个营商环境建立在有法律依据提供保障的基础之上，这是营商环境建设的重要方面。

在营商环境方面，国际化必然涉及很多的规则，国际化的规则要对标国际上先进的规则，比如目前WTO针对不同的贸易和投资活动设有相应的规则，这些规则需要遵守。国际化的营商环境必须建立在国际通行规则的基础上，海南要学习和借鉴一些先进的经济体，特别是比较成功的自由贸易港在规则方面的成功经验，将其运用到自由贸易港建设上来。在海南自由贸易港，企业从事经营活动，消费者享受各种商品和服务，执法者去进行相应的事中事后监管和纠正一些行为等，都要遵照国际通行的先进的规则。

从便利化的角度，优化营商环境的一个重要目的就是为投资者、市场主体、自然人等提供便利的营商环境。如到境外做贸易，不需要花费太多的时间和成本，商品就可以进入国际市场，这就是贸易领域便利化的体现。我国的营商环境与国际标准还是存在一定差距，这需要我国通过提高便利化水平，真正为投资者、生产者、消费者提供更加自由便利的条件。提升便利化水平要解决的问题，对一个经济体来说，其重要性在很大程度上超过自由化的措施和政策。作为一个企业，不仅需要获得准入允许，在准入后也需要非常便利的条件，因为企业一旦准入之后就会面对大量制度性或者规则性的条件，这些条件对实现企业开业运营是否便利，对企业来说非常重要。便利化的营商环境也是一流营商环境的重要内容。

按照《总体方案》要求，到2035年左右，海南自由贸易港营商环境要达到世界一流水平，到21世纪中叶要跻身全球开放型经济前沿，在全球具有较强影响力。为实现这个目标，海南还需要长期不懈地努力。

25. 自贸云观｜聚焦投资自由便利：投资新热土 发展后劲足（海南卫视《直通自贸港》/播出时间：2020-07-16）

主持人： 赵老师，对于想要来海南自由贸易港进行投资的公司和个人来说，海南存在哪些产业投资机会？您对海南自由贸易港的哪些领域的发展比较看好？

赵晋平： 海南自由贸易港建设未来重点产业的定位是非常明确的。从大范围来说，旅游业、现代服务业和高新技术产业，凡是属于这三大类行业的企业和个人，都具备了来海南投资兴业的条件。无论是自由贸易港制度的建设还是政策体系的建立，都围绕着使这些重点产业能够得到高质量发展展开。具体地讲，以下四个方面是比较受关注的。

第一，关于旅游消费，就旅游服务业本身来说，这事关未来国际旅游消费中心的建设。在中央赋予海南的"三区一中心"战略定位中，"国际旅游消费中心"至关重要，发展旅游业不但要具有优美的山水风光，更要具备良好的购物和消费条件，所以海南需要在促进旅游购物、文化、娱乐、体育的消费方面创造必要的条件。自由贸易港建成之后，在和旅游相配套的包括国际游轮、游艇开放方面，要实行高水平开放。在文化娱乐领域，发展包括竞赛性的体育运动以及其他服务，条件基本形成之后，吸引更多游客。特别是在实行零关税制度之后，旅客到海南来旅游，可以购买零关税的进口商品，在大大降低购物成本的同时提高了生活品质，所以实行零关税制度对吸引游客也会有进一步的推动作用。

第二，在现代服务业，现在最被看好的是医疗健康、养生、养老这些领域。海南具备得天独厚的热带气候和优美的自然生态环境，适合疗养和养老。从这个条件上来说，海南自由贸易港的医疗、养生、养老服务领域，在未来具有非常大的发展潜力。这几年到海南来旅游、居住的人都是为了利用海南独特的自然和生态环境治疗自身的病痛或提高生活水平。从这方面来说，这些行业具有非常大的发展的潜力和空间。

第三，在教育方面，我国目前每年有几十万的学生到海外留学，有些学生接受的是大学本科和研究生的教育，有些从小学教育开始就将大量的钱花在了国外。如果能够在海南发展教育产业，引进国外先进的教育体系和方式，很多孩子可以就近在海南享受国际一流的教育，就没有必要到其他国家去接受这种教育，这不失为一种更加稳定和安全的选择。从这方面来说，发展教育产业能为满足家长和孩子对教育服务的需求创造非常好的条件。因此，未来海南自由贸易港在教育产业方面，既具有巨大的需求，也具有发展条件，可通过开放引进国际一流的大学进入海南成立教育机构。

第四，更重要的一点是，未来数字经济领域如互联网、电信服务领域的开放水平正迅速提升。目前数字经济加快发展的形势有利于提升整个社会的数字化水平。所以，数字经济领域在海南具备了市场开放和需求巨大的条件，也有着非常好的发展前景。

26. 自贸云观 | 聚焦跨境资金流动自由便利：金融改革开放再升级（海南卫视《直通自贸港》/播出时间：2020-07-24）

主持人：自由贸易港正是金融开放的前沿阵地，在我国金融改革逐步深入的情况下，赵晋平老师，您觉得海南自由贸易港在此过程中能发挥哪些独特的作用？

赵晋平：海南自由贸易港建设其中一个重要的目标就是实现跨境资金流动的自由便利。这说明海南自由贸易港在未来对于推动中国的金融改革开放，具有两个方面的重要作用和功能。

第一个方面的作用和功能，就是通过推进跨境资金流动自由便利，在金融的改革开放的实践中积累更多的经验。《总体方案》对金融在扩大开放方面提出了明确的要求，作出了周密的部署。这本身就是中国金融体系改革开放的重要组成部分，也是一个重要的实践，通过这种实践实行高水平的金融开放。

第二个方面的作用和功能，在于为推动中国的金融改革开放积累更多的经验。比如海南自由贸易港建设对2025年之前的金融对内对外开放，包括推进金融的改革创新等方面提出了许多试点任务，而这些试点任务不仅仅服务于海南自由贸易港金融自由便利的需要，更重要的是为下一步在更大的范围内推进金融改革开放积累经验。除了为在推动金融改革开放方面积累经验外，更为重要的一点就是要积累防范金融风险的经验，因为金融开放必然会伴随来自境内外的金融风险，特别是系统性金融风险的发生概率会有所提升。因此，未来海南自由贸易港需要在金融体系建设方面去逐步积累经验。

27. 自贸云观 | 金融开放步伐加快 如何发掘海南新机遇？（海南卫视《直通自贸港》/播出时间：2020-07-25）

主持人：从自由贸易试验区到中国特色自由贸易港，海南金融业的市场业态正不断变化，开放的步伐也在逐渐加快，比如设立全国首单省级人才租赁住房REITs，推出11项外汇改革创新业务，等等。赵老师，您觉得从自贸区到自由贸易港，海南金融领域都发生了哪些具体的变化？

赵晋平： 从海南自由贸易港的制度设计中，可以看到跨境资金流动自由便利的制度设计对金融业的改革开放提出了许多具体要求。第一，需要坚持服务于实体经济；第二，要紧密地服务于贸易投资自由化便利化的需要；第三，要分阶段推进资本项目的可兑换；第四，要实现自由贸易港和境外之间的资金自由便利流动。这四个方面的目标明确界定了未来海南自由贸易港在金融体系和金融制度改革开放方面的目标。

从这个角度来讲，这和自贸试验区阶段的金融开放创新的目标是不同的，自贸试验区阶段的金融开放创新主要有两个方面的作用。

第一个方面，从服务于自贸试验区实体经济发展的需要的角度，进行一定的制度创新，如通过建立自由贸易账户的方式，为自贸试验区内的企业在境外的资本市场进行相应的投融资创造必要的通道。这有助于提升自贸试验区内企业在获取资金方面的便利程度。

第二个方面，自贸试验区阶段的金融开放创新的主要目的是服务于自贸试验区的战略定位，就是要通过制度创新积累更多的经验，为在全国范围内复制和推广创造必要的条件。这是自贸试验区金融开放创新的一个非常重要的内容。对于海南自由贸易港来说，除了要积累金融开放创新经验，将经验在一定范围内甚至在全国范围内复制和推广，服务于进一步深化全国金融改革开放的需要之外，非常重要的一个目标是推动海南自由贸易港在资金的跨境流动方面更加自由便利。而这样一种制度安排，是不具备复制和推广的条件的。从这点来说，海南自由贸易港在金融领域的开放创新，实际上是服务于建设一个高水平自由贸易港的需要，特别是在实现跨境资金流动的自由便利方面提出了高水平开放的目标，这一点和自贸试验区有所区别。

28. 自贸云观｜跨境融资难？海南自由贸易港送上金融"大礼包"
（海南卫视《直通自贸港》/播出时间：2020-07-28）

主持人：《总体方案》提出四个方面的具体要求：一是要构建多功能

自由贸易账户体系，二是便利跨境贸易投资资金流动，三是扩大金融业对内对外开放，四是要加快金融改革创新。那么赵老师，您认为对这四个方面的重点内容我们应该如何理解和把握？

赵晋平： 从内容上来说，《总体方案》中的制度设计提出了四个方面的要求。第一个方面，要构建一个多功能的自由贸易账户，多功能的自由贸易账户实际上就是在海南自由贸易港金融账户体系中，构建一个通过"电子围网"方式设立的"一线"和"二线"。企业通过离岸金融的方式来进行跨境投融资活动，有利于实现岛内外资金的流动，这是"双账户"式的一种账户体系的建设。这种多功能的自由贸易账户的建设，一方面服务于海南自由贸易港内资金自由便利流动，特别是境外的资金自由便利流动的需要；另外一方面方便企业资金在内地和海南岛之间的流动，按照一般的本外币账户流动的方式去进行管理。因此，这种多功能的自由贸易账户，是海南自由贸易港在资金自由便利流动方面的载体和重要体现。第二个方面，是便利跨境贸易投资的结算，特别是自由贸易港的制度设计主要服务于贸易和投资自由化，所以如何为贸易投资自由化提供非常便利的投融资服务，是海南自由贸易港在金融特别是在资金跨境自由便利方面制度安排的重要内容。在涉及直接投资项下的资金自由便利流动方面，要适应投资自由化的需要，实行准入前国民待遇加负面清单管理方式。过去在国内有很多加工贸易的资金结算，可能是在第三方比如在香港或者其他金融中心进行。因为这些地区对于跨境资金流动的管理相对比较宽松，企业的结算可以降低成本，面临的制度性障碍较少。由此看来，海南自由贸易港在金融改革开放方面重要的目标，就在于使得跨境交易在进行结算时自由化便利化。

29. 自贸云观｜如何打通金融与实体经济之间的"任督二脉"？（海南卫视《直通自贸港》/播出时间：2020-07-29）

主持人： 金融和实体经济相辅相成，两者的关系就像土地和树木、水和鱼的关系。《总体方案》也特别强调坚持金融服务于实体经济，您认为应该如何在跨境资金自由流动便利中强化金融服务于实体经济的能力？

赵晋平：要强化金融服务于实体经济的能力，需要先围绕贸易投资自由化作出制度设计，这是金融服务于实体经济最核心的内容。贸易结算，特别是跨境货物贸易和服务贸易的结算对金融的结算体系会相应地提出比较高的要求。在完善这些结算体系方面，金融的作用至关重要。比如说有一笔进口业务需要去申请相应的外汇，按照过去外汇管理方面的要求，除了必要的合同和实质性的证明之外，在审核方面还需要到相应的外汇主管部门去进行审核，对于企业而言占用时间长且程序烦琐。在服务于实体经济需要的要求下，海南为企业的跨境贸易提供的结算服务将会更加便利。首先，银行的审核将由事前的审核转向事中事后审核。企业在提出资金需要或者外汇需要时，准备大量的材料去证实对应这项业务的真实性的时间将大大缩短，当然，真实性是一个必要的前提。而这种真实性审核，是可以通过事中事后监管的方式实现的，这样大大地便利了企业去获得相应的资金特别是外汇的需求，降低成本，提高工作效率。另一方面，企业要申请相应的外汇，审核单位的权限实际上在进一步下放。比如有些审核权限直接下放到海南省，这对于缩短审核周期、提高工作效率，以及降低企业成本而言，具有非常重要的意义。这是服务于实体经济，在促进服务贸易结算便利化方面的具体内容。就服务于投资自由便利而言，内容非常丰富。比如外商投资企业在海南注册登记，开展正常的运营活动，会有境外资金的进入，这些境外资金的进入也涉及真实性审核，对这种资金可以用于什么范围，资本项目管理方面作出了一些具体的要求和限制。海南自由贸易港在进行针对促进投资自由化的制度安排和政策设计时充分考虑了这些因素。比如，要适度地扩大外商投资的资本金的使用范围。过去，资本金的使用在很多方面受到限制，但是在新的制度安排下，资本金的使用范围会进一步扩大，对于企业来说便利性显然是大大提高了。

综上，可以看出，贸易投资自由化便利化必然会带来大量的货物贸易、服务贸易活动，包括直接投资活动。在这种背景下，为货物贸易、服务贸易以及直接投资活动的资金结算提供便利的服务，是服务于实体经济需要的一个重要体现。在这些方面，有许多内容是值得在不断推进海南自由贸易港资金跨境流动自由便利制度建设的过程中逐步积累经验并加以完善的。

30. 自贸云观|互补大于竞争！海南自由贸易港如何与内地金融市场"抱团"发展？(海南卫视《直通自贸港》/播出时间：2020-07-30)

主持人： 改革开放40多年，中国香港在引进外资方面发挥了不可替代的作用，这得益于跨境资金的自由流动。海南自由贸易港同样具有跨境资金流动自由便利优势，赵老师，您觉得这二者有何不同？

赵晋平： 首先，中国香港是公认的国际金融中心，它在国际金融中心方面的地位是通过大量国际结算来奠定的。同时，中国香港的金融市场相对来说也比较完善，金融的服务质量和水平也明显高于其他国家和地区，这使得它成为大量金融交易汇集的场所，发挥了作为国际金融中心的重要作用。从未来推进跨境资金流动自由便利的角度来说，海南希望实现的目标实际上和中国香港的跨境资金便利流动具有相似性。在一定意义上，是为了充分地提升跨境资金往来的自由便利水平，降低跨境资金流动的成本和减少制度性限制，从而更好地实现利益最大化。但是，海南促进跨境资金自由便利流动的主要目的是发展实体经济，这一点和中国香港建设国际金融中心的目的有所不同。因此，海南制度设计主要还是围绕贸易和跨境投资活动，满足新的结算方式、新的金融商品开发方面的需要。事实上，让海南成为国际上重要的国际金融中心并不是海南金融体系在制度设计上的目标，从这一点来说，海南作为国际金融中心和中国香港之间实际上是优势互补的关系。尤其是在国际金融中心的建设方面，无论是从制度安排和政策设计还是从改善在金融服务方面的营商环境这一点来看，海南自由贸易港可能在相当长的一段时间内和中国香港还是存在着比较大的差距。从这个角度来讲，海南自由贸易港在金融服务于实体经济方面，还是需要向中国香港、新加坡等国际著名国际金融中心不断学习、借鉴，要在这个过程中积累更多的经验。

31. 自贸云观|如何以审慎监管筑牢金融屏障？(海南卫视《直通自贸港》/播出时间：2020-07-31)

主持人：与金融开放相生相伴的还有金融风险。在金融开放中维护金融安全才是真正的安全。请赵老师为我们说说，金融风险主要体现在哪些方面？

赵晋平：金融开放的风险主要体现在这样几个方面。

第一个方面，是系统性的金融风险。通过开放进入海南自由贸易港会对国内金融市场造成冲击，所以，必须加强宏观审慎管理，特别是要对大量的短期的资本流出和流入进行有效的监测。比如说建立大数据，特别是在"电子围网"的条件下利用智能化、信息化的手段，对这些短期资本的流动进行必要的监测，这是防范风险的首要方面。在开放的条件下，必然有一些资金会以套利或者套汇的方式来获得更多的利益，在违反相应的管理规定和法律的条件下促进跨境资金的流动，这可能会对境内的金融市场造成一定的冲击。比如说大量的资金进入内地，或者进入海南自由贸易港，有可能导致金融市场产生泡沫化的现象，同时有可能导致资金供给大量地增加，进一步加剧通胀压力和资产泡沫化。这会对国内的金融市场和金融活动甚至对实体经济造成干扰和冲击，所以要防止这种资金大量无序地流入。另外，大量资金的无序流出也有可能导致人民币贬值预期上升，外汇储备减少，甚至会带来相应的支付能力的降低，也会危及应对外部国际金融风险的能力。所以，从这个角度来讲，宏观审慎管理的监测制度必须建立起来。

第二个方面，主要是恐怖融资、洗钱类行为，这是在国际上经常发生的事情。部分通过不正常渠道获得的资金比如通过偷税漏税获得的资金，可能会利用金融市场开放的条件到这个市场来转一圈，通过这种方式洗白。对于这种风险，要加大监测力度。

主持人：《总体方案》特别强调要加强金融风险防控，面对这些风险和挑战。赵老师，您觉得海南未来应该怎么做？

赵晋平：对于风险防控，第一，要建立完善的监测体系，特别是通过大数据的方式对资金服务于实体经济的真实性进行必要的审核。

第二，利用大数据手段进行监测，发现风险后要进行相应的应急处置。比如，对一些相应账户的管理，对这种资金甚至对资金的持有人之间参与行为的应急措施，必须及时和到位。从这个角度来讲，这应该是海南自由贸易港在金融风险防范方面一个非常重要的内容。

第三，在开放的条件下，各种各样的偷逃税款的行为可能会时有发生。因为海南自由贸易港实行的是优惠的企业所得税和个人所得税税制安排。有一些企业，尽管在海南没有开展正常的生产经营活动，但是它在其他地区发生的结算可能以在海南开展业务活动的方式去进行，从而达到偷逃税款的目的，所以如何去监测、去查找其中的问题也是金融开放风险防控方面一个非常重要的内容。

按照《总体方案》中金融制度设计方面的要求，在平台的发展方面，海南自由贸易港要加大推进力度。比如，大宗商品的交易场所、股权的交易场所的平台建设也会产生相应的风险。比如，金融衍生品的交易场所中的风险就不仅有资金性质上的风险，还有虚拟产品、延伸商品对金融市场造成冲击的新风险。所以，在加强对这些交易场所监管的同时，也要相应地提升风险防控能力。这样才能够真正把系统性风险挡在境外，使海南自由贸易港的贸易投资自由化具备良好的金融服务环境和条件。

32. 自贸云观 | 让企业"如虎添翼"！海南FT账户如何再发力？（海南卫视《直通自贸港》/播出时间：2020-08-01）

主持人： 营造法治化、国际化、便利化营商环境，是进一步吸引外资的落脚点。赵老师，在自由贸易港建设语境下，应怎么做好营商环境的法治化、国际化、便利化这三篇文章？根据统计，截至今年3月末，海南FT账户共开立主账户14903个，通过自由贸易账户共发生资金流动211.03亿元。《总体方案》提出构建多功能自由贸易账户体系，那么，对海南自由贸易港来说，构建多功能自由贸易账户体系的意义是什么？

赵晋平： FT账户实际上是在海南自贸试验区阶段为金融开放创新，特别是为服务于实体经济的需要所作出的一种制度安排。这个制度安排也是在学习和借鉴了上海自由贸易试验区自由贸易账户建设的经验的基础上逐步形成的。实际上它在推进海南自贸试验区金融机构和企业利用自由贸易账户去进行境内外融资和相应的投资活动方面发挥了很重要的作用，取得了实际的成效。但是，未来的海南自由贸易港账户体系实际上是在FT账户基础上进行重要升级形成的，《总体方案》所提出的要求是构建多功能的自由贸易账户，这个多功能的自由贸易账户与自贸试验区的自由贸易账户还是有一定区别的。

第一，在功能方面，它具备了更加广泛的功能，特别是在服务于贸易和投资自由化、便利化方面。这一点实际上也和海南自由贸易港的贸易和投资自由化、便利化所要求的与自贸试验区相比有显著提升有密切关系。因此提供的金融服务，特别是在账户管理方面的要求和自贸试验区的自由贸易账户相比必然会有进一步的提升。

第二，多功能的自由贸易账户一方面服务于贸易投资自由便利结算的需要，另一方面还为海南自由贸易港内的企业直接到国际市场进行直接和间接融资建立了相应的制度安排。在2025年之前，海南自由贸易港允许一些具备条件的企业到境外去发行股票甚至债券，这实际上是通过直接融资和间接融资的方式帮助企业直接从国际市场获得相应的资金。而在自贸试验区内的FT账户虽然也有这样的条件，但是从功能上来说二者还是有相应的区别。另外，到2035年之前，也就是2025—2035年期间，跨境资金流动的自由便利水平将会进一步提升。在2035年之前要实现的是海南自由贸易港内的企业不仅可以通过上市发行股票或债券的方式去融资，甚至可以直接向国际市场的金融机构和其他融资提供方去获取相应的融资，这是间接融资的一种方式。这对于岛内的企业来说是一个更加开放的跨境投融资的安排，对于提升企业的竞争力具有非常重要的作用。从这一点来看，多功能自由贸易账户体系的建设和自贸试验区阶段的自由贸易账户相比有更高水平的提升，是更高水平的金融开放创新的体现。

33. 自贸云观 | 资金"电子围网"如何助力自由贸易港建设？（海南卫视《直通自贸港》/播出时间：2020-08-04）

主持人：海南自由贸易港建设始终强调要在"管得住"的基础上"放得开"，《总体方案》还提出，要以国内现有本外币账户和自由贸易账户为基础，构建海南金融对外开放基础平台。通过金融账户隔离，建立资金"电子围网"。赵老师，对于建立资金"电子围网"这项制度安排，我们如何理解？在海南建立资金"电子围网"会对自由贸易港建设起到什么作用？

赵晋平：首先，多功能的自由贸易账户，是以企业现有的本外币账户体系作为基础，同时通过设立"电子围网"方式设立的离岸金融账户。这个账户内的资金实际上能连接国际资本市场和国际资金市场，我们可以把它叫作在岸账户。对在岸账户和离岸账户，要通过设立"电子围网"来进行相应的隔离，以防止国际市场的资金直接通过在岸账户进入内地市场，也防止内地的资金通过在岸账户和离岸账户之间的流动进入国际市场。从这一点来说，它也是一个防范系统性金融风险的非常重要的举措。随着海南自由贸易港建设不断深化和推进，这两个账户之间的围网会逐步地降低，比如有些资金在符合条件的情况下是可以在这两个账户之间流动的。从 2035 年开始，在自由贸易港政策和制度体系建成并且运转的基础上，海南自由贸易港和境外之间的资金自由便利流动是可以实现的。实际上，海南自由贸易港内的企业的离岸账户和在岸账户之间的隔离相对会有所淡化，这种多功能的自由贸易账户体系将会有助于加大风险防控能力，并在保障安全有序的条件下进一步推进金融市场和金融产业的开放，为企业提供更加自由便利的金融服务环境。

34. 自贸云观｜如何激发金融科技潜能，增强创新发展动能？（海南卫视《直通自贸港》/播出时间：2020-08-05）

主持人：金融科技既是现代金融体系的重要组成部分，也是金融创新的关键驱动力，纵观金融创新的发展历程，不难发现全方位、多层次的金融创新已经成为一种常态，《总体方案》提出，在科技层面要推进人工智能、大数据、云计算等金融科技领域研究成果率先落地。赵老师，我们应如何发挥自由贸易港建设优势，赋能金融科技发展呢？

赵晋平：利用人工智能、大数据和区块链是提升金融商品开发能力的重要手段，是把数字经济更好地和金融商品的创新相互融合的重要举措。

第一，需要把大数据、人工智能所需要的体系逐步建立和完善。数字化要建立在大数据的基础上，目前海南针对资金的跨境流动已经建立了相应的信息系统，可以及时地进行监测，未来还要进一步提升它的智能化和信息化水平。

第二，在相互融合上一定要做好文章。在相互融合方面，海南还是要学习和借鉴国外的成功经验。比如在区块链的管理方面，不论是中国香港还是新加坡，都已经在这个领域积累了比较丰富的经验。完善的区块链金融管理和监测体系可以大大降低金融监测和管理方面的制度性成本，比如对于企业实质性的审核，在具备大数据或区块链的背景下，不需要通过企业提供必要的材料来证实其真实性，它可以通过区块链技术对各种业务中已经发生的资金流动的真实性作出相应的审核，这会大大提升金融机构处理相关信息的能力。

第三，政府也需要提升事中事后监管方面的风险防范能力。在利用区块链和大数据进行资金流动的监测方面，不是依靠事先交纳的各种资料去进行审核，而是通过事中事后监管的方式。在这种背景下，政府在加强事中事后监管方面，需要及时根据企业的需求对它实际运行中将面临的问题或者已经出现的问题进行及时跟踪和观察，及时发现风险的苗头，作出必要的纠正，在有序和安全的基础上进一步提升资金流动自由化便利化水平。

35. 自贸云观｜如何破解跨境结算难题 促进离岸贸易发展？（海南卫视《直通自贸港》/播出时间：2020-08-06）

主持人：《总体方案》明确，要进一步推动跨境货物贸易、服务贸易和新型国际贸易结算便利化。赵老师，新型国际贸易结算便利化"新"在哪里？推动新型国际贸易结算便利化的关键是什么？

赵晋平：对海南自由贸易港来说，未来新型国际贸易结算便利化的进程会明显加快。在正常条件下，海南自由贸易港内企业生产的产品出口到国外其他地区会有出口的报关单等能反映业务真实性的单据。在这种背景下，企业去银行进行相应的结售汇、融资，以这些单据为依据，银行会进行真实性审核，然后为其提供相应的外汇或资金，这是传统意义上的跨境贸易结算。但是离岸贸易并非如此，虽然企业从事了一笔贸易，但是不论是贸易产品的生产地、出发地还是到达地都不在境内。它的真实性审核和传统国际贸易的形式就有所不同。在大多数情况下，就国内现有的关于跨境贸易的结算体系来说，要进行离岸贸易相应的结算并且享受相应的税收优惠是有一定困难的，因为在贸易真实性审核这个环节会出现较大的困难。未来，在海南自由贸易港，随着海国际贸易方式的不断创新，离岸贸易结算的数量必然会大量增加。所以，如何做好真实性审核，保障它的真实性，同时为企业提供相应的融资和结售汇服务？这套体系必须建立起来并且不断完善，助推新型国际贸易实现高质量发展。

36. 自贸云观｜机遇与挑战并存 海南自由贸易港离岸金融市场如何落地？（海南卫视《直通自贸港》/播出时间：2020-08-07）

主持人：《总体方案》在制度层面的设计包括构建多功能自由贸易账户体系、分阶段放开资本项目、实施与跨境服务贸易相配套的资金支付与转移制度、进行外汇管理改革等，强调突出制度集成创新，着墨最多。赵老师，您认为我们该如何以制度集成创新为突破口，实现更高标准、高水平的金融对外开放？

赵晋平：在落实《总体方案》的过程中，要进行分工，不同的部门可能承担着不同的制度创新任务，但一定要注意各个不同部门之间的系统集成，否则就会出现制度创新碎片化的问题。金融、贸易、投资彼此之间有着内在的联系，甚至有时候互为条件，所以一定要在进行科学合理分工推进的同时加大系统集成的力度，协同推进《总体方案》的落实。

在金融的开放创新方面同样如此。金融开放创新不仅是金融本身制度建设的需要，而且是和自由贸易港政策和制度体系建设协同推进的需要，要最大限度地做到系统集成，防止出现碎片化的问题，否则即使在金融开放制度建设方面取得了一定的实际进展，比如允许企业在真实性审核方面按照新的制度设计去推进，但是如果企业的贸易仅限于传统贸易方式，它本身就不会产生对这种制度创新的需要，这种制度创新就很可能形同虚设，很难真正地去发挥作用。

综上所述，如何去协同推进，实际上是促进自由贸易港制度集成创新的一个非常重要的方面。

37. 海南自由贸易港 100 天——央视财经频道《对话》栏目访谈实录（央视财经频道/播出时间：2020-09-14）

主持人： 税收政策是否优惠，反映了一个自由贸易港是不是有吸引力。这方面赵部长做过非常多的研究，如果对标国际一些领先的自由贸易港的税收政策，您觉得今天海南的税收政策有竞争力吗？

赵晋平： 一般来说，零关税、低税率、简税制是自由贸易港一个普遍的特征，在自由贸易港之间也还是存在一定的差异。总体来说海南自由贸易港的税制安排还是具有一定竞争力的。第一点，比如说企业所得税，实际上 15% 的企业所得税和中国香港的 16.5%、新加坡的 17% 非常接近，而且要略低一点。个人所得税实际上也是如此，15% 的最高税率实际上比中国香港的 17% 和新加坡的 22% 要低一点，所以有竞争的优势。第二点，面临竞争的压力。迪拜是国际上知名的成功的自由贸易港，企业所得税和个人所得税长期免征，所以海南还要面对这样的竞争。第三点，就税制来说，有两个方面的含义：一方面就是税率要比较低，这样才具有吸引力；另外一方面就是，税政管理和税务服务一定是非常便利、高效率的，这是营商环境的重要的组成部分。海南这两年在这两方面的制度创新是取得了实际的进展的。

38. 自贸云观｜自由贸易港建设成效初显：政策落地"快马加鞭"（海南卫视《直通自贸港》/播出时间：2020-09-16）

主持人： 从《总体方案》发布至今，海南自由贸易港建设多点突破、蹄疾步稳、纵深推进，实现良好开局，对于海南自由贸易港建设的开局成效，赵老师您如何评价？

赵晋平： 总体来看，经过上下的协同配合与共同努力，海南自由贸易港建设取得了良好的开局，尤其是早期安排的实际进展是超过预期的。这100 天，海南以及中央部委所采取的一系列工作举措有许多亮点，这充分说明了早期安排的许多措施已经逐步落地实施。

第一个亮点，离岛免税购物的新政策落地实施。这受到了市场、消费者和商家的高度关注，取得了巨大的政策效应。由于总的限额、单件限额的大幅度放宽，再加上新的商品种类的增加、新的商家参与市场竞争，新的离岛免税购物政策的落地实施取得了非常好的实际进展。

第二个亮点，《总体方案》要求的关于新的税收制度体系建设，作为早期安排的一个重要组成部分正积极地推进。比如关于鼓励类行业企业的企业所得税的优惠政策，关于高端人才的个人所得税的优惠政策已经发布，对其中一些具体实施的办法作了明确的规定。这为大批的企业包括高端人才提供了一个非常好的预期，有助于吸引岛外和境外的企业到海南来投资，同时也有助于吸引高端人才来海南创业就业。

第三个亮点，早期安排阶段有一些贸易投资自由化便利化的举措已经实施，并且取得了实际的进展。比如洋浦船籍港是在港口枢纽建设方面一项重要的制度安排，目前已经落地实施了。

第四个亮点，要建立以《海南自由贸易港法》为重要基础，以经济特区立法和多元化的商事纠纷解决机制为重要组成部分的法治环境。这一工作目前已经开始启动，比如关于商事纠纷机制方面的仲裁机构已经开始落户。

第五个亮点，在加快数据安全有序流动方面，许多基础性的工作已经推进。比如未来可以通过在海南设立的跨境通信出入口局实现数据的跨境安全有序流动，同时进行必要的安全监管。这对于促进信息产业的发展有重要意义。

39. 这是自由贸易港 | 最普惠的自贸幸福（海南卫视／播出时间：2020-11-30）

赵晋平：海南自由贸易港的税收制度和政策具有一定的优惠性。税收是一个国家财政收入的重要组成部分，同时也是国家综合国力的体现。税收制度和政策是宏观经济调整的重要工具和手段。改革开放40年以来，随着国家市场化改革不断推进，税收制度不断完善，为经济和社会发展作出了巨大贡献。海南是市场化改革的受益者。在每一次重大的改革开放进程中，海南都进行税制和税收制度的改革，服务于海南改革开放推进。海南自由贸易港建设是在以往享受到的"收红包"的基础上的一个更大的"红包"，受到海内外企业和各界人士的高度关注。首先用几个关键词来向大家介绍海南自由贸易港的税收制度和政策的主要特点。《总体方案》涉及的第一个关键词是零关税，第二个关键词是低税率，第三个关键词是减税制。首先，第一个关键词——零关税。什么叫零关税呢？零关税就是未来在海南自由贸易港内，除少数限制和禁止类的进口商品之外，对所有从国外进口的商品实行零关税。这是国际上比较成熟的自贸区和自由贸易港的本质性特征。零关税对企业来说是非常重要的"红包"。海南自由贸易港的零关税建设需要一个条件，就是要在 2025 年前实现全岛封关运作，建立"一线"放开、"二线"管住这样一个海关监管特殊区域并在这个监管区域范围内实行零关税。这个区域是贸易和投资自由化的前沿区域。

在 2025 年之前，按照《总体方案》的要求，通过几个清单分阶段实现零关税的安排。这几个清单俗称"一负三正"。"一负"的负面清单是什么呢？即 2025 年之前企业从海外进口没有被列入有关设备进口负面清单的设备可以享受零关税的政策，进口设备不需要缴纳关税、进口环节增值税。

三个正面清单是什么呢？第一个是企业生产过程中需要进口的原辅料如零部件、原材料享受零关税政策，但前提是这些原辅料在这个正面清单的范围内。这是第一个正面清单。第二个正面清单是什么呢？就是企业自用的运输工具，包括作为个人消费品的游艇，在 2025 年前的早期安排阶段可以享受零关税。第三个正面清单是居民消费的进口商品零关税正面清单。在 2025 年之后的第二阶段呢？那时海南自由贸易港的各项政策和制度体系应该已经初步建成，开始进入了正式的运行阶段。这时对零关税的管理是采取什么方式呢？就是除了极少数的国家限制和禁止进口的商品之外，绝大多数的商品从海外进入海南自由贸易港范围内是免关税的。

所以，第二阶段的制度性安排，与第一个阶段相比开放水平进一步提高。作为自由贸易港，海南应该分阶段实施零关税的制度和政策，为企业和个人带来更多的政策红利，这是国家给予海南自由贸易港的一个巨大的"红包"。

第二个关键词，是低税率。税收有企业所得税、个人所得税，还有其他的税收。从企业的角度来看，如果需要缴纳的企业所得税和其他的税税率比较低，则有助于企业轻装上阵，获得的收益会进一步增加。在2025年之前，就是早期安排阶段，主要是鼓励类行业范围内的企业享受15%的企业所得税优惠。

凡是列在了鼓励类行业范围之内的企业，可以享受15%的企业所得税优惠。有些朋友会问：企业所得税税率15%到底是什么优惠呢？在中国，根据税制的安排，企业所得税税率一般是25%，当然，在一些特定的行业、特定的地区也实行20%甚至15%的税率，但是普遍是25%。可以看出，海南自由贸易港实行税率比其他地区现行的税率要低很多。更重要的在于，从国际比较来看，新加坡和中国香港是公认的比较成功的自由贸易港，但新加坡的企业所得税税率是17%，而中国香港的企业所得税税率分两个类型，一个是16%，一个是16.5%。

可以看出，海南自由贸易港实行的鼓励类行业的15%的企业所得税税率相对于国际成熟自由贸易港来说有一定的优势。当然，个人所得税同样如此。个人所得税税率在海南自由贸易港建成之后分三个档次：3%、10%和15%。更为重要的是目前国内现行的个人所得税累积税率最高一级的税率是45%。而海南自由贸易港在2025年前的早期安排阶段，对个人所得税的安排是对鼓励类行业的高端紧缺人才的个人所得超过15%的部分免征。意思就是最高税率实际上就是15%。海南自由贸易港制度基本形成后，即2025年后，个人所得税普遍实行15%的最高税率，可以看出和国内现行的税率相比非常优惠。更为重要的是，和刚列举的两个国际上比较成功的自由贸易港相比，海南自由贸易港的个人所得税也是具有竞争优势的。新加坡的个人所得税税率是22%，中国香港的个人所得税税率是17%。从低税率的角度来说海南自由贸易港是具备了一定的国际竞争优势。

第三个关键词叫作简税制。随着市场化改革的不断推进，税制也是在不断地优化。对于海南自由贸易港来说，有些税需要撤销，有些需要归并在一起，比如增值税。简税制实际上是在进一步提升税收征管的效率，降低成本，同时减轻企业负担。从这三个关键词可以看出，在分阶段推进的安排之下，海南自由贸易港无论是在2025年之前的早期安排阶段，还是在2025年之后，税制安排都是非常优惠的，这也是海南自由贸易港本身的国际竞争优势的体现。为什么这样的优惠税制会在海南自由贸易港内实施，它的主要作用是什么？

无论是一个国家还是一个地区，税制安排首先需要考虑三个因素。

第一个因素，就是由于公共事业、基础设施建设的需要，政府需要具备一定的财力，这个财力主要来源实际上是税收，海南自由贸易港未来也同样如此。海南自由贸易港是国家改革开放的一个重大举措，中央层面给予了非常大的支持，可以满足提升公共服务效率和水平的需要。

第二个因素，建设海南自由贸易港的主要目的在于什么呢？是通过高度的开放，通过非常自由便利的制度和政策环境，吸引更多的国际要素和资源来到海南。比如吸引跨境公司来投资，吸引更多的资金进入海南发展，满足海南建设的需要；吸引更多的人才到海南来工作，来创业和创新。在全球范围来看，国际上许多自由贸易港，特别是成熟的自由贸易港，税收安排都是非常优惠的。零关税、低税率和简税制是自由贸易港或自贸园区的普遍的特征。所以，在这方面具备一定的竞争优势，能够吸引到更多的人才等资源要素集聚，是海南自由贸易港提升国际竞争力的需要，也是建设一流营商环境的需要。也就是说，在有关营商环境的评价体系中，有专门针对纳税的一项评价。一个国家、一个地区营商环境的优劣，关系到是否能减轻企业负担，使得企业能够轻装上阵，好的营商环境有利于吸引企业、人才，特别是高端人才。这些政策实际上是一流营商环境的重要内容。

第三个因素，海南自由贸易港承担着什么使命呢？海南自由贸易港实行优惠的税收制度，对中国经济来说意味着什么？海南自由贸易港实际上承担着"三区一中心"建设的重大历史使命。其中,"三区"是指全面深化改革开放试验区、国家生态文明试验区、国家重大战略服务保障区,"一中心"是国际旅游消费中心。

"三区一中心"建设会为中国经济的发展产生重要的辐射和带动作用,也会进一步优化中国经济,特别是在高水平开放方面产生非常重要的积极作用。因此,海南自由贸易港建设,一方面是中国经济长期高质量发展的重要体现,另一方面会对中国经济高质量发展作出重大的贡献。特别是作为开放门户,海南自由贸易港可以为中国经济的发展集聚更多的资源要素,提供更多经济发展的新动力。

主持人: 您认为这些方案出来之后,符合哪些条件的企业可以享受到这个福利?

赵晋平: 在2025年之前的早期安排阶段,海南会发布一个鼓励类行业清单。这个清单更多体现的是围绕海南自由贸易港建设的支柱性产业,符合海南自身发展定位的行业,有关部门正在加快制定这个清单。这个清单会为符合产业发展定位的许多企业带来实实在在的好处。同时,鼓励类行业清单是建立在国家现有的、行业结构性政策基础上的。比如中国有一些领域实行鼓励性税收政策,这些税收政策在海南自由贸易港内同样实行。当然这里面还有一些条件,比如企业首先需要在海南自由贸易港注册,并且在海南自由贸易港内有实质性的经营和业务活动。所以它是常见的优惠政策,越来越多的人会享受到这个福利,享受到税收政策的红利。

主持人: 海南创造了非常棒的、全新的、梦想中的营商环境、贸易环境、发展环境。税收的利好政策是一种吸引,更是一种帮助,除此之外还有什么值得期待的呢?

赵晋平: 从目前的顶层设计来说,由于是分阶段实施,这种优惠不会只在刚开始的时候,或者是只在自由贸易港制度建成之后的一段时间内可以享受到,而是有一个不断完善、不断提升的过程。比如在2025年之前的早期安排阶段,由于许多制度问题还没有解决,只能通过清单的方式来逐步让一些企业和个人享受到优惠税收的红利。2025年之后,不再需要通过清单的方式去管理。所以一定要认识到一点，即到2025年，海南自由贸易港制度基本建成，《总体方案》提及的许多优惠制度以及它的营商环境，会比2025年之前更好。企业享受到的福利，带有一定的普惠性质，除了极少数的行业之外，绝大多数企业员工都可以享受个人所得税优惠。在2025年之前，享受个人所得税优惠的是高端紧缺人才，但是在2025年之后，绝大多数实用型人才都可以享受到个人所得税优惠。

主持人： 这些政策安排会使简税更加到位，而且效率更高，此外还有哪些更实惠、更有远见的政策？

赵晋平： 刚才说的都是税，但是企业的负担除了税之外还有费。比如，企业要为员工缴纳一定的社会保障费用，让员工也享受到经济发展的福利。问题在于，和其他一些经济体相比，企业承担的保障费率是比较高的。比如，按照现行的五险一金的费率来计算，企业承担的保障费率大概是员工工资的40%。而国际上其他自由贸易港的企业保障费率相对来说比较低，比如新加坡和我国香港，以及迪拜。迪拜的企业保障费用基本上不由企业来承担，个人承担的比例大概是50%，企业最多不超过百分之十几。在这个方面，针对怎么去制定一套制度和设计政策，进一步降低企业总的税负水平，是可以挖掘的。

主持人： 您认为海南会不会放开进口汽车市场的税额呢？

赵晋平： 一台汽车需要几万个零部件，所以生产汽车对整个产业链的带动作用非常强，包括对教育、就业的影响。如果对进口汽车实行低关税，可能会导致国外的一些品牌大量地进入国内市场，冲击我国现有的汽车产业，这不仅仅是税基流失、财政收入减少的问题，更为重要的是，还可能会影响到整个产业链、就业，所以在汽车零关税这个问题上，一定要做统筹考虑。实际上在讨论这个问题的时候是有一些提议的，比如家用轿车、自行车是否也可以实行零关税政策？但是综合考虑之下，这样一个政策会带来比较大的影响，需要去逐步推进。首先是对于新能源汽车，在2030年之后，岛内是不允许销售传统燃油车的，为了配合新能源汽车的使用，可以对新能源汽车进行税额放开。其次，可以先对企业自用的汽车进行税额放开，然后逐步扩大到一般消费者，所以这一定是一个逐步推进的过程。

主持人：怎么区分非法代购和日常代购？

赵晋平：代购应该是在一个合理合法的范围内，但是会引发一些人的套利行为。比如过去曾经在深圳和香港看到大量"蚂蚁搬家"的现象，有些人把免税商品从香港带到深圳转卖，实际上是利用两地之间汇率差进行盈利的一种行为。这种行为就是一种非法行为，是一种走私行为，需要严厉打击。目前海关在监管方面做了很多工作，一旦发现有非法盈利、转卖行为的，一定会严厉打击，建议设置取消几年之内离岛免税购物资格的惩罚，或者予以一定的处罚，通过这种方式取缔非法行为。公民守法，才是自由贸易港的制度和政策真正走好、发挥作用的必要条件。

40. 自由贸易港早期收获满满（海南卫视《潮起海之南》/播出时间：2021-02-03）

主持人：《总体方案》发布之后，海南自由贸易港建设得到了加快推进，赵老师，目前我们取得了哪些早期收获呢？

赵晋平：在早期安排阶段，要使自由贸易港的制度和政策能够得到率先实施，让企业和消费者更多、更早地来享受自由贸易港政策的红利。

第一，关于人才的个人所得税的优惠政策已经正式发布，在海南自由贸易港工作的高端紧缺人才可以享受对其个人所得税实际税负超过15%的部分予以免征的优惠政策。

第二，离岛免税购物政策也已发布实施。实际上，早期安排阶段还有一项和企业所得税有关的政策。按照《总体方案》中的设计，注册在海南自由贸易港并实质性运营的企业减按15%缴纳企业所得税，这个税率和国内现行的企业所得税税率相比有一定优势，和其他经济体相比也有一定的竞争优势。在自由贸易港早期安排阶段该如何让企业享受到这个优惠政策呢？现在，《总体方案》发布了鼓励发展的产业清单，凡属于鼓励类产业并在海南自由贸易港开展实质性运营的企业可以享受15%的企业所得税优惠政策。这些实实在在的好处，会吸引更多的企业来海南投资，提振海南的经济，同时吸引更多的人才投身海南自由贸易港建设。

主持人：推动税收制度的改革和创新，也是为了使对外开放达到一个更高水平，自由贸易港在建设过程当中，势必要更多地去与国际接轨，赵老师，海南的税收政策如何更好地与国际接轨？

赵晋平：在一定意义上，学习和借鉴国际上的成功经验是完善海南自由贸易港制度设计非常重要的内容。具体到税收制度和政策层面，要建设和实施好海南自由贸易港税收制度和政策，必须考虑到三个因素。

第一，海南自由贸易港自身的建设也需要一定的财力支撑，比如将来的基础设施建设、公共服务建设，包括一些在转移支付、教育方面的投入，这些投入需要有一定的财力去保障，所以不能是零税率，否则是不现实的。

第二，自由贸易港建设要打造高水平开放的制度环境，通过这种制度环境使得各种各样的生产要素能够自由便利地在海南聚集。既然要吸引生产要素集聚，那么政策就要有一定的国际竞争力。

第三，税制的建立实际上是营商环境的一种体现。税率低，企业可以做到轻装上阵，而且如果征税和纳税的过程非常便利，这对企业来说一定是非常有吸引力的。

主持人：您觉得要实现2025年营商环境达到国内一流的水平，海南具有哪些优势？

赵晋平：最大的优势就是海南自由贸易港建设，2025年之前是海南自由贸易港建设的早期阶段，但是很多关于贸易投资自由化的制度和政策已经先行实施。海南提出，到2025年打造国内一流营商环境，2035年营商环境跻身全球前列。海南这两年在营商环境建设方面非常努力，取得了显著成就，但和新加坡、中国香港这些高水平自由贸易港相比还存在一定差距。从这个角度讲，优化营商环境是下一步海南需要抓紧去推进的方面。

主持人：目前，以国内大循环为主体，国内国际双循环相互促进的新发展格局正加快构建，海南如何更好地融入双循环的潮流？

赵晋平：双循环新发展格局的构建是今后很长一个时期内经济发展的

新要求，也是在理念上的新的提升、新的创新。目前强调以国内大循环为主体，让有些人疑惑是不是海南以后就把注意力更多地转向了国内呢？海南长期以来坚持的不断扩大开放的宝贵经验在未来中国经济发展中的作用会不会不断减弱？实际上，新发展格局是高水平开放的新发展格局，是更加开放的双循环新发展格局。在开放的新发展格局构建过程中，它的作用不但没有减弱，反而会进一步提升。从中国经济本身来说，以国内大循环为主体是双循环的基础和保障。但是对国内大循环来说，要尽可能使许多产品和服务的生产、分配、流通、消费能够集中在国内，以确保产业链和供应链的安全，这一点是有条件去实现的。因为国内有超大规模的市场以及齐全的产业体系，但是对一些重要的产业来说，要真正提升现代化水平，仅仅依靠把所有的生产、分配、消费、流通环节集中在国内是无法实现的。在这个基础上，要真正在这些关键领域，使新发展格局或国内的产业链现代化，解决"卡脖子"问题，在技术研发的关键环节排在全球领先地位，还是需要通过不断扩大开放、与跨国公司进行合作、与其他国家研发机构进行合作来实现这些目标。所以，通过开放去畅通国际大循环恰恰是优化和带动国内大循环的一个重要方式。从这个角度而言，开放对于双循环新发展格局的建立反而作用更为突出、明显。海南自由贸易港是一个高水平开放的新高地，因为生产要素聚集的成本很低，很多企业的资本会在这里聚集，要到这个平台上进行周转。这就要确保资金的往来便利和自由，人才才能聚集到海南。海南的政策非常优惠，这是海南自由贸易港作为高水平开放平台的一个重要体现。而这种高水平开放的平台，恰恰是提升、优化国内大循环主体地位的一个重要支撑。海南自由贸易港未来要成为联通国内国际双循环的重要载体和重要平台。如果海南自由贸易港的制度建设能够顺利推进，发展成高水平开放的平台，海南就有条件去吸引国际国内的各种生产要素聚集，服务国内的需要，如产业链和国内研发的需要。同时，中国企业走向国际市场，可以利用海南自由贸易港这一平台为这些企业提供必要的要素支撑、资金支撑和人才支撑。在构建新发展格局过程中，海南自由贸易港的作用不会减弱，反而会进一步提升，这也进一步彰显海南自由贸易港高水平开放的重要历史使命。

41. 自贸云观｜海南自由贸易港建设三周年 以人民为中心建设中国特色自由贸易港（海南卫视《直通自贸港》/播出时间：2021-04-17）

主持人：对海南自由贸易港建设成效如何，市场主体和琼岛百姓自有发言权。三年来，海南政府深入学习贯彻习近平总书记"4·13"重要讲话精神，坚持以人民为中心的发展理念，始终把逐步实现共同富裕视作海南全面深化改革开放和中国特色自由贸易港建设的应有之义。赵老师，能不能根据您的观察，和大家说一说海南自由贸易港建设给市场主体和本岛居民带来了哪些发展的红利呢？

赵晋平：2020年是海南自由贸易港建设的开局之年，目前自由贸易港建设还处于早期安排阶段。到2025年，如果实现了全岛封关运作，海南自由贸易港的政策和制度体系就可以初步形成。到那时，作为一个普通的消费者，作为岛内的居民，可以充分享受到贸易投资自由化便利化带来的实实在在的红利。在早期安排阶段，实际上也有许多重要的政策举措逐步推出，对改变老百姓的生活产生了积极的影响。

第一，2020年7月1日起正式实施的新的离岛免税购物政策，一方面提高了免税购物的限额，另一方面增加了离岛免税网点和商品种类，这对满足老百姓在购物方面的实际需求有重要作用。另外，离岛免税购物的经营主体在陆续增加。特别是去年，离岛免税购物销售额比2019年翻番，达300亿元人民币，这是历史新高，对稳定海南经济起到了非常重要的作用。岛内居民在离岛免税购物政策中可以充分享受到这项红利，在离岛时可以通过免税购物的方式满足自身对一些消费品和生活用品的需求。

第二，是关于个人所得税和企业所得税的优惠政策。人才进入海南以后，实际上也成了岛内居民的一个重要组成部分。人才个人所得税最高征收15%和对鼓励类产业企业实行15%企业所得税的优惠政策，是他们所获得的实实在在的红利。

第三，海南自由贸易港有关零关税的政策措施在陆续推出。比如"一负三正"清单，其中"一负"指对企业进口自用设备实行零关税负面清单管理。从已经公布的清单中可以看到，只有11类企业自用设备列在了负面清单之中，对没有列入其中的许多领域的企业自用设备是免关税的。这对于岛内居民、企业来说，是实实在在的优惠。另外，原辅料的零关税正面清单也已经公布，这对企业以及在这些企业工作的岛内居民来说也具有积极的意义。关于交通工具的零关税正面清单也已公布，消费者自身就是这些交通工具的购入者之一，客观来讲，其已经享受到零关税购买这些交通工具的实实在在的红利。在早期安排阶段，关于岛内居民消费的进口商品的零关税正面清单也即将公布。这张正面清单公布之后，就老百姓而言，对一些进口的消费品实施零关税，可以明显降低进口商品的成本，降低老百姓的生活成本。

在2025年全岛封关运作之后，岛内居民享受到的自由贸易港政策红利就会得到全面落实。比如，除极少数商品之外，从国外进口的各类消费品和生活用品均实现零关税，这就大大降低了岛内居民的生活和消费成本，满足了老百姓对国外一些著名品牌消费品的消费需求，大大提升了老百姓生活品质。2025年之后，这些政策红利将进一步凸显。

42. 自贸云观·博鳌新视野：构建新发展格局 改革命题有了"博鳌答案"（海南卫视《直通自贸港》/播出时间：2021-04-23）

主持人： 4月18日，博鳌亚洲论坛2021年年会举行了首场新闻发布会，可持续发展的亚洲与世界2021年度报告、亚洲经济前景及一体化进程2021年度报告两份旗舰报告在会上发布。这两份报告透露出了哪些关键的信息？赵老师能不能和大家解析一下？

赵晋平： 第一，谈一谈可持续发展的亚洲与世界2021年度报告。首先，在新形势下，亚洲将成为全球经济增长的新的中心。比如，根据国际货币基金组织的预测，2021年亚洲经济将出现恢复性增长，而且国际货币基金组织多次上调了亚洲经济增长的预测值，特别是亚洲新兴经济体的崛起，成为推动亚洲经济发展的一张闪亮的名片。中国、东盟等一些经济体随着长期持续的经济增长，在全球的经济地位不断上升，成为引领亚洲经济和全球经济发展的一股重要力量。所以，亚洲对全球经济的影响和作用通过其经济持续不断的快速发展得到了充分的体现。此外，就亚洲经济本身而言，其发展也离不开与和世界其他国家和地区之间的合作，亚洲经济和世界经济实际上是相辅相成的合作关系。亚洲地区要继续坚持开放的地区主义，一方面，要坚持区域内的各种制度性的区域经济合作，努力实现区域经济一体化的目标，加强亚洲各国家（地区））之间的凝聚力；另一方面，要加强与其他国家和地区之间的经济合作，并且通过积极参与各种国际和区域的多边合作来为全球经济稳定和发展作出积极的贡献。亚洲在推动自身区域经济一体化发展过程中，要始终坚持把多边主义放在一个非常重要的位置上，将发展全方位和周边地区、世界其他国家的经济合作作为亚洲自身发展的一个重要目标，特别是在新冠肺炎疫情背景下。受到新冠肺炎疫情的冲击，国与国之间的经济联系出现了一些中断，全球的贸易和投资出现了大幅度下降。随着新冠肺炎疫情得到全面控制，亚洲和世界的经济联系将会进一步加强，亚洲经济将通过世界经济合作来寻找新的发展机遇，同时为世界经济稳定增长作出积极贡献。

第二，是关于亚洲区域经济一体化的报告。实际上，亚洲区域经济一体化发展的历史相对欧洲地区和北美地区而言不算太长。尤其是21世纪以来，在中国和东盟等一些经济体的积极引领下，亚洲区域经济一体化开始进入快速发展阶段。比如，东盟已经分别和亚洲的主要经济体建立了"10+1"自贸区，对推动亚洲经济一体化产生了积极的影响。事实证明，亚洲区域经济一体化对亚洲各国防范各种风险对本国经济造成冲击发挥了重要的作用。20世纪90年代末，亚洲金融危机爆发之后，各国充分认识到了加强一体化建设特别是应对外部风险的重要性，从而开启了亚洲经济一体化的进程。去年刚刚签署的RCEP使得亚洲区域经济一体化进入了一个新的历史阶段，特别是东盟十国都在其中，该十国经济总量和人口规模以及各方面的指标占整个亚太地区的比重非常高。RCEP成员国无论是从人口规模、经济总量，还是从贸易总量来说，在全球都占有30%左右的份额，是目前全球规模最大的自贸区。在一定意义上，随着RCEP的正式签署，亚洲区域经济一体化开创了新的里程碑，今后将会继续朝着进一步深化和持续扩大开放的趋势发展下去，但亚洲区域经济一体化还有一些重要的遗留问题，值得亚洲各国交流和讨论。比如，中国已经表明了积极的态度，考虑要加入《跨太平洋伙伴关系协定》谈判，这说明亚洲区域经济一体化还有很长的路需要走。区域经济一体化安排的不断推进，将会使亚太地区特别是亚洲各国之间在制度性合作纽带的联系下，真正成为一个经济共同体，最后联结成命运共同体。

43. 自贸云观·博鳌新视野：让世界感知海南自由贸易港开放脉动（海南卫视《直通自贸港》/播出时间：2021-04-24）

主持人：赵老师，您能否结合全球自由贸易港发展趋势分论坛上的一些观点，讲一讲面对当今世界百年未有之大变局，各自由贸易港呈现出了哪些新的发展趋势？

赵晋平：从目前来看，随着形势的变化，世界上主要的自由贸易港，比如新加坡、迪拜、中国香港，在推进贸易投资自由化方面不断进行创新，推出了许多可以让海南自由贸易港学习和借鉴的新举措。这些变化主要体现在三个方面。第一，前几年形成了一种逆全球化的潮流。在此背景下，随着贸易投资自由化政策的实施，推进贸易投资自由化便利化和经济全球化就成了一些国家非常重要的政策目标。这些自由贸易港在实现这一目标方面发挥着重要的引领作用。在贸易保护主义背景下，这些自由贸易港在稳定全球化的发展态势上也发挥着重要的作用。例如，在新冠肺炎疫情的冲击下，新加坡和中国香港的经济往来受到了很大影响。即便如此，新加坡和中国香港并没有停止推进贸易投资自由化，反而持续通过完善营商环境加强和世界各国之间的联系。所以从这点来看，世界上一些比较成熟的自由贸易港在引领贸易投资自由化方面发挥着非常重要的作用。

第二，这些自由贸易港正在逐步走向数字化自由贸易港。数字经济是当前引领全球经济包括中国经济增长的一个新领域。尤其是在新冠肺炎疫情冲击下，人们的相互往来受到影响，但互联网和现代通信技术的线上领域在日益扩大。数字经济为此提供了重要的平台，成了重要的载体。这几年经济增长最快、贡献率最高的往往是与数字技术相融合的领域，比如电子商务、线上服务，全球对一些数字产品的需求和跨境交易都成为稳定全球经济增长的重要因素。所以，向数字化自由贸易港转型成为当前世界主要自由贸易港的重要战略举措。

第三，各自由贸易港的发展趋势有一个突出的方面：强调以人为本，这一点也是中国长期以来强调的。使广大民众更多地享受到经济发展的红利和成果，在中国这叫作共享理念，这一理念也是中国五大发展理念中的一个重要内容。实际上，其他自由贸易港也在通过自身的开放作出新的举措，从而与本地居民更多地分享经济发展的成果。

在这个意义上，海南需要学习世界成熟自由贸易港的经验和运行模式，例如，以上三个方面的新变化就是值得研究和学习借鉴的。

44. 在海南做生意将有多便利？（央视财经《央视财经评论》/播出时间：2021-04-26）

主持人：根据《商务部等20部门关于推进海南自由贸易港自由化便利化若干措施的通知》提出的28条措施的要求，您觉得最快受惠的会是哪些行业、哪些领域？

赵晋平：28条措施覆盖范围较广泛，很多领域都会受到积极影响。但是如果说受惠见效最快的，主要在以下几个领域。一是在洋浦保税港区范围内，比如对原油和成品油的进口，不再对相应产业提资质的要求，而且取消数量限制。二是对粮食的进口也取消了配额管理，这些政策，使相应产业在市场需求巨大的情况下快速增长。三是航运，因为加注保税航油的政策也包含在这次的措施中。在海南的港口，如果是国际轮船，可以直接加注保税油，如果是中方内外贸混装的轮船，在洋浦保税港时也可以加注保税油，这会带动行业的发展，并且带动相关物流以及港口服务业发展。在新型国际贸易领域，《通知》也强调要加大离岸贸易中心建设，而且海南又实行企业所得税、个人所得税优惠政策，这是政策的利好。

主持人：《海南自由贸易港建设总体方案》明确海南将在2025年前适时启动全岛封关运作。从目标导向的方式来看，赵老师您觉得这一次出台的措施对达成这样一个目标会起到什么样作用？

赵晋平：为了确保在 2025 年前能够如期实现全岛封关运作，首先要做好先行先试，特别是一些试点工作，这是至关重要的。比如在 2025 年封关运作之前，关于自由贸易港管理的很多政策需要先行先试，目的是积累经验。另外就是要总结防控风险的经验，这对全岛封关运作来说非常重要。虽然方案里作出了要求，许多措施也逐步出台，但是因为缺乏具体的细节，所以"一线"放开、"二线"管住管理制度在一些实际操作层面有待进一步完善。这次出台的 28 条措施，实际上涉及试点工作的许多方面，为执行部门提供了具体操作的依据，比如自动进口、出口的问题等，涉及"一线"放开中哪些货物需要查验，哪些不能查验或者不需要查验等问题。高水平的"一线"放开，应该是尽可能减少对进入"一线"的货物的相关产业的限制。这次的 28 条措施里也包括原产地管理政策的试点。这 28 条措施的出台，为进一步加强试点工作及 2025 年前实现全岛封关运作创造了非常好的政策环境和条件。

主持人：《总体方案》提出要支持海南自由贸易港积极发展数字贸易，数字贸易是比较热门的一个话题。赵老师，您能不能给我们讲讲海南自由贸易港在这个方面会有什么样的具体安排？

赵晋平：培育数字经济新优势，是"十四五"规划提出的一个新要求。数字贸易是数字经济的一个重要组成部分，培育数字贸易的国际竞争合作新优势是海南自由贸易港建设的一个重要目标。实际上，这一次出台的 28 条措施中，就有专门就支持数字贸易发展问题作出的具体安排。比如支持澄迈的海南生态软件园等有关数字产品的出口基地建设。海南生态软件园已经聚集了一批互联网企业及大数据企业，而且在区块链问题上有很多深入的研究。实际上，区块链研究院提出的一些新方式在一定意义上在国内也是居于领先水平的。

所以说海南自由贸易港数字经济，特别是数字贸易领域的发展，是未来引领海南贸易投资自由化的一个重要方面。

45. 自由贸易港建设新发展（海南卫视《潮起海之南》/播出时间：2021-05-05）

主持人：海南消博会被列为中国第四大博览会，即将到来的消博会在海南举办，释放了一个怎样的信号，会给海南带来什么优势呢？

赵晋平：消博会在海南举办，从多个方面来说都契合国家重大战略的需要。随着经济发展水平的不断提升，人民群众对美好生活的向往也日益强烈；此外，消费升级，消费多元化、品牌化的需求也日益上升，包括人民群众对一些国际著名品牌的需求。所以，消费品博览会能够直接在国内外供应商与消费者之间搭建一个很好的平台。

海南未来要打造国际旅游消费中心。消费品的销售交易包括生产和消费，这实际上对国际旅游消费中心的建设来说非常重要，有利于我国进一步深化和与世界上主要经济体之间的经济联系。

海南自由贸易港连接的内地和东南亚两大市场超过20亿人，占全球人口的26.3%。举办消博会既为各国消费精品进入中国市场提供了展示交易的机会，也为中国和各国的消费精品销往世界各地创造了商机。通过消博会平台助推海南国际旅游消费中心建设，让海南自由贸易港建设和消博会红利惠及更多百姓，推动海南旅游业发展，当然是非常重要的。

所以，消博会的举办和国家促进消费、扩大内需、实现消费升级的重大战略高度契合，在一定意义上使得海南自由贸易港建设体现了坚持，以人民为中心，让消费者更多地享受到自由贸易港建设的红利。

主持人：服务贸易已成为经济全球化的重点和焦点，海南自由贸易港在推进服务贸易自由化便利化中扮演什么角色？在服务贸易特别是数字服务贸易方面有什么独特优势？

赵晋平：服务贸易的发展有利于提升全球价值链的水平。特别是对一些国家来说，发展服务贸易有助于提升经济发展、贸易发展的质量，增加更多的国民福利。

世界贸易组织2019年发布的报告表明，服务贸易领域的中小微企业更容易发展起来。目前，海南自由贸易港已经作出了"五自由便利、一安全有序"的制度安排，未来要逐步完善，发挥其作用。推动服务贸易的制度系统集成，而不只是就其中的某一个方面做制度设计，这对于提升服务贸易的发展水平至关重要。

主持人： 全球自由贸易港发展趋势分论坛是博鳌亚洲论坛成立20年来首次举办关于自由贸易港发展趋势的专门论坛。您觉得海南自由贸易港的发展趋势是什么？

赵晋平： 全球自由贸易港发展目前处在一个特殊时期。实际上，从发展的格局和趋势变化来看，全球自由贸易港更多地在推进高水平的贸易投资自由化，为全球化的发展带来更多的信息。另外就是数字化转型。数字化可以说由来已久，早在电子商务、跨境电子商务产业发展中就已经有了。但是在新冠肺炎疫情暴发之后，由于人与人之间的往来受到严重限制，数字经济的发展反而迎来了重要机遇。

服务贸易自由化是海南自由贸易港贸易投资自由化的重要组成部分。建立高标准服务贸易自由化制度体系符合海南产业定位，是海南独特竞争优势的重要体现。服务贸易具有特殊性。一方面，服务贸易所具备的自由便利条件和投资制度的自由便利有着直接的关系，包括资金的自由便利、人员往来的自由便利，以及数据的安全有序流动。从数字贸易本身来说，其代表了当前国际贸易发展的一个新趋势。

现在，一个国家的经济越发达，其服务贸易水平越高，这是什么意思呢？实际上，一国服务贸易的发展有利于提升其在全球价值链中的地位。在全球价值链中地位上升，表明出口、生产给本国带来了更多的国民福利和附加值，出口商品中含有的附加值率也会明显提升。这是一般经济体普遍关注并且追求的一个重要目标。

主持人： 南海之滨，暖风拂面，浪激潮涌，海南自由贸易港一派生机勃勃。各项政策密集落地见效，各类要素便捷高效流动，经济发展质量明显提高，营商环境日益优化。赵老师，您近段时间来到海南做调研，您认为海南自由贸易港建设有哪些成果，或者遇到了哪些难题，该怎么克服？

赵晋平： 第一，大家对自由贸易港的认知和理解更加深入、全面，而且建设目标更加明确，底气也更足了。第二，海南自由贸易港建设的制度和政策发生了深刻的变化，在零关税政策方面已经出台了"一负两正"清单。在企业所得税优惠政策方面，已经发布了一个目录。另外，对于吸引人才的鼓励性措施，特别是相关税收优惠政策已经陆续发布。海南一个深刻的变化就是经济发展格局发生了变化，产业投资在整个固定资产投资中的比重提升到63%，对整个固定资产投资和经济增长的贡献率越来越高，产业投资的作用越来越明显。这说明海南已经摆脱过去的发展模式，现今的变化有利于自由贸易港的可持续发展。

海南营商环境的好坏非常重要。近几年海南在推进营商环境建设方面上下齐心，不论是在相应的体制机制建设方面，还是在投资促进方面，都取得很多成就。比如在政府服务方面，政府职能的改革取得非常明显的进展，各种各样单一窗口的设立大大提升了公共服务效率，方便了企业的投资和贸易活动。

主持人：在全球自由贸易港发展趋势分论坛上，与会嘉宾积极为海南自由贸易港建设贡献博鳌智慧，注入发展新动能。海南自由贸易港建设再次向世界展现了中国开放的大门只会越开越大的坚定决心和信心。本次参加论坛的专家学者都是各个自由贸易港的优秀代表，他们围绕着这个话题展开讨论。您觉得各自由贸易港发展有哪些可借鉴的地方？

赵晋平：值得借鉴的主要有三个方面。第一个方面，目前来看，海南自由贸易港进一步加快提升服务业对外开放水平还是有一定的发展空间的。第二个方面，要加大和数字经济有关的软硬基础设施建设。第三个方面，要紧跟当前全球趋势，尤其要关注服务贸易、数字经济尤其是数字贸易等方面的发展趋势。未来，海南自由贸易港要引领全球经贸规则的重构，就要率先进行先行先试。

主持人：赵老师，今天到乐城参观了这个永不落幕的药械展，您有什么感受？

赵晋平：博鳌乐城的制度创新有实际进展。在药械使用方面，一方面是博鳌乐城国际医疗旅游先行区的药品监管体制与自由贸易港的制度和政策建设相适应；另一方面，自由贸易港建设所取得的实际成效、实际进展对乐城的发展起到了非常重要的作用。

主持人：博鳌亚洲论坛给乐城带来了什么，乐城给博鳌亚洲论坛带来了什么？

赵晋平：首先是博鳌亚洲论坛给乐城带来一个重要的平台，通过这一平台建立广泛的交流和合作机制，给乐城带来了许多实实在在的好处。比如有些企业参加博鳌亚洲论坛后到乐城实地考察，使得许多实际商业活动能够真正落地乐城。

主持人：您觉得乐城未来的发展是什么样的，是继续按照乐城国际医疗旅游先行区建设所提出的发展方向和目标来发展吗？

赵晋平：乐城未来的发展方向要服务于海南自由贸易港国际旅游消费中心建设需要，服务于重大战略的需要，更好地服务于国家的医疗和健康产业。

46. *海南勇立潮头硕果累累（海南卫视《潮起海之南》/播出时间：2021-06-01）*

主持人：2020年6月1日，《总体方案》发布实施，中国特色自由贸易港建设正式启航。一年来海南自由贸易港硕果累累，发布政策文件一百多份，现代化经济体系建设取得新进展，开放水平明显提升，营商环境持续改善。《总体方案》公布实施到今年已经一年了，赵老师您认为这一年有什么变化或者是取得了什么样的成果？

赵晋平：首先，《总体方案》发布一年以来，海南上下齐心，合力推进自由贸易港建设，取得了非常大的成效和进展。真正实现《总体方案》所要求的目标，涉及经济、社会、制度、政策的方方面面，需要进行深化改革和创新。可以看到，这一年海南在改革创新方面是不断地深化。制度创新要符合海南自由贸易港建设的需要，在经济制度和政策制定方面要对标国际上最先进的标准，要进行相应的创新和改革。比如贸易管理方面的单一窗口的管理方式，这和过去对外贸易的管理方式是不一样的。让企业在开展对外贸易活动时更加便利、更加顺畅，充分降低成本、提高效率，本身是改革创新的重要方面。

截至目前，一共推出了12批制度创新，这是在深化改革方面取得的进展。

其次是自由贸易港的政策和制度体系的建设在蓬勃展开。

《总体方案》对封关运作之前海南自由贸易港政策和制度体系的建设提出了许多具体的要求，作出了全面的部署。"一负三正"清单已经公布了"一负两正"，目前还有一个关于进口消费品的零关税正面清单，还没有最终公布，这是和自由贸易港的制度、政策直接相关的。在早期安排阶段，由于还没有全面封关运作，需要通过清单的方式先行实行零关税政策。这对于积累更多的经验是非常有帮助的。因此，海南在与贸易投资自由化相关的自由贸易港制度建设方面取得了不小的成就。

最后是关于投资自由便利制度。从早期安排阶段来看，要逐步加大对鼓励类行业投资的吸引力，实施鼓励性的政策。

一年以来，我们可以看到许多政策能够顺利颁布和落地实施，得益于中央部委的大力支持、海南省委的积极推动，以及各行各界的积极配合和支持。在落实《总体方案》方面，我们不仅要认识到发展的重要性，把握前进方向，更为重要的是要保障自由贸易港建设的任务真正落地实施。海南自由贸易港作为重要的连接国内国际双循环的载体、平台，需要发挥自身在深化改革开放中的重要引领作用。这个重要的引领作用，也是海南自由贸易港本身的影响力。

按照《总体方案》要求，海南自由贸易港将在2025年前进行全岛封关运作。到2025年，海南自由贸易港的政策和制度体系将初步形成，"一线"放开、"二线"管住的海关监管特殊区域即将形成，将在整个区域范围内将全面实现零关税的贸易投资自由便利制度。如今，"一线"放开、"二线"管住的海关监管制度已经在洋浦保税港区内先行先试。比如来自内地港口的货物直接运到洋浦保税港区内，可以享受出口退税政策。

主持人：目前，海南的很多方面都在不断地开放，您觉得哪些方面要再开放一些？

赵晋平：首先，按照目前推进的自由贸易港建设进程，下一步要扩大服务业尤其是现代服务业的开放，现代服务业是海南未来现代产业体系的三大支柱产业之一。扩大服务业的开放有利于海南现代服务业的快速发展。其次，从海南自身的独特优势来说，发展旅游业具有很强的优势。再次，开放教育、文化等领域是自由贸易港建设中一个重要的方面。

主持人： 2025年前就要实现全岛封关，在实现全岛封关之前，您觉得海南会变成什么样呢？

赵晋平： 首先，要先行先试去推进，在局部范围内先取得一些经验，包括风险防范的经验。全岛封关之后，这些经验是能够有效地发挥作用的，应该要把这个工作做好。

主持人： 2021年是海南全面深化改革开放和加快建设自由贸易港的关键之年。自由贸易港建设需要强有力的法制保障，《海南自由贸易港法》为海南自由贸易港建设提供了什么样的法制保障呢？

赵晋平： 海南自由贸易港的法制体系主要由三部分构成。最重要的部分就是由全国人大直接为海南自由贸易港制定并且颁布实施的法律。这部法律叫作《海南自由贸易港法》。这是第一个层面的法制体系，也属于最高层级。第二个层面是以经济特区立法形式形成的地方性法规。比如海南的企业破产法就是地方法律法规的组成部分。第三个层面是一个现代的、科学的、完整的、法治化的体系，其中包括商事纠纷解决机制，或者说叫仲裁机制，这实际上也是法制体系的一个重要组成部分。

为什么要在海南自由贸易港建设的过程中颁布《海南自由贸易港法》？这正是在过去40年在有关特殊经济区域改革积累起来的经验基础上作出的决策。在特殊经济区域实行的很多制度和政策与现行的制度和政策是不一样的。对于海南自由贸易港建设这样一个重大决策而言，需要有一部法律为其提供强有力的保障。

服务贸易对海南来说是未来发展的重要领域，很可能会成为海南经济和社会发展的重要引领。海南的主导产业是旅游业、现代服务业和高新技术产业，其中有相当一部分是围绕服务业来展开的。服务业跨境交易所形成的成果就是服务贸易，服务贸易对海南现代产业体系的发展起到非常重要的引领作用。

主持人：双循环中的人流、物流、资金流在海南聚集，海南承担了一个什么样的角色？

赵晋平："十四五"期间，构建新发展格局的重要内涵就在于国内国际双循环，国内国际双循环相互之间是不脱节的。从中国的发展本身来说，重要的资源、能源等需要进口，需要通过国际市场来吸收产能，离不开国际分工。国内循环和国际循环实际上是相互促进、相互连接的过程，在这种开放性的平台上，很容易找到一个非常好的连接点或联通点，将它打造成一个国内国际双循环的交汇点。

主持人：那个交汇点最好的体现，是不是近期举办的消博会？您有参加吗？您对消博会的成功举办有什么样的评价？

赵晋平：从适应中国经济长期高质量发展需求来说，本届消博会实际上发挥了非常重要的引领和示范作用。为什么这么说呢？随着中国经济发展水平的不断提升，老百姓对美好生活的需求也在不断增加。其中的重要表现就是消费升级。消费升级，就是消费者对消费品、消费服务表现出个性化、多元化、品牌化甚至是国际化的需要。消博会满足了国内消费者消费升级的需求。

47. 海南自由贸易港建设的"基本法"（海南卫视《潮起海之南》/播出时间：2021-06-22）

主持人：您如何看待海南自由贸易港的基本法？

赵晋平：十三届全国人大常委会第二十九次会议表决通过了《海南自由贸易港法》。此法的颁布标志着海南自由贸易港建设迈入新阶段。《海南自由贸易港法》自正式提上全国人大常委会立法工作日程便受到高度关注。如今历经全国人大常委会会议三次审议的《海南自由贸易港法》顺利表决通过，不仅为海南自由贸易港法律法规体系四梁八柱的搭建夯实了基础，也展示了中国对外开放的决心。国家层面单独为一个地区立法，这充分说明了《海南自由贸易港法》的特殊性和重要性。

《海南自由贸易港法》是海南自由贸易港法治体系的一个重要基础，

是一个基本法。在这种背景下，在落实《海南自由贸易港法》和《总体方案》的过程中，有许多配套的环节需要行业部门和地方去推进相关法规的制定和实施。《海南自由贸易港法》实际上在自由贸易港法规建设方面赋予了行业部门和地方，特别是赋予了海南省人大自主立法的权限。其充分保障行业部门特别是海南省的地方立法，可以为海南自由贸易港建设的法治化提供一个较好的环境。

《海南自由贸易港法》的核心在于赋予海南更大改革开放自主权，对未来海南要实行高水平的开放作出了明确规定。只有管得住才能放得开，要提升对外开放的水平，必须对可能出现的风险建立一个完备的风险预警和防控体系。此法可以说是非常重要，突出了最高水平开放的特点。贸易投资自由化便利化是海南自由贸易港建设的重点，主要是各种生产要素的跨境自由便利和数据安全有序流动，还有现代产业体系的建设问题。这一系列措施是促进海南自由贸易港建设真正走向平稳致远的重要条件。

《海南自由贸易港法》在《总体方案》发布一周年之际正式颁布实施，进一步推动了海南自由贸易港建设法治化、制度化的进程，并为海南自由贸易港的建设提供了强有力的保障，有力地促进了海南自由贸易港建设过程中各个领域的制度和政策的创新，提出通过先行先试，为未来打造高水平的自由贸易港和改革开放的新高地不断积累经验。此法的颁布对海南自由贸易港建设至关重要。自设立起，海南自由贸易港就被赋予了极高的期待，对标香港的定位以及"顶格开放"的目标，承载着中国改革开放试验田的使命。如今，《海南自由贸易港法》成为海南自由贸易港的基本法，相信在此法框架下的海南自由贸易港最终会成为引领我国新时代对外开放的鲜明旗帜和具有中国特色的重要开放门户。

48. 发挥法制引领保障作用　推动海南自由贸易港建设（海南卫视《直通自贸港》/播出时间：2021-06-23）

主持人：日前，《海南自由贸易港法》正式颁布实施。该法共八章五十七条，从贸易自由便利、投资自由便利、财政税收制度、生态环境保护、产业发展与人才支撑等方面为海南自由贸易港建设提供法制保障。那么《海南自由贸易港法》有哪些值得关注的亮点，对国内外市场主体和个人有哪些利好？如何用法制推动自由贸易港建设行稳致远？从国家层面单独为海南自由贸易港立法是出于一种什么样的考虑呢？

赵晋平：第一个方面，海南自由贸易港是国家在海南岛全岛设立的一个特殊经济区域。根据顶层设计要求，要实行以贸易投资自由化便利化为重点的特殊的自由贸易港政策和制度体系，因此海南必须在现有的制度、政策和体制基础上进行许多方面的创新，这些创新与其他地区是有着明显的不同的，具有特殊性。《海南自由贸易港法》的作用就在于保障海南自由贸易港建设的特殊性和例外的安排，同时为制度、体制、机制和政策的创新提供法律依据和法律保障，这是从国家层面颁布并实施此法的一个基本的出发点。第二个方面，海南自由贸易港建设是一个庞大的系统工程，通过国家立法的方式形成一个上位法，有利于以上位法为基础，为各个行业、各个领域，包括地方的立法提供一个基本的法律依据和法律框架，使得海南自由贸易港的各类法律规定以及准则能够实现一致。特别是基于国家长期特殊经济区域改革创新的经验，中央部门以及地方的事权和改革的要求需保持高度协调一致，这是需要通过立法来实现的一个非常重要的目标，也是一个基本的考虑。第三个方面，《海南自由贸易港法》授予了海南自由贸易港的管理权限，以及对地方立法授予一定的自主权。此法另外一个重要作用就是为海南自由贸易港特殊的管理体制以及地方立法提供一个基本法。这在一定意义上为海南进一步发挥自主改革和立法自主性创造了非常有利的法律基础和条件。这三个层面是从国家层面来制定并且实施《海南自由贸易港法》的一个基本的考虑。这是对海南自由贸易港这样的特殊经济区域在法制体系建设方面的一个重大突破，在国内属于首次，对于推进海南自由贸易港建设具有深远的影响。

49. 自贸云观：八章五十七条！《海南自由贸易港法》有哪些亮点？
（海南卫视《直通自贸港》/播出时间：2021-06-24）

主持人：赵老师，有了这部法律作为支撑之后，自由贸易港的建设和发展会起到怎样的一个被推动作用呢？

赵晋平：《海南自由贸易港法》是为了保障海南自由贸易港在推进改革创新、自主决策和自主立法方面的需要，同时为服务于高水平开放的需要而颁布实施的国家层面的上位法。从法律本身来说，《海南自由贸易港法》的颁布将使海南自由贸易港的建设更加顺畅，符合中国特色自由贸易港建设本身的需要。另外，这有利于推动形成更高层次的改革开放新高地、新格局。中央对海南自由贸易港建设的要求就是要打造改革开放新高地，而新高地的建设在海南自由贸易港顶层设计中得到了充分体现。通过立法的形式上升到法律层面，有利于推动形成更高层次的改革开放新格局。除此之外，海南自由贸易港建设要建立开放型经济体制。开放型经济体制和国内其他地区开放型经济体制有一致的方面，但是在贸易投资自由化便利化方面也有特殊的要求。所以《海南自由贸易港法》的颁布实施，有利于形成一个高水平的开放型经济体制。

50. 自贸云观|《海南自由贸易港法》颁布实施：良法筑根基 行稳更致远（海南卫视《直通自贸港》/播出时间：2021-06-25）

主持人：日前，《海南自由贸易港法》正式颁布实施。该法共八章五十七条，从贸易自由便利、投资自由便利、财政税收制度、生态环境保护、产业发展与人才支撑等方面为海南自由贸易港建设发展提供法制保障。那么海南自由贸易港法有哪些值得关注的亮点，对国内外市场主体和个人有哪些利好？如何用法治推动自由贸易港建设行稳致远？海南如何根据海南自由贸易港的实际需要用足用好海南自由贸易港法规制定权呢？

赵晋平：《海南自由贸易港法》是基本法，在海南自由贸易港的法制体系中发挥着原则性和基础性的作用。海南自由贸易港法在其中发挥基础性的作用，是整个法治化体系的基本框架、"四梁八柱"的基础。完善海南自由贸易港法制体系，需要制定并实施更多配套的地方性的、行业性的法规。完善配套法规是个庞大的系统工程，需要各行业部门以及地方充分运用《海南自由贸易港法》所赋予的立法自主权，结合海南在推进自由贸易港建设中的需要，进一步完善海南自由贸易港的法制体系。在《海南自由贸易港法》颁布实施的基础上推进海南自由贸易港地方性立法，是非常重要的工作。第一个方面，《海南自由贸易港法》是海南地方性立法的基本原则和依据，海南自由贸易港的地方性立法首先要根据自由贸易港建设的需要和实际情况制定，其次要符合宪法以及国家相关法律的要求。海南的地方立法，还要适应构建全球最高水平开放形态的需要，特别是在服务于开放型经济体制的建设方面，能够真正对标国际的先进规则和吸取成功的自由贸易港的经验，使得制定的法规能够充分地促进更高水平的开放。第二个方面，在海南自由贸易港建设过程中，需要在生态环境、社会环境方面根据顶层设计的要求去逐步推进建设工作。这些工作是海南自由贸易港高质量发展所必须具备的基础性条件，地方立法要紧紧围绕《海南自由贸易港法》中所明确的重要领域去开展相关的配套法规体系的建设工作。第三个方面，对海南自由贸易港来说，需要正确处理扩大开放和风险防范的关系，使之取得进一步的进展。通过地方性立法，一方面要在投资自由化的制度和政策上取得进一步的进展，确保贸易投资自由化的制度和政策能够有效实施；另一方面，要进一步完善各种风险的预警和防控体系。海南自由贸易港相关法律体系的建设，要确保在各种要素跨境安全有序流动的基础上加以推进。海南自由贸易港地区立法的主体，今后应围绕海南自由贸易港建设重点工作的需要，在《海南自由贸易港法》的基本原则框架中基础上，进一步完善法律体系。

51. 自贸云观|《海南自由贸易港法》的实施将给企业带来哪些新机遇？（海南卫视《直通自贸港》/播出时间：2021-06-26）

主持人：备受关注的《海南自由贸易港法》日前经全国人大常委会表决通过，正式颁布施行。《海南自由贸易港法》从贸易自由便利、投资自由便利、财政税收制度、生态环境保护、产业发展与人才支撑等方面为海南自由贸易港建设提供了根本性、全局性、长期性的制度保障，标志着海南自由贸易港建设迈出了从"谋篇布局"到"建章立制"的关键一步。那么《海南自由贸易港法》对国内外市场主体和个人有哪些利好？如何保障海南自由贸易港建设依法有序运行？赵老师，《海南自由贸易港法》如此迫切地出台的原因都有哪些呢？

赵晋平：首先，《海南自由贸易港法》是在充分广泛征求了各方意见的基础上，经过反复论证所形成的完善的法律法规。从此法出台的过程和经历的时间来看，与国家层面类似的法律法规的立法过程相比，进度是明显加快的。从原因来说，我认为主要有以下两个方面。第一个方面，《海南自由贸易港法》的建设本身是需要强有力的法律依据和法律保障的。从时间跨度上来说，它既涵盖从发布实施之日起到2025年封关运作之前的海南自由贸易港建设的初期阶段，又涵盖在全岛封关运作之后的海南自由贸易港推进阶段，其覆盖范围广、时间跨度长。从推进海南自由贸易港建设的早期安排阶段来看，有许多制度安排和政策需要一定的法律依据和法律保障才能更加顺畅地实施。对部分商品实行零关税，按内地现行的法律制度行不通，必须专门去制定相应的法律，才能在早期安排阶段去实施。洋浦所实行的中国船籍港退税、启运港退税政策，相对于内地现行的法律法规而言，是一个非常重要的突破。《海南自由贸易港法》为海南自由贸易港的建设提供强有力的法律支持和保障，对如期实现全岛封关运作具有非常重要的意义。第二个方面，海南自由贸易港建设是一个长期的过程，《海南自由贸易港法》进一步彰显了中国实行高水平开放、主动推动经济全球化的信心和决心，有助于增强国内外企业对海南自由贸易港建设的良好信心。从这两个方面来说，加快推进《海南自由贸易港法》的立法进程既适应了推进自由贸易港政策和制度体系建设的实际需要，又提升了全社会对未来海南自由贸易港建设的长期预期，这对海南自由贸易港的发展具有非常重要的作用。

52. 压力测试放开管好（海南卫视《潮起海之南》/播出时间：2022-04-13）

主持人：海南全岛封关运作是自由贸易港建设具有里程碑意义的系统工程，是全面建设海南自由贸易港的基础。今年海南将要举行第二届消博会，您觉得消博会对建设自由贸易港有什么好处？

赵晋平：消博会对海南自由贸易港建设的影响十分显著。首先，消博会是一个平台，为国内外客商、消费者提供交流和交易的机会。这个平台设在海南，对带动海南相关产业的发展具有非常重要的影响。其次，有利于促进海南国际旅游消费中心的建设。大批游客去消博会会带动相关服务业的消费，有利于提升海南自由贸易港作为国际旅游消费中心的地位和作用。第三，消博会是一个向国际展示海南，让国际了解海南的重要平台。消博会的举办会带动海南会展业的发展。与会展相关的服务业会获得更多的商业机会，物流、餐饮、零售等服务业都会得到相应的发展。

主持人： 如果让您用几个关键词来评价一下您对首届消博会的感受，您会用哪几个关键词？

赵晋平： 首先，消博会是一个推进器，推动着海南国际旅游消费中心建设。其次，消博会是开展压力测试的一个重要平台。参展的国际商品可以直接零关税销售给购买方，这种零关税政策是海南自由贸易港的本质特征，海南自由贸易港需要对这个政策做压力测试。消博会便为这个压力测试提供了很重要的机会。最后，最为重要的一个关键词是"重要的平台"。消博会是一个国际化程度非常高的平台，为国内外的厂商、消费者直接在这个平台上进行交流和交易提供了有利条件。今年是海南自由贸易港建设的攻坚之年，也是封关运作准备的关键之年。自由贸易港建设不仅要坚持"管得住才能放得开"，更要在封关压力测试中真正做到"只有放得开才能管得好"。

主持人： 对于很多人来说，"封关"这个词有点陌生。赵老师，您可以为我们解释一下什么是"封关"吗？

赵晋平： 首先，从直观的理解来讲，所谓全岛封关运作就是指在海南全岛设立一个海关监管特殊经济区域，实行"'一线'"放开，'二线'管住，岛内自由"的海关监管制度。自由贸易港的基本特征就是各种各样的商品和货物，包括其他生产要素如人员、运输工具、资金等可以自由地往来。零关税是自由贸易港的一个本质特征。平时我们使用来自国外的原材料、设备，以及国外商品进入国内是需要缴纳一定关税的，这是国际惯例，是一个国家外贸管理的基本方式。自由贸易港对绝大多数商品是实行零关税的。在海南岛全岛范围内实行零关税，意味着大量的国外商品无论是生产用的材料、设备，还是日用消费品将会以很低的成本进入海南，可以充分满足海南岛内生产对原材料、设备的需求，满足岛内居民对消费品的需求，可以大大降低消费的成本。由此而来的问题是，如果不封关，不在"二线"上进行监管，大量零关税商品进入海南后，可能会转头进入拥有巨大市场的内地。因此，要使在岛内零关税进口的商品不通过"二线"进入国内市场，不对全国整体的经济和市场造成冲击，就需要在"二线"加强监管。封关还涉及很多方面的因素，由于海南实行高水平开放的政策，在"一线"的口岸，要判断什么样的国外或境外商品能够自由地进入，要加强安全方面的监管。这需要在"一线"放开的条件下，通过全岛封关运作的方式来解决。海南自由贸易港建设明确两个阶段的重要任务。第一个阶段划定在 2025 年前，将围绕贸易投资自由化便利化，适时启动全岛封关运作。第二个阶段明确在 2035 年前，将进一步优化完善开放政策和相关制度安排，全面实现贸易自由便利、投资自由便利、跨境资金流动自由便利、人员进出自由便利、运输来往自由便利和数据安全有序流动等六方面的自由便利制度。

主持人：应对 2025 年前全岛封关的这个举措，现在海南全省在大力推进压力测试。这个压力测试的意义是什么？

赵晋平：目前海南自由贸易港正处在全岛封关运作准备工作的关键时期。因为全岛要在 2025 年之前完成封关运作，有大量工作需要去做。一是大量的硬件基础设施建设。要完善口岸建设，使人员、交通运输工具和货物进出便利，就需要基础设施包括数字手段的支撑。二是软件建设。设立口岸需要相应的通关管理规则。对什么样的货物要严格地查验，什么样的货物可直接放行，来自境外或内地的人员怎么去管等，需要一套操作、规则和标准，包括要编制出入境商品的限制类或禁止类清单。商品到达海关，海关要根据规则去区别对待，属于限制类、禁止类的商品，就不允许入境；不在负面清单范围内的，可以自由地进出。这首先需要有判断力，海关需要知道判断的标准和方法，否则无法执行规定。三是封关后海南要实行高水平的开放。我国以前没达到如此高的贸易投资自由化的水平。对于这种高水平的开放，如何去运作我们的制度体系，使它能够更加有效？如何去防范可能发生的风险？面对以上问题，在封关之前，我们需要在局部地区、局部领域先行先试，从中积累经验。这个过程就是压力测试，我们先在局部地区，用可控的方式，将自由贸易港的政策和制度体系在当前条件下去做尝试，这样才能发现可能会出现的风险，并了解如何去完善管理办法和制度，去防范、消除这些风险，由此逐步完善关于自由贸易港制度和政策建设的实施方案。在这过程中，我们还要把握好两个关系。"第一个关系"是"只有管得住才能放得开"。这个关系十分重要，因为只有具备了防范风险的能力，自由贸易港才能真正实现高水平的开放。但人们可能忽视了一个问题，压力测试本身需要先创造一个条件，需要先开放，然后从中发现可能出现的风险，这是压力测试本来的含义。在这种条件下，人们可能会忽视"只有放得开才能管得好"这个理念。"只有管得住才能放得开"是不够的，还需要在压力测试的过程中做到"只有放得开才能管得好"。国家要求的先行先试或者压力测试，首先必须达到较高的开放水平。仅考虑目前情况，还达不到这种开放水平，和"大胆试、大胆闯"的基本宗旨相悖了。只有在开展压力测试时，让其在此范围内进行高水平的开放，就是真正的"放得开"，才能通过压力测试去总结经验并加强对风险的识别和防控。这个方式下的场景条件与未来自由贸易港相近了，就能总结出可能存在的风险，风险会以什么方式出现以及怎么去消除这个风险。

主持人：封关运作对居民、企业有什么好处？

赵晋平：从大层面来看，普通的居民可以享受自由贸易港的很多红利。首先，自由贸易港建设推动海南经济发展，产生更多就业机会。其次，海南离岛免税购物政策以及消博会对部分商品实行零关税所得到的积极反响是有目共睹的。如果允许一些国外中高端的、优质的消费品以零关税的方式进入海南，海南岛内居民及来海南旅游的游客能够以比较低的成本去享受这种零关税进口的红利。零关税进口的商品价格便宜，商品选择范围会进一步扩大。在岛内的商店可以直接购买到不含关税的商品，这对老百姓来说更加便利，也可以提高老百姓的生活品质。从服务贸易层面来看，在服务贸易自由化的条件下，居民可以邀请获得专业资质承认的香港律师到自由贸易港为自身提供相应的法律服务。服务贸易的模式中有一条是自然人移动，意思是境外具有专业资质的人员可以被允许为海南自由贸易港内的市场主体及个人提供服务。

对企业而言，企业所享受的自由贸易港红利更为显著。企业需要原材料、商品、设备、资金以及各种各样的服务等生产所需的基本要素。各种要素可以在自由、便利、低成本的条件下来到海南聚集，企业就有更多的可选择性。他们可以选择优质的零部件、设备等去发展自身的生产。另外，企业可以根据自身生产商品的需要，以较低的价格在全球范围内采购所需要的原材料。服务业亦是如此，目前海南已在乐城率先实行药械进口方面的高水平开放政策。未来随着开放水平的不断提升，海南同样可以在其他医院的进口药械方面实行更加开放的政策。

主持人：封关后，自由贸易港对岛外有什么影响？

赵晋平：自由贸易港可以吸引各种要素，包括企业的投资。自由贸易港贸易自由化、投资自由化水平高，良好的营商环境可以为企业带来更多的收益。自由贸易港的低税率会使企业的税负成本较低，自由贸易港在吸引外来投资上发挥着巨大的效应。近几年的数据表明了这一点。

主持人：封关之后，海南应该如何完善制度建设？

赵晋平：海南自由贸易港的税收制度和全国实行的税收制度有所不同。未来自由贸易港实施的制度，第一是零关税，第二是低税率，第三是简税制。海南未来税收的主要来源不仅是企业和个人的所得税，还有一种新税制，叫作销售税。什么是销售税？对商品在岛内的生产过程不征税，或者企业之间的商品交易行为不征税。现行的增值税是对企业之间的交易行为征税，最后个人消费者去购买这个商品时需要缴纳销售税。销售税，简便易行，符合简税制的原则。目前，政府还没有公布封关后的销售税，从国际惯例来看，销售税是相对较低的，新加坡也在实行销售税，但税率只有7%。未来海南自由贸易港要实行的销售税的税率大致设定在7%—8%

比较合适。以新加坡为例，一个有较强国际竞争优势的销售税税率应该在7%—8%。内地实行的税制和海南实行的税制是不同的，怎么解决这个问题？海南自由贸易港法作了明确规定，已经缴纳了增值税的内地货物进入海南是可以退税的，将已经缴纳的税退掉后再进入海南，商品到海南后就和海南生产的含税商品基本一样。

53. 海南实现制度型开放与世界分享机遇有三方面意义（海南卫视《海南新闻联播》/播出时间：2022-04-22）

主持人： 今年全球自由贸易港发展论坛的主题为"以制度型开放与世界分享机遇"。赵老师，您认为海南该如何体现这一主题内容呢？

赵晋平： 首先，自由贸易港制度和政策的陆续发布，为制度型开放奠定了坚实的基础。其次，自由贸易港通过主动开放的方式使各种生产要素聚集在海南。这些制度和政策，为提升国内外市场主体对海南未来良好的市场预期发挥了重要的作用。近两年，海南自由贸易港政策和制度体系建设取得了实质性的进展。比如《海南自由贸易港法》在2021年6月份正式发布，除此之外，海南省的地方立法也取得明显的进展。仅仅2021年一年，颁布并实施的地方性法规便有15项，大大超过了以往的立法数量。

主持人： 为了进一步提升国际竞争力，海南应该在哪些方面发力呢？

赵晋平： 第一，要加快推进全岛封关运作的准备工作。近两年，必须把硬件基础设施建设完成，并且能够有效地投入运用。第二，在全岛封关运作之后，需要有一个软件系统来支撑。第三，在封关运作之前，需要在总体风险可控的情况下进行局部区域和局部领域的先行先试，这就是通常讲的压力测试。另外，在封关之前必须做好相关试点工作，为未来海南自由贸易港制度的全面落地，同时为防控高水平开放可能出现的风险积累必要的经验。

主持人： 您认为在RCEP背景之下，海南自由贸易港和东盟各国的合作前景怎么样呢？

赵晋平： 实际上，RCEP和海南自由贸易港的开放是叠加的，海南自由贸易港具有高水平的单向开放，在RCEP生效之后，可以同时分享区域多边开放的好处。另外，海南的开放水平，一定是在RCEP中国承诺的开放水平之上，是一个"PLUS"概念，是一个"加"的概念。国家的整体开放水平不断提升，海南自由贸易港的开放标准也一定会进一步提升。除此之外，还能起到倒逼的作用。目前，国家对海南实施了特殊的、开放的制度安排和政策，海南已经有了一个很好的窗口期，别的地方没有这样的条件。海南要充分抓住这个窗口期，把握住机会，把相应的工作做好，尽快尽早地使开放的好处显现。

主持人：在通关便利化和特殊税制安排方面，您觉得海南可以借鉴国际知名自由贸易港的哪些举措呢？

赵晋平：比如新加坡，新加坡的贸易自由化达到了一个很高的水平。其已经和世界上100多个经济体都签了自贸协定，所以进入新加坡的商品绝大多数都不存在缴纳关税的问题。实际上新加坡的成功，绝不仅仅在于自由化，更在于便利化，尤其在于通关便利化。在目前数字经济时代，中国在通关方面的效率有显著提升，特别是在数字化手段的运用方面非常普及，提升的效果也非常明显。海南要加大在通关领域服务业的开放，允许海外的一些报关行直接为在海南有报关需求的企业提供报关服务，这就是国际化、便利化的一种体现。

参考文献

［1］《海南自由贸易港建设总体方案》。

［2］《中华人民共和国海南自由贸易港法》。

［3］世界贸易组织（WTO）：《2019世界贸易报告——服务贸易的未来》，2019年10月。

［4］世界贸易组织（WTO）：《2022年全球贸易发展展望报告》，2022年4月12日。

［5］《区域全面经济伙伴关系协定》（RCEP）。

［6］《全面与进步跨太平洋伙伴关系协定》（CPTPP）。

［7］日本贸易振兴机构（JETRO）：《世界贸易投资报告》。

［8］日本经济产业省：《通商白皮书》（2022年版）。

［9］Alessandro Antimiani and Lucian Cernat, "Liberalizing Global Trade inMode 5 Services： How Much Is It Worth?"（2018）。

［10］国家外汇管理局：国际收支平衡表。

［11］国家统计局：中国统计年鉴。

［12］中共海南省委自由贸易港工作委员会办公室：《海南自由贸易港建设白皮书（2021）》，2021年6月。

［13］海南省统计局国家统计局海南调查总队：《2021年海南省国民经济和社会发展统计公报》，2022年2月。

［14］海南省统计局：海南省统计年鉴。

［15］迟福林主编《众论海南自由贸易港》，海南出版社，2020。

［16］迟福林主编《策论海南自由贸易港》，海南出版社，2020。

［17］赵晋平：《试论海南自由贸易港》，海南出版社，2020。

［18］钟业昌：《为什么是海南——海南自由贸易港十讲》，人民出版社，2021。

［19］吴士存主编《海南自由贸易港未来及全球定位》，广东人民出版

社，2021。

［20］沈晓明：《锻造适应新形势新任务的能力》，《人民日报》2022年2月22日。

［21］赵晋平：《从"试验田"迈向更高水平开放形态》，《光明日报》2020年6月15日。

［22］赵晋平：《促进服务贸易自由化便利化》，《经济日报》，2021年10月20日。

［23］赵晋平：《建设中国特色自贸港要坚持三个不动摇》，《经济日报》2022年4月26日。

［24］赵晋平：《科学认识海南自由贸易港压力测试的新内涵》，2022年5月。

后 记

2020年6月之前，我在认真学习习近平总书记"4·13"重要讲话基础上，对建设海南自由贸易港的重要性、主要路径、重点任务和阶段性目标，高水平开放制度建设的国际经验，服务贸易先行先试的方向等问题开展前期研究，其中部分内容以政策研究报告形式提交至相关部门作为决策参考。这些研究成果被编入2020年6月正式出版的专著《试论海南自由贸易港》一书。本书可以说是《试论海南自由贸易港》的续篇。我希望本书能够更好地展示《总体方案》实施之后海南自贸港建设的最新进展、成效和未来前景，并为广大学生学者、政府官员、企业管理层和社会各界深化有关海南自贸港前沿问题的认识提供有益参考。

在《总体方案》发布两周年之际，本书撰写完毕并送交海南出版社。借此机会，我首先要对国务院发展研究中心邀请我担任海南自由贸易港建设专家咨询委员会委员表示感谢。通过参加国务院发展研究中心牵头组织的每半年一次的自由贸易港建设进展评估调研，我获得了宝贵的学习机会。我衷心感谢海南省委政研室在我担任海南省专家咨询委员会委员期间对我的调研与课题研究工作给予的大力支持和帮助。2021年1月，我有幸受邀担任海南省人大常委会立法咨询委员会委员，参加围绕海南自由贸易港法规体系建设问题的讨论，这拓宽了我的研究视野，深化了我对法治化环境建设重要性的认识。在此对海南省人大常委会及法工委领导对我的信任和支持表示感谢。我还要特别感谢海南大学经济学院、海南省开放型经济研究院的各位同事，他们在支持和协助我完成课题研究方面作出了重要贡献。在帮助我顺利出版《试论海南自贸港》一书之后，海南出版社的领导、编辑又欣然同意为本书出版提供大力支持和帮助，在此一并表示感谢。

由于自身原因，本书中难免存在不够严谨甚至不当之处，敬请读者批评指正！

赵晋平

2022年6月30日